Treffpunkte 8
Lesebuch

Schroedel

Treffpunkte
Lesebuch für das 8. Schuljahr

Neubearbeitung

Herausgegeben von Wolfgang Menzel

Erarbeitet von Nanna Rebekka Dresbach, Ingrid Hintz, Nicole Huttersberger, Heiderose Lange, Gerd Ludwig, Ralph Zinnikus und Jens Zwernemann

Hinweise:
Leseprofi: Aufgaben mit erhöhtem Schwierigkeitsgrad
+: Zeichen für Erweiterungsaufgaben

ISBN 978-3-507-**42428**-9

Druck A^1 / Jahr 2009
Alle Drucke der Serie A sind im Unterricht parallel verwendbar.

Redaktion: Dr. Nicola Birkner
Herstellung: Andreas Losse
Illustrationen: Margit Pawle, Jaroslaw Schwarzstein, Iris Wolfermann
Umschlaggestaltung: boje5 Grafik & Werbung, Braunschweig
Lay-out und Satz: Jesse Konzept & Text GmbH, Hannover
Druck und Bindung: westermann druck GmbH, Braunschweig

GEDICHTE WERKSTATT 152

Einrichtung *Ludwig Fels* 152
Unterwegs nach Utopia II *Günter Kunert* 152
Sozusagen grundlos vergnügt *Mascha Kaléko* 153
Vom Abend des fünften Februar *Eva Strittmatter* 155
[redacted] *Robert Gernhardt* 156
naturbeschreibung *Gerhard Rühm* 157
Die Erde erwärmt sich 158
Klimawandel *Rebekka Bach* 158
ebbe/flut *Ernst Jandl* 159
laut und leise *Ernst Jandl* 159
schweigen *Eugen Gomringer* 159
Rote Dächer *Arno Holz* 160
Draußen die Düne *Arno Holz* 161
Der Baum *Eugen Roth* 162
Die Gedichte 163

GESCHICHTEN WERKSTATT 164

Schauspieler 164
Bach *Heinrich Kleist* 164
Galgenhumor *Volker Meid* 164
Guter Rat Volker Meid 165
Der Floh *Kurt Tucholsky* 165
Anekdote 166
Zeitungsnachricht und Anekdote 167
Schlechter Lohn *Johann Peter Hebel* 167
Die schlechte Zensur *Herbert Ihering* 168
Familiendrama – Mutterliebe 170
Der Hausierer und der Kaufmann 171
Schnell gelebt *Kurt Kusenberg* 172
Hilferuf und Aufschrei *Robert Gernhardt* 173
Herrn Morphs Konsequenz *Johanna und Günter Braun* 175
Die Geschichte mit dem Hammer *Paul Watzlawick* 176
Anedoten schreiben – Anekdoten präsentieren 177
Texte und Lösungen 178

Revolutionen – Der Weg in eine bessere Welt? 100

Tignasse *Cili Wethekam* ... 102
Französische Revolution ... 104
Die goldene Stunde *Maiya Williams* ... 107
1848 – Die Ideen der Französischen Revolution sind nicht vergessen ... 109
1848 *Klaus Kordon* ... 109
Die wichtigsten Schritte der technischen Entwicklung ... 112
Arbeit eines Arbeiterkindes Adelheid Popp ... 115

Dem Täter auf der Spur 116

Der Plan des Mister Campell *Wolfgang Ecke* ... 118
Typisch Detektiv ... 120
Krimis ... 121
Die Wirtin *Roald Dahl* ... 122
Krimis lesen – Krimis sehen ... 130
Was geschah auf Schloss Dartmoor? ... 131
Lesetipps ... 132

Das Portrait: Johann Wolfgang von Goethe 134

Kindheit und Jugend – Goethe und seine Zeit ... 136
Goethe – ein cleveres Kind ... 137
Goethe und seine Schulzeit ... 138
Der jugendliche Goethe – Die erste Liebe ... 140
Willkommen und Abschied *J.W. von Goethe* ... 141
Die Leiden des jungen Werther – Goethes erster „Bestseller“ ... 143
Goethe und Schiller – zwei jugendliche Stürmer und Dränger ... 146
Die Räuber *Friedrich Schiller* ... 147
Kurzgefasster Lebenslauf Goethes und seine wichtigsten Werke ... 150
Kennst du dich mit Goethe aus? ... 151

Erlebniswelt Bionik

Erlebniswelt Bionik ... 50
Bionik – Lernen von der Natur ... 52
Aus der Trickkiste der Natur – oder: Gibt es in meinem Leben auch Bionik? ... 55
Kommentar: Artensterben und Bionik ... 57
Ursprünge der Bionik ... 58
Die Faszination des Fliegens ... 60
Daidalos und Ikarus ... 61

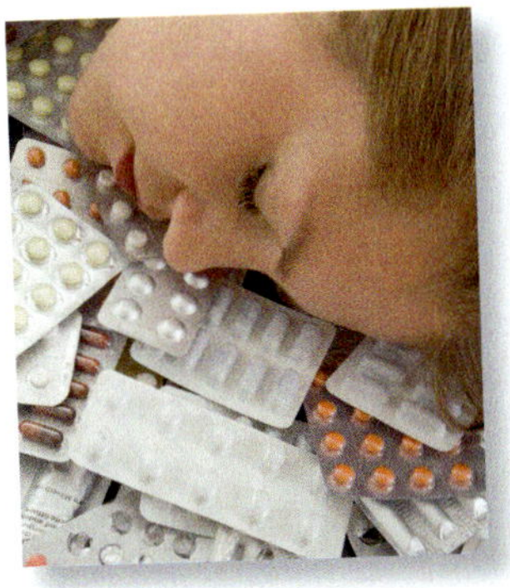

Suchtwege – Fluchtwege

Suchtwege – Fluchtwege ... 64
Verlier nicht dein Gesicht *Dietrich Seiffert* ... 66
Um zu vergessen ... *Antoine des Saint-Exupéry* ... 69
Sucht – mit und ohne Drogen ... 70
Jugend Sucht *Christoph Möller* ... 72
Cold Turkey *Angelika Mechtel* ... 75
Drogencomic ... 78
Hunger, Hunger *Brigitte Kolloch, Elisabeth Zöller* ... 79
Anti-Drogen-Kampagnen: Merkmale von Plakaten ... 81

Magazin Europa

Magazin Europa ... 82
Was bringt die Zukunft Europas? ... 83
„Excuse me, please ..." *Dagmar Chidolue* ... 84
Fremde Bekannte *Karl Valentin und Liesl Karlstadt* ... 87
Europa – Erfahrungen und Eindrücke ... 88
Europa und der Stier ... 89
Wieviel Taschengeld für Europas Jugend? – Ein Diagramm auswerten ... 91
„Comenius-Programm" für Schulen ... 92
Ein Blick in Europas Schulen ... 93
Sport in Europa ... 95
In Europa gibt es viel zu entdecken ... 97
Tipps und Hinweise ... 98
Ein Quiz für junge Europäer ... 99

Lesen mit Plan . . . 8

Ein Leseplan – was ist das? . . . 10
Vor dem Lesen . . . 10
He, Kleiner! (Teil 1) *Inge Meyer-Dietrich* . . . 11
Während des Lesens . . . 13
Nach dem Lesen . . . 15

Das kostet Nerven! . . . 16

Wenn ich ich bin *Yasmin Reza* . . . 16
Junge, wach auf! *Elke Bräunling* . . . 16
Worüber ich mich ärgere *Roswitha Fröhlich* . . . 17
Was ich fühle *Renate Anders* . . . 18
Lady Punk *Dagmar Chidolue* . . . 19
Die Rückseite der Angst *Albrecht Gralle* . . . 20
He, Kleiner! (Teil 2) *Inge Meyer-Dietrich* . . . 24
Vom Umgang mit Erwachsenen *Jutta Modler* . . . 27
Nerven *Joseph von Westphalen* . . . 28
Geheimnisse *Gina Davidson* . . . 30

Kinderarbeit – Kinderrechte . . . 34

Singen gegen die Sklaverei *Rüdiger Siebert* . . . 36
Kinderarbeit in Zahlen . . . 39
Zum Beispiel Brasilien . . . 41
Das Rugmark-Siegel . . . 42
„Wir, die Kinderarbeiter der Welt …“ . . . 44
Kommentar: Kinderarbeit abschaffen? . . . 45
Das Brot der frühen Jahre – aber mit Kaviar? . . . 46
Oskar, 10 Jahre, Kaffeepflücker . . . 48

Zahnreihe, verkürzte 125 ff.
Zahnunterzahl 266 f.
Zahnverlust 18 ff.
–, totaler 267 ff.
Zahnwanderung 21
Zementieren 59 ff.
Zinkoxyd-Eugenol 211
Zinnkäppchen 66
Zungenbändchen 186 f.
Zwischenglied 95
Zylinderanker 176 f.
Zylinderimplantat 260 f.
–, intramobiles 265

THEATER WERKSTATT 180

Sich einspielen . . . 182
Spiele mit Requisiten – ohne und mit Sprache . . . 183
Die Kaninchen, die an allem schuld waren *James Thurber* . . . 184
Vorstadtstraße . . . 186
Vom Improvisationsspiel zum Mitmachtheater . . . 188
Ausdrucksspiel mit Musik . . . 190
Berühmte Leute *Nach einer Idee von Cecily O'Neill* . . . 191
Zu Texten spielen . . . 194
Wo das Theater herkommt *Eberhard Spangenberg* . . . 195

MEDIEN WERKSTATT 198

Die Zeitung . . . 198
Der Bericht . . . 200
Die Nachricht . . . 202
Schlagzeilen . . . 203
Der Kommentar . . . 204
Die Reportage . . . 205
Das Interview . . . 207
Geschichte des Zeitungswesens in Deutschland . . . 209
Der Aufbau einer Titelseite . . . 211
Eine Klassenzeitung entsteht . . . 212

METHODEN WERKSTATT 214

Referate vorbereiten, halten und diskutieren . . . 214
Überblick . . . 216
Referate vorbereiten und halten . . . 218
Die 5-Schritt-Lesemethode . . . 218
Referate diskutieren . . . 224
Material überarbeiten . . . 226
Kompetenz-Test . . . 227

Literarische Fachbegriffe . . . 228
Autorenbiografien . . . 231
Textsortenverzeichnis . . . 234
Quellenverzeichnis . . . 236
Bildquellenverzeichnis . . . 240

Lesen mit Plan

In diesem Kapitel werdet ihr angeregt, Bücher auszuwählen und zu lesen, und zwar in den Deutschstunden und zu Hause. Für die Auseinandersetzung mit dem gewählten Buch schlagen wir euch vor, einen **Leseplan** mit verschiedenen Fragen und Aufgaben zu erstellen. Begleitend zum Lesen des Buches könnt ihr dann Antworten auf die Fragen finden und die Aufgaben bearbeiten. Außerdem könnt ihr euer Buch den anderen präsentieren, über den Inhalt des Buches diskutieren und eure Arbeitsergebnisse austauschen. Es ist sinnvoll, für die Leseplanarbeit eine besondere **Mappe** anzulegen und zu gestalten (z. B. als Portfolio). Das Portfolio ist eine Sammlung aller Arbeiten zu dem Buch und dokumentiert eure ganz persönliche Auseinandersetzung damit. Von außen könnt ihr die Mappe passend zu eurem Buch gestalten.

Zuerst müsst ihr ein Buch auswählen:

➜ Betrachtet die Cover von Büchern, lest die Klappentexte oder das Inhaltsverzeichnis, blättert in den Büchern. Dann wählt ein Buch aus, das alle gemeinsam lesen wollen, oder mehrere Bücher, für die sich Schülergruppen oder einzelne Schülerinnen und Schüler entscheiden.

➜ Das Auswählen könnt ihr z. B. in der Schülerbücherei machen oder in der Stadtbibliothek; vielleicht stellt euer Lehrer bzw. eure Lehrerin euch Bücher vor oder ihr bringt eigene Bücher, die ihr noch nicht gelesen habt oder anderen zur Verfügung stellen wollt, von zu Hause mit.

Ein Leseplan – was ist das?

Wenn ihr ein Buch zum Lesen ausgewählt habt, könnt ihr in einem **Leseplan** festlegen, **was** ihr **in welcher Zeit** und **mit welchen Fragen und Aufgaben** lesen wollt.
Eine gute Möglichkeit ist, sich jeweils für eine Woche eine bestimmte Anzahl von Seiten oder Kapiteln zum Lesen vorzunehmen und dazu entsprechende Fragen und Aufgaben zu bearbeiten. Wenn ihr gemeinsam ein Buch lest, könnt ihr euch dabei auf Pflichtaufgaben für alle verständigen und dazu noch Wahlaufgaben festlegen, die man zusätzlich bearbeiten kann. Außerdem könnt ihr überlegen, ob ihr lieber allein oder mit einem Partner/einer Partnerin oder in einer kleinen Gruppe arbeiten wollt.

Fragen, auf die ihr eine Antwort finden müsst:

- Wie viel Zeit will ich mir für das Lesen des Buches nehmen?
- Wie verteile ich die Seiten bzw. Kapitel des Buches auf diese Zeit?
- Was will ich in der Schule und was zu Hause lesen?
- Welche Fragen und Aufgaben will ich auswählen, um mich mit dem Inhalt des Buches auseinanderzusetzen?
- Was möchte ich mit meinen Mitschülerinnen und Mitschülern besprechen bzw. ihnen präsentieren?
- Welche Auszüge aus dem Buch könnte ich zum Vortragen vorbereiten, weil ich sie besonders spannend, lustig oder wichtig finde?

Vor dem Lesen
Was ihr **vor dem Lesen** eines Buches tun könnt:

- Den Titel des ausgewählten Buches in die Mitte eines Blattes schreiben; dann darum herum notieren, was euch zum Buchtitel, zum Cover und zum Klappentext einfällt: Was erwartet ihr von dem Buch? – Welche Fragen habt ihr an das Buch? – Was vermutet ihr über den Inhalt?
- Ein Titelblatt für die Leseplan- oder Portfolio-Mappe gestalten; danach das Blatt mit euren Fragen und Vermutungen in die Mappe einheften.

➜ Auf den nächsten Seiten findet ihr einen Textauszug aus „He, Kleiner!" und eine Sammlung von möglichen Fragen und Aufgaben dazu, die aber auch zu vielen Büchern passen. Daraus könnt ihr Aufgaben für euer Buch auswählen oder verändern und euch auch neue Aufgaben ausdenken.

Ein Lehrer hat mit einer 8. Klasse das Buch „He, Kleiner!" von Inge Meyer-Dietrich gelesen. Mit den Schülerinnen und Schülern hat er dafür einen Zeitraum von drei Wochen vereinbart und die Buchkapitel auf diese Zeit verteilt:

1. Woche: Kapitel 1–5, Seite 7–66
2. Woche: Kapitel 6–10, Seite 67–133
3. Woche: Kapitel 11–14 / Nachwort, Seite 134–190

He, Kleiner! *Inge Meyer-Dietrich*

Schultage sind die Hölle für Max, besonders bei schönem Wetter. Dann muss er in der Pause raus und kann den hinterhältigen Spielchen von Marian, Benno und Schnecke nicht entkommen. „Bonsai" und „Liliput" nennen sie ihn – nur weil er kleiner ist als die anderen Jungen in der Klasse. Mit seinen Eltern kann Max über das alles nicht reden. Aber Kim steht zu ihm und erwidert seine Gefühle …

Teil 1

Ich war mit dem sicheren Gefühl aufgewacht, dass es ein guter Tag werden würde. Hätte ich auch nur die leiseste Ahnung gehabt, wär ich bestimmt zu Hause geblieben. Ich hätte mich einfach krank gestellt. Meine Mutter lässt sich leicht etwas vormachen. Und mein Vater kriegt maximal die Hälfte von dem mit, was bei uns passiert. Es wäre wirklich kein Problem gewesen.

Aber ich Optimist mit meiner super Laune.

Warum ich so gut drauf war? Ich hatte von Kim geträumt. Und der schöne Traum löste sich beim Wachwerden nicht in Vergessen auf, wie das oft passiert.

Außerdem goss es in Strömen. So ungefähr muss die Sintflut gewesen sein. Die Tropfen schlugen gegen mein Fenster und trommelten laut auf das schräge Dach. Für mich ist das Musik! Regen ist mein absolutes Lieblingswetter, jedenfalls an Schultagen.

Natürlich sag ich das keinem.

Würde ja jeder denken, ich hätte sie nicht mehr alle.

Ich sag sowieso zu keinem irgendwas, was mir wichtig ist. Und von Kim würde ich nicht mal meinem besten Freund erzählen. Wenn ich einen hätte.

Mein Vater nahm mich im Auto bis zur Bushaltestelle mit.

Ich wäre lieber mit dem Rad gefahren, Sintflut hin oder her. Benno aus meiner Klasse nimmt bei Regen nämlich auch meistens den Bus. Aber Mama hatte natürlich wieder Angst, ich könnte nass werden und an Lungenentzündung sterben.

Mein Vater verdrehte die Augen, verkniff sich gegenüber Mama aber einen Kommentar. Mir hält er gern Vorträge, darin ist er Weltmeister. Sein Lieblingsthema heißt Sport. Leistungssport. Heute Morgen war er mal wieder in seinem Element. Redete im Auto pausenlos auf mich ein und bekam dabei dieses Augenleuchten.

Ich hörte nicht zu. Darin bin ich Weltmeister. Im Weghören. Ich kann trotzdem an der richtigen Stelle ja und nein sagen oder ach so. Keiner merkt was. Mein Vater schon gar nicht.

Er setzte mich also an der Haltestelle ab und der Bus kam auch sofort. Ich durchsuchte ihn mit Röntgenaugen. Doch keiner von denen, die ich auf den Tod hasste, saß drin. Uff! Das Gefahrensignal, das sonst so oft in meinem Kopf aufleuchtete, durfte sich eine Pause gönnen.

Erleichtert stieg ich ein. Blieb nah bei der mittleren Tür stehen. Ich versuchte mir möglichst immer und überall einen Fluchtweg offenzuhalten. Schon fast automatisch.

Als dann Frau Stober in der ersten Stunde die Aufsätze zurückgab und ich eine Eins hatte, fing ich an in mich hineinzulächeln. Manchmal merkt man das ja nicht. Aber ich spürte es richtig, mein Lächeln. Es hing an meinem Gesicht wie eine Gardine aus federleichtem Stoff.

Jedes Mal, wenn ich aus dem Fenster guckte, sah ich Regen, Regen, Regen! Sah, wie der Wind die dicken grauen Wolken über den Himmel zerrte und schubste. Hey, tat das gut! Wir würden in der großen Pause bestimmt nicht auf den Schulhof müssen.

Das hieß zwar, dass ich Kim wahrscheinlich erst mittags sehen könnte. Aber es hieß auch noch etwas anderes, etwas Gutes. Trotzdem schob ich die Gedanken schnell weg. Vielleicht wären sie sonst weitergewandert. Zu einem Punkt, an dem die Angst hochkam. Jedes Mal.

Frau Stober schrieb allerhand an die Tafel und gab dabei Erklärungen ab. Ich hörte Kreide quietschen. Und als Kontrast dazu Frau Stobers sanfte Stimme. Aber ansonsten hörte ich genauso weg wie heute Morgen bei meinem Vater. Machte die Augen zu.

Kim und ich, wir sind verabredet. So richtig schön altmodisch. Bei der großen Buche am Rand vom Stadtwald.

Ich bin schrecklich nervös. Gucke andauernd auf die Uhr. Kommt Kim – oder versetzt sie mich?

Jetzt sehe ich sie in den Weg einbiegen. Ihre schwarzen Haare glänzen in der Sonne. Ihre Augen lachen mir entgegen. Nur noch Sekunden und dann …

„He, Kleiner!“, zischte Marian hinter mir. „Was träumst du denn Schönes? Erzähl doch mal!“ Das war ein ziemlich krasser Szenenwechsel. Meine Laune kippte, wenn auch noch nicht ganz. Das Gefahrensignal war jedenfalls wieder in Betrieb. Bei Marian konnte ich nicht weghören. Bei ihm nicht. Mir fiel auch so schnell nichts ein, womit ich ihn hätte ablenken können. Gleich in Sport würde er wieder seine dämliche Show abziehen. Und danach, in der Pause?

Aber zum Glück regnete es immer noch! […] Als ich nach der letzten Stunde zum Bus ging, knallte die Sonne vom unverschämt blauen Himmel runter. Ich blinzelte allerdings nicht nur deswegen.

Kim lief mir auf dem Schulhof über den Weg. Sie schien meine nassen Schuhe nicht zu sehen. Nicht die feuchten Jeans. Kim sah mir ins Gesicht und lächelte. „Hi, Max“, sagte sie mit dieser klaren, hellen Stimme, die ich gern auf CD hätte, und blieb einen Augenblick stehen.

Keine Ahnung, was für ein Gesicht ich gemacht habe. Ich weiß nur, dass Kim meinen Blick mit ihrem Lächeln festhielt. Und was ich dabei fühlte, kann ich nicht beschreiben, es war zu schön. „Hi, Kim.“ Mehr kriegte ich nicht raus. Dann war der magische Augenblick auch schon vorüber.

Während der ganzen Heimfahrt im Bus hatte ich Kim vor Augen. Malte mit dem Finger ein Gesicht auf die beschlagene Fensterscheibe. Bildete mir ein, es hätte Ähnlichkeit mit Kim. Versuchte dabei, mir vorzustellen, wie es sich anfühlte, wenn ich ihr Gesicht streicheln würde. Ich und Kim streicheln? Ganz schön verrückte Idee! Wahrscheinlich würde es nie dazu kommen, außer in meiner Fantasie. Denn selbst die zierliche Kim aus Korea war immer noch etwas größer als ich. Und welches Mädchen will schon einen Freund, der kleiner ist? Da konnte ich träumen, so viel ich wollte.

Während des Lesens

*Hier findet ihr Vorschläge für Aufgaben, die ihr **während des Lesens** von „He, Kleiner!" oder von einem anderen Buch bearbeiten könnt. Wählt Aufgaben aus und formuliert sie so um, dass sie zu euch und eurem Buch passen. Tragt die ausgewählten Aufgaben dann unter der Überschrift „Meine Aufgaben" in eure Leseplanmappe ein und bearbeitet sie. Manche Aufgaben könnt ihr auch mit einem Partner oder einer Partnerin oder in einer Gruppe gemeinsam bearbeiten.*

- Kurz den **Handlungsverlauf** wiedergeben, wenn du ein Kapitel gelesen hast.
- **Gedanken** aufschreiben, die dir beim Lesen durch den Kopf gegangen sind.
- Aufschreiben, was du in den gelesenen Seiten oder Kapiteln über die im Buch vorkommenden **Personen** erfahren hast.
- Eine **Buchfigur** auswählen, sie in einem „Steckbrief" charakterisieren und deine Meinung zu ihrem Verhalten notieren und begründen.
- Einen **Namen-Text** zu einer Buchfigur schreiben, indem du die Buchstaben des Namens untereinander schreibst und mit jedem Buchstaben einen Satz beginnst, der etwas über die Figur aussagt.
- Einen besonderen **Ort** oder ein **Ereignis** aus dem Buch in einer farbigen Zeichnung darstellen.
- Besondere **Gegenstände**, die in dem Buch eine Rolle spielen, auflisten und erklären.
- **Kleine eigene Texte** zu bestimmten Signalwörtern schreiben, die im Buch von Bedeutung sind (z. B. Freundschaft, Liebe, Verantwortung, Trauer, Freude, Träumen, ... siehe auch S. 18).
- Eine ausgewählte Stelle aus dem Buch zu einer **Bildergeschichte** oder einem Comic umarbeiten.
- Dich in die Lage einer der Buchfiguren hineinversetzen und eine **Tagebuchnotiz** aus ihrer Sicht schreiben, in der ihre Gefühle und Gedanken zum Ausdruck kommen.
- Kontakt zu einer Buchfigur aufnehmen, z. B. in einem **Brief**, einer **Email**, einem **Telefongespräch** oder einem **Interview**.
- Dir vorstellen, dass zwei Buchfiguren in einer bestimmten Situation in einem **Brief** oder einer **Email** miteinander Kontakt aufnehmen, und den Brief oder die Email für sie schreiben.
- Dir vorstellen, dass du eine der **Buchfiguren** bist, und aufschreiben, was du anstelle der Buchfigur denken, fühlen, sagen oder tun würdest.
- Dir vorstellen, dass eine der **Buchfiguren** in deine Klasse kommt, und schildern, wie es ihr da wohl ergehen würde.
- Eine besonders wichtige **Textstelle** aus dem Buch aufschreiben und kommentieren.
- In Zeitungen, Zeitschriften, Kalendern usw. nach **Bildern** suchen, die etwas mit dem Buch zu tun haben könnten; die Bilder einkleben und die Auswahl kurz begründen.
- Notieren, wie die Geschichte für die einzelnen **Figuren** endet, und aufschreiben, was du dazu meinst.
- Die Geschichte **weiterschreiben**.
- Aufschreiben, aus welcher **Perspektive** das Buch geschrieben ist.
- Dich über die **Autorin** bzw. den **Autor** des Buches informieren, z. B. im Internet.
- Nach Büchern suchen, die ein ähnliches **Thema** oder ähnliche **Hauptfiguren** haben.

*Tim hat das Buch „He, Kleiner!" gelesen und während des Lesens folgende Aufgaben für die erste Woche ausgewählt und vorne in seiner Mappe als **Leseplan** aufgeschrieben:*

Meine Aufgaben für die erste Woche	Aufgabe bearbeitet
Das erste Kapitel des Buches lesen und anschließend aufschreiben, welche Gedanken mir beim Lesen durch den Kopf gegangen sind.	
Kurz den Handlungsverlauf im ersten Kapitel wiedergeben.	
Die Buchfiguren, die im ersten Kapitel vorkommen, aufschreiben und dahinter notieren, was ich über diese Figuren erfahren habe.	
Auch die Kapitel zwei bis fünf lesen und und den Handlungsverlauf kurz wiedergeben. Außerdem die Liste der Buchfiguren ergänzen und notieren, was ich über sie erfahren habe.	
Notieren, was ich vom Verhalten der Buchfiguren halte, und meine Meinung begründen.	
Mir vorstellen, dass ich die Buchfigur Max bin. Was würde ich denken? Wie würde ich mich fühlen? Was würde ich sagen und tun?	
Mir vorstellen, dass die Buchfigur Max in meine Klasse kommt, und schildern, wie es ihm da wohl ergehen würde.	
An eine Buchfigur eine Email schreiben.	
Mich im Internet über die Autorin Inge Meyer-Dietrich informieren.	

➜ Hier sind einige Eintragungen aus Tims Lesemappe. Welche Aufgaben aus seinem Leseplan hat er schon bearbeitet?

Meine Erwartungen:
Wahrscheinlich wird Max immer von den drei Jungen Marian, Benno und Schnecke geärgert. Sicher gehen sie in seine Klasse. Deshalb kann er ihnen auf dem Schulhof in der Pause nicht entkommen.

Was ich von Max erfahre:
- ist Optimist
- träumt von Kim
- mag Regen
- hat keinen Freund
- ist Weltmeister im Weghören
- kann gut Aufsätze schreiben

Meine Fragen:
- Warum kann Max mit seinen Eltern oder seinen Lehrern nicht reden?
- Wer ist wohl Kim?
- Wie kommt Max aus dem Stress raus?

Hi Max, ich finde toll, dass du so gut Aufsätze schreiben kannst. Das möchte ich auch gern können. Ich wünsche dir, dass du sonst in der Schule nicht so viel Schlimmes erleben musst und dass du dich mal wieder darüber freuen kannst, dass die Sonne scheint. Bis bald. Tim

Nach dem Lesen

- Schreibe auf, was oder wer dich an dem Buch am meisten beeindruckt hat, und begründe deine Meinung.
- Schreibe auf, wie du das Buch und das Verhalten der Personen beurteilst, und begründe deine Meinung.
- Bist du einverstanden mit dem Schluss des Buches? Wenn nicht, dann schreibe einen neuen Schluss.
- Haben sich die Erwartungen, die du vor dem Lesen hattest, erfüllt?
- Schreibe einen Brief an den Autor bzw. die Autorin und teile mit, was dir an dem Buch gefallen hat und was nicht.
- Überlege, auf welche Weise du das Buch anderen so präsentieren kannst, dass sie zum Lesen motiviert werden.

Denke über dein Lesen und deinen Leseplan nach.

- Wie beurteilst du dein Lesen und deine Auseinandersetzung mit dem Buch?
- Was hat dir Freude gemacht, wo gab es Probleme?
- Was ist dir gut gelungen, was möchtest du verbessern?

Ein Buch präsentieren:

Wenn du dein gelesenes Buch anderen vorstellen willst, kannst du folgendermaßen vorgehen:
- Zuerst eine kurze Einführung in das Buch geben (Titel, Autor/Autorin, Hauptpersonen, Inhaltzusammenfassung in einigen Sätzen).
- Dabei das Buchcover zeigen und evtl. den Klappentext vorlesen.
- Begründen, warum du das Buch ausgewählt hast.
- Etwas ausführlicher über die Hauptpersonen und die Handlung des Buches erzählen – aber dabei nicht zuviel verraten, damit die Neugier auf das Buch erhalten bleibt.
- Vielleicht eine kurze Textstelle (z. B. den Buchanfang) vorlesen.
- Eine persönliche Wertung zu dem Buch abgeben.
- Eine Empfehlung zum Lesen aussprechen.
- Den anderen Gelegenheit zum Fragen geben.

Du kannst deine Präsentation anschaulich machen:
- durch ein Plakat …
- durch gezeichnete Bilder oder eine Bildergeschichte
- durch Gegenstände, die etwas über das Buch oder die Buchfiguren aussagen
- durch ein ausgedachtes Interview mit einer Buchfigur.

Ich habe das Buch … ausgewählt, weil …

Die Hauptfigur in dem Buch ist …

In dem Buch geht es vor allem um …

Am interessantesten/spannendsten/lustigsten/traurigsten/… fand ich …

Das kostet Nerven!

Wenn ich ich bin *Yasmina Reza*

Wenn ich ich bin,
weil ich ich bin,
und du du bist,
weil du du bist,
bin ich ich
und du bist du.
Wenn ich ich bin,
weil du du bist,
und du du bist,
weil ich ich bin,
dann bin ich nicht ich
und du bist nicht du.

Junge, wach auf! *Elke Bräunling*

Du machst Pläne,
baust Luftschlösser
hoch wie ein Hochhaus und mehr!
Deine Pläne!
Was übrig bleibt,
sind Hütten aus Wellblech,
vergammelt, kaputt.
Junge, wach auf!

Ja, Vati,
sage ich und gehe den Weg
zu meinen Schlössern aus Luft
und bin froh.

Es ist mein Leben!

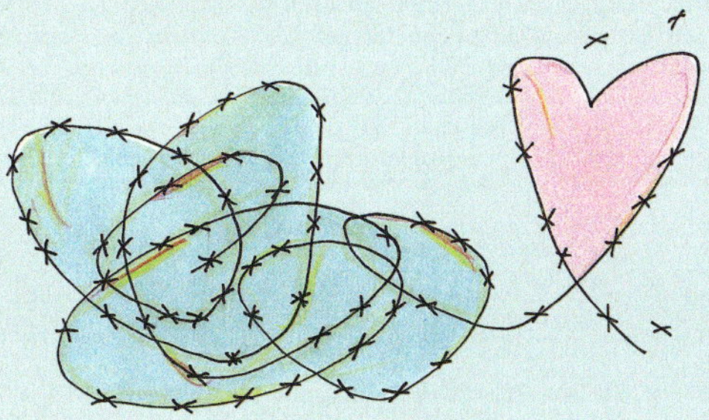

Worüber ich mich ärgere *Roswitha Fröhlich*

Ich ärgere mich,
wenn ich morgens nach dem Aufstehen
nicht in Ruhe gelassen werde.
Ich ärgere mich,
wenn Lisa hinter meinem Rücken
tuschelt
oder über mich lacht
oder sich mit anderen verabredet.
Ich ärgere mich,
wenn meine Mutter
schon heute nicht mehr weiß,
was ich ihr gestern erzählt habe.
Ich ärgere mich ziemlich viel.
Und wenn ich mich gar nicht ärgern würde?

Oder es wenigstens nicht zeigte?
Dann würden meine Mutter,
mein Vater,
Lisa
und überhaupt alle
nur wieder behaupten,
ich ließe mir viel zu viel gefallen.
Und das ärgert mich am meisten.

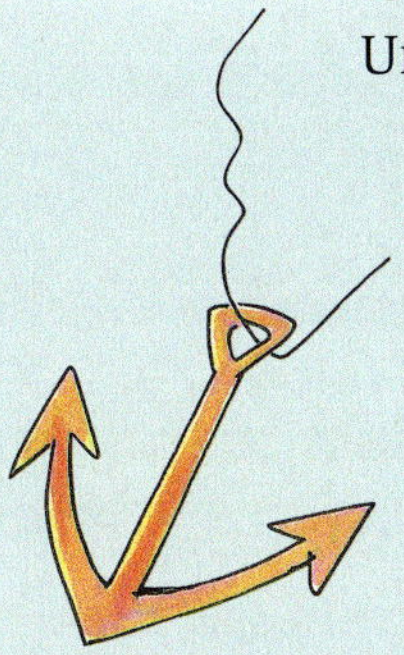

Wenn man jung ist, geht manchmal alles ganz leicht, man fühlt sich gut und hat sein Leben „im Griff“ – Aber manchmal nervt auch einfach alles: Man versteht die Welt nicht mehr, weiß nicht weiter, und streitet sich dauernd, z. B. mit den Eltern oder mit Freunden, oder fühlt sich unverstanden und einsam.
Und dann kann es sein, dass man einem Menschen begegnet, an den man „sein Herz verliert“.
Um diese Zeit intensiver Gefühle geht es in diesem Kapitel.

1 Welcher dieser Texte gefällt dir am besten? Begründe.

Was ich fühle *Renate Anders*

Manchmal ist da so ein Gefühl, ein Gefühl, das mir so fremd und doch so bekannt ist. Dann muss ich ganz viel Luft holen und ich fühle mich plötzlich so stark, dass ich glaube, nichts wäre mir mehr zu schwer. Und ich möchte etwas ganz Besonderes tun, die ganze Welt befreien oder mich gegen die Ungerechtigkeit auflehnen. Aber dann, dann werde ich plötzlich ganz müde und traurig und ich möchte alles hinter mir lassen. Und ich merke, dass ich allein bin, dass ich niemanden befreien kann und auch nicht den Mut habe, mich gegen die Ungerechtigkeit aufzulehnen. Und ich weine, warte auf jemanden, der mich versteht, der tröstend seinen Arm um mich legt, und habe gleichzeitig Angst, jemand könnte erkennen, dass ich in Wirklichkeit gar nicht stark bin.

Was ich fühle ...

1 Sprecht darüber, in welcher Stimmung sich das Mädchen befindet.

2 Sucht fünf Wörter aus dem Text heraus, die euch besonders wichtig erscheinen, und schreibt sie auf.

3 Versucht mit diesen Wörtern einen neuen Text zu schreiben. Überlegt vorher, ob ihr z. B. ein **Gedicht**, einen **Erzähltext**, einen **Elfer**, ein **Rondell** oder einen **Fünfsatztext** schreiben wollt.

Elfer
Text mit elf Wörtern:
1. Zeile ein Wort
2. Zeile zwei Wörter
3. Zeile drei Wörter
4. Zeile vier Wörter
5. Zeile ein Wort

STARK zu sein ist ziemlich schwer.
MÜDE wirst du manchmal sehr.
TRAURIGkeit ist eine Last.
MUT ist gut, wenn du ihn hast.
ANGST bedrückt dich dann nicht mehr.

Johanna

Fünfsatztext
Jeder Satz beginnt mit einem der fünf Wörter.

Ein komisches Gefühl.
Ich habe Angst.
Vieles ist mir fremd.
Ich habe Angst.
Wie kann ich mich befreien?
Was kann ich tun?
Ich habe Angst.
Meine Welt?

Andreas

Rondell
Text mit acht Zeilen:
In der 2., 4. und 7. Zeile wiederholt sich immer derselbe Satz.

Ich habe oft ein kribbeliges Gefühl.
Manchmal bin ich auch traurig.
Wenn ich mit Freunden zusammen bin, habe ich Mut, denn mit mehreren zusammen ist man stark.
Im Dunkeln dagegen habe ich Angst.

Saskia

Lady Punk *Dagmar Chidolue*

Manchmal hatte Terry den Wunsch, diese ganze Welt zu zerschlagen, und manchmal, und auch das verstand sie nicht, fühlte sie sich so froh, dass sie dachte, sie würde platzen. Ihr Bauch, ihr Körper, ihr Herz, oder was es auch immer war, spannte vor Glück, und sie hatte das Gefühl, dass sie was Großes leisten könnte. Dann konnte sie stundenlang aus dem Fenster sehen, ohne zu denken, oder im Tiergarten auf der Parkbank hocken und sich vom warmen Wind streicheln lassen. Es war, als ob sie ein Stück Ewigkeit wäre. Sie fand sich gut und wichtig und all das.

Dieser Zustand hielt längstens ein paar Stunden und trat höchstens ein paarmal im Jahr ein. In der übrigen Zeit, und die dauerte weiß Gott lang, hatte Terry diese Wut. Dann zog sie sich das grellgelbe T-Shirt an und malte sich die Nägel schwarz. Sie lief den ganzen Nachmittag durch die Stadt und hoffte, dass alle Leute sahen, dass sie jetzt ein Kanarienvogel war, und wenn sich jemand nach ihr umdrehte und sie zu auffällig anstarrte, streckte sie die Zunge raus. Gegen Abend ging es dann besser. Wenn sie zurückkam, war sie nur noch ein fünfzehnjähriges Mädchen im gelben T-Shirt und mit einem Riesenhunger nach etwas, von dem sie wusste, dass sie es nie bekommen würde.

1. Worum geht es in diesem Text? Sprich mit deinem Nachbarn darüber.
2. Terrys Gefühle sind ziemlich widersprüchlich. Beschreibe sie mithilfe des Textes.
3. Wähle einen ihrer „Gefühlszustände" aus und versuche ihn mit einigen Sätzen zu deuten. Was könnte z. B. gemeint sein mit dem Gefühl „etwas Großes leisten zu können"?
4. „Terry (…) hoffte, dass alle Leute sahen, dass sie ein Kanarienvogel war…" heißt es in Zeile 20. Warum hat die Erzählerin für Terry gerade dieses Bild gewählt?
5. Könntest du dir vorstellen, mit Terry befreundet zu sein? Begründe deine Antwort.
6. Wie verstehst du den letzten Satz? Was könnte dieses „Etwas" alles bedeuten?
7. Terry reagiert anders auf ihr Gefühlschaos als das Mädchen in dem Text „Was ich fühle". Welche Unterschiede stellst du fest? Gehe dabei auch auf den Titel ein. Gibt es eigentlich auch Gemeinsamkeiten zwischen den beiden? Belege deine Antwort am Text.

Die Rückseite der Angst *Albrecht Gralle*

Eigentlich ist seine dunkle Hautfarbe für John kein Thema, bis er eines Tages von einer Gruppe rechtsradikaler Jugendlicher schikaniert wird, die fremdenfeindliche Parolen verbreiten und ihn bedrohen.

„John, kannst du mir mal eben ein Brot holen? Das alte ist verschimmelt."
„Muss das jetzt sein?"
„Ja, es muss jetzt sein. Es gibt bald Abendbrot."
Die Stimme von Frau Asamoa, die aus der Küche drang, klang sehr bestimmt, und John wusste aus Erfahrung, dass er trotz aller Gegenargumente dann doch gehen musste.
„Die Herrschaft der Frauen", murmelte er und stand auf. Er hatte es sich auf seinem Bett gemütlich gemacht und sein Bein hochgelegt. Ohne dass es seine Mutter mitbekam, hatte er sich ein großes Pflaster besorgt und auf die Schürfwunde getan. Dann scheuerte der Hosenstoff wenigstens nicht an der offenen Stelle. Seine Mutter brauchte gar nicht von dem Zwischenfall zu wissen. Sie würde sich nur unnötig aufregen.
So gut es ging, versuchte John das Hinken zu überspielen, holte sich das Geld aus der Küche und zog los.
Draußen war es schon dunkel, aber die Frühlingswärme war noch nicht ganz verschwunden, denn gegen Abend hatten sich Wolken am Himmel gesammelt, die wie eine große Decke die Erde warm hielten.
John ging langsam zum Supermarkt, in dem sich eine kleine Bäckerei befand. Plötzlich blieb er stehen. Ihm schien, er habe leise Schritte hinter sich gehört. Unauffällig drehte er sich um. Aber da war nichts, nur ein paar Leute an der Bushaltestelle. Aber sonst – niemand zu sehen.
„Jetzt bilde ich mir schon ein, verfolgt zu werden", sagte er halblaut zu sich. Bald hatte er das Geschäft erreicht und das Brot gekauft. Dann trat er den Rückweg an.
Jetzt aber hörte er wirklich Schritte hinter sich. Das war keine Einbildung. Er ging schneller. Auch die Schritte wurden schneller. Am besten die Bushaltestelle erreichen, dachte er mit klopfendem Herzen, da sind immer Leute. Aber der Bus war inzwischen gekommen und hatte alle mitgenommen.
„Verdammt, wenn ich keine Verletzung hätte, würde ich jetzt einen kleinen Spurt hinlegen und dann ..."
Die Schritte kamen näher. Rasch drehte sich John um und sah aus den Augenwinkeln eine Gestalt in schwarzer Lederjacke und mit Hornbrille, die unter dem Schein einer Straßenlaterne deutlich zu erkennen war.
„Da ist er wieder", murmelte John, und der Angstschweiß brach ihm aus.
Immer noch war kein Mensch zu sehen, nicht einmal ein Auto, das er hätte anhalten können. Und selbst wenn er eins anhalten könnte, was würde das nützen? Der Kerl würde sich verdrücken, der Autofahrer den Kopf schüt-

teln und wieder weiterfahren. Warum hatte er sich bloß breitschlagen lassen, das Brot zu holen? Er hätte seiner Mutter von dem kurzen Kampf erzählen sollen … Was sollte er tun?

Jetzt hörte er schon die Atemzüge von Berni Marek. Da lief John los. Er biss die Zähne zusammen, als er den Schmerz in seinem Bein spürte. Aber besser, ein bisschen Schmerzen zu haben, als von dem Typ zusammengeschlagen zu werden. Auch sein Verfolger fing an zu rennen.

Ich muss ihn abhängen, ich muss ihn abhängen, ich muss ihn abhängen, hämmerte es in seinen Gedanken. Ich muss in eine Seitengasse abbiegen, durch einen Garten …

Und schon war er in eine Seitenstraße gebogen.

Da hinten bei den Bäumen, das wusste er, konnte man sich durch einen Zaun zwängen und dann mit Volldampf durch die Rhododendronbüsche brechen. Und schon wäre er in dem kleinen Vorgarten.

John war bei den Bäumen angekommen, zwängte sich durch die unsichtbare Lücke im Zaun und hörte den überraschten Laut von Berni, der vor sich hinfluchte. Das gab John einen kleinen Vorsprung. Wie ein Geschoss drückte er sich durch die Büsche und fummelte im Gehen nach seinem Schlüsselbund. Zitternd steckte er den Schlüssel in das Schloss, während er Geräusche bei den Büschen hörte.

Ein Glück! Die Tür ging auf, er knallte sie zu, drehte sich um und schloss von innen ab. Dann hastete er die Treppen nach oben, öffnete die Tür und stellte schwer atmend den Rucksack auf einen Stuhl.

„Das ging aber schnell!“ wunderte sich seine Mutter.

„Ich … ich hab…einen kleinen Endspurt hingelegt“, keuchte John atemlos. „Bisschen fit halten …“

Dann ging er auf sein Zimmer, das er mit seinem kleinen Bruder teilte, der aber zum Glück im Wohnzimmer war, und warf sich auf sein Bett.

Erleichtert wischte er sich über seine nasse Stirn und sagte: „Noch mal gut gegangen. Ich muss nachher Robin anrufen und ihn bitten, mich morgen früh abzuholen, so doof das auch ist. Aber im Augenblick brauch ich Verstärkung.“

Er verschränkte die Hände hinter seinem Kopf, schloss die Augen und ließ seine Gedanken laufen. Die Wunde an seinem Schienbein pochte. So geht das nicht weiter, dachte er, ich muss irgendetwas unternehmen. Ich kann doch nicht jeden Tag mit Bewachung zur Schule gehen.

Er dachte daran, dass er eigentlich ganz gerne hier lebte. Und normalerweise passierte ja auch nichts. Er war beliebt bei seinen Klassenkameraden. Es gab viele tolle Sachen hier. Nur, dass er durch seine dunkle Hautfarbe immer auffiel … Manchmal nervte es ihn, wenn kleine Kinder stehen blieben und hinter ihm herriefen: „Kuck mal, ein Neger!“. Er sehnte sich danach, einfach durch die Straßen zu gehen und überhaupt nicht aufzufallen.

Mit Wehmut dachte er an letztes Jahr zurück, als er mit seiner Mutter und Mary die Großeltern in Ghana besucht hatte.

Die Hitze war fantastisch gewesen. Und wenn er durch die Straßen von Kumasi gegangen war, hatte sich keiner nach ihm umgedreht. Alle hatten wie er eine dunkle Hautfarbe bis auf die paar Weißen, Touristen oder Angstellten einer Firma, hinter denen die Kinder hergerufen hatten: „White man, white man!“

Und jetzt diese Sache mit Berni und den Lederjacken, die machte ihm zu schaffen! Das konnte doch nicht so weitergehen. Er hatte keine Lust, jeden Tag ängstlich durch die Straßen zu schleichen … Man müsste diese Idioten mal richtig durchprügeln, grün und blau hauen! Wenn erst der GRIPS-Klub richtig in Schwung kam, könnte man das machen. Aber das dauerte. Und in der Zwischenzeit …?

John tastete mit der Hand auf seinem Nachttisch herum. Richtig, hier lag die Kassette. Er betrachtete sie. Sie war leicht abgewetzt. Jemand hatte darauf etwas überspielt. Heute Nachmittag hatte Berni sie bei dem kurzen Kampf verloren und John hatte danach gegriffen und sie eingesteckt.

Was stand drauf? „Seite 1 Rechtskurve 10.12. Dortmund.“

„Rechtskurve?“, überlegte John.

Ach ja, das musste eine Musikgruppe sein, eine von der Sorte, die rechte Parolen und Gewalt verbreitete. Er stand auf und steckte die Kassette in den Rekorder.

Harter Schlagzeugrhythmus war zu hören, die Akkorde einer E-Gitarre und eine heisere Stimme, die mehr brüllte als sang: „Gestern hab ich ein paar dunkle Typen auf der Straße gesehen. Aeea. Reden wirres Zeug und kassieren alles ab. So geht das doch nicht weiter. So geht das doch nicht weiter. Schiebt sie ab, schiebt sie ab, schiebt sie ab …“

John drückte wütend auf die Stopptaste. Das genügte. Offensichtlich handelte es sich um die Lieblingsband von Berni. Tolle Truppe! Wirklich super …
Plötzlich kam es ihm vor, als käme von irgendwoher ein Gedanke angeflogen, ein ganz kleiner, unscheinbarer Gedanke: „Die Angst hat eine Rückseite. Dreh den Spieß doch um. Eigentlich müssten sie vor dir Angst haben."
John wusste nicht, wie er darauf kam. Vielleicht hatte er den Satz irgendwo mal aufgeschnappt …?
Einfach lächerlich. Wieso sollten sie vor ihm Angst haben?

1 Lest den Text. Welche Stellen haben euch besonders berührt? Sprecht mit eurem Nachbarn darüber.

2 Hier findet ihr Überschriften, die zu einzelnen Textabschnitten passen (nicht in der richtigen Reihenfolge!). Unterteilt den Text in Abschnitte, ordnet die Überschriften gemeinsam zu und begründet eure Zuordnung: *Berni Marek verfolgt John, John hängt Berni ab, Die Reise nach Ghana, John fühlt sich verfolgt, John ist verzweifelt, John will sich wehren, Johns Mutter soll nichts merken*

3 Beschreibe Johns Situation. Wovor hat er Angst und wie fühlt er sich? Finde Textstellen, in denen seine Angst besonders deutlich zum Ausdruck kommt.

4 Es gibt zwei Stellen im Text, an denen deutlich wird, dass John seine Probleme vor seiner Mutter geheim hält. Finde diese Stellen. Welche Gründe könnte er dafür haben?

5 Welche Möglichkeiten hat man, Probleme zu lösen, mit denen man alleine nicht fertig wird? Was rätst du John?

6 **Leseprofi:** „Die Angst hat eine Rückseite. Dreh den Spieß doch um", denkt John (Z. 110/111). Was könnte er damit meinen?

He, Kleiner! *Inge Meyer-Dietrich*

Teil 2

Natürlich war ich immer noch zu früh am Treffpunkt.
Und wie in meinen Tagträumen hatte ich eine Wahnsinnsangst, Kim könnte es sich anders überlegt haben.
Doch dann sah ich sie mit dem Fahrrad beim Museum um die Kurve biegen.
Sie trug enge schwarze Jeans und ein knallrotes T-Shirt, das leuchtete mir schon von Weitem entgegen.
Stand ihr wahnsinnig gut zu den schwarzen Haaren.
Ich musste schlucken. In mir zog ein Gefühls-Chaos herauf, wie ich es schon vom Schullandheim kannte.
He, Kleiner, jetzt reiß dich zusammen und lade sie erst mal zu einem Eis ein, schlug mir meine clevere innere Stimme vor. Und das schaffte ich dann auch.
Obwohl ich ziemlich leise sprach, war mir klar, dass man das Zittern in meiner *äußeren* Stimme nicht überhören konnte.
Kim ließ sich nichts anmerken. „Gerne“, sagte sie. „Wenn wir anschließend in die Ausstellung gehen.“

Das Eiscafé Florenz liegt schräg gegenüber vom Museum. Es ist äußert beliebt.
Und wenn jetzt einer von meinen drei *Freunden* zufällig dort säße?
Den Gedanken hatte ich auch vorher schon gehabt. Er war nur verdrängt worden von der Befürchtung, dass Kim im letzten Moment einen Rückzieher machen könnte.
Jetzt ging sie neben mir.
Wirklich. Tatsächlich. Kein Tagtraum.
Doch meine Angst vor den Jungs war auch wieder da. Verdammt, würde das ewig so bleiben?
Was war mit der harten Arbeit an meinem Ego?

Ego
Das Bild, das man von sich selber hat.

Ich steuerte auf einen der Zweiertische im hintersten Teil des Eiscafés zu. Von dort aus hatte ich den besten Überblick. Und die Fluchtmöglichkeit zur Toilette.
Aus meiner Klasse war zum Glück niemand zu sehen.
Kim und ich bestellten beide gemischtes Eis mit Früchten, und dann wurde ich langsam lockerer.
Kim machte es mir leicht. Sie war so natürlich und unkompliziert. Und als sie auch noch sagte: „Besonders lange kann ich heute nicht“, da hätte ich mich vor Freude fast an meinem Eis verschluckt.
Heute nicht. Das hieß ... Mensch, das hieß doch, dass sie sich öfter mit mir treffen wollte. Oder?
Wir redeten über gemeinsame Lehrer. Über die Tage im Schullandheim. Harmlose, unverfängliche Sachen. Im Hinterkopf hatte ich dabei die ganze Zeit

gewisse Leute aus meiner Klasse. Und die Hoffnung, dass Kim nicht wusste, wie sie zu mir standen. Was ich mir alles von ihnen gefallen ließ. Nein, sie schien nichts darüber zu wissen. Sonst würde sie ja auch vermutlich nicht hier mit mir sitzen, dachte ich.

„Schade, dass wir im Schullandheim nicht gleich zu Anfang einen gemeinsamen Abend für alle drei Klassen hatten." Sie sah mich herausfordernd an und reckte dabei die kleine Nase in die Luft.

„Du meinst, dann hätten wir, wären wir ..."

„Kann doch sein." Sie fischte eine Erdbeere aus dem geschmolzenen Rest Eis. „Oder was denkst du?"

„Ich denk, dass ich mich selbst am letzten Tag kaum getraut habe, dich anzusprechen", hörte ich mich ehrlich zugeben und verschluckte mich tatsächlich.

„Hab ich gemerkt." Kim klopfte mir auf den Rücken. „Dabei bist du doch gar nicht so schüchtern."

„Glaubst du?"

„Weiß ich."

Sie steckte mich an mit ihrem Lachen. Ich fühlte mich leicht. Schmetterlingsflügelleicht oder so was in der Art. Nah am Abheben. Aber jedes Mal, wenn wieder jemand zur Tür hereinkam, verwandelten sich die Schmetterlingsflügel augenblicklich in Bleiklumpen.

1 Worum geht es in dem Jugendbuchauszug?

2 Schreibt heraus, was ihr alles über den Ich-Erzähler und über Kim erfahrt.

3 Viele verschiedene Gedanken und Gefühle beschäftigen den Jungen. Schreibt die entsprechenden Textstellen heraus und überlegt dann gemeinsam, welches Gefühl jeweils im Vordergrund steht (Angst, Freude, Verliebtheit?).

4 Warum ist der Junge eigentlich so nervös? Stellt Vermutungen an, die ihr am Text belegt. Lest dazu auch noch einmal den Beginn des Jugendbuches im Eingangskapitel (S. 11/12).

5 Stell dir vor, der Junge vereinbart ein weiteres Treffen mit Kim. Vor diesem Treffen verfasst er eine E-mail an eine Jugendzeitschrift und bittet um Rat. Schreibe diese E-mail.

6 Verfasse auch die Antwort der Jugendzeitschrift.

7 Diskutiert, wie hilfreich die gegebenen Ratschläge sind.

8 **Leseprofi:** An welchen Stellen wird deutlich, dass das Geschehen aus der Sicht des Jungen erzählt wird? Welche Wirkung hat diese Erzählweise auf den Leser und seinen Eindruck von dem Jungen?

Ich denk' an dich
Du auch an mich?
Ich hab' dich gern,
bist du auch fern!
Prima Gedicht,
findest du nicht?

Kristiane Stange

Was wollt ihr,
was schaut ihr,
was rümpft ihr die Nase?

Was versteht ihr denn schon
von meiner Ekstase?

Sie heißt Friederike,
und ich bin verliebt.
Wenn das keine
mildernden Umstände gibt!

Julian Hassler

Manchmal bist du wie ein Eiszapfen;
manchmal wie ...
Manchmal ein ...
manchmal ...
Plötzlich bist du ...
und gerade das lieb ich an dir.

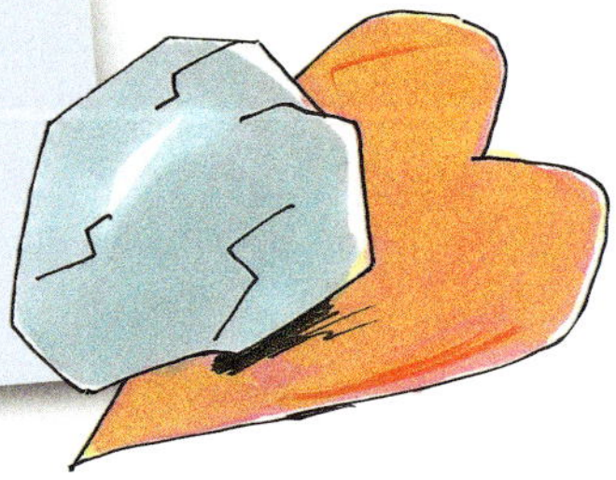

1 Schreibt selbst kleine Gedichte und andere Texte, die sich für verschiedene Anlässe zum Verschenken eignen. Denkt auch an eine besondere Gestaltung.

Vom Umgang mit Erwachsenen

Jutta Modler

Wie man mit Erwachsenen umgeht? Locker, kann ich nur sagen, leicht, fast flaumig. Und cool, urcool, vor allem, wenn sie dich kritisieren. Das packen sie nicht, dass du dich nicht aufregst, denn das würden sie selbst nicht bringen. Voriges Jahr hätte ich mich noch nicht getraut, sie so zu nehmen. Aber jetzt finde ich es einfach irre gut zu sehen, wie hilflos sie in ihrem Ärger sind.
Mein Freund Max ist da absolute Spitze. Sein Vater ist ein sturer Ordnungsfanatiker, sagt er, völlig ohne Verständnis für die Genialität seines Sohnes. Je cooler Max bleibt, umso mehr kommt der Vater in Rage.
„Lümmel nicht so bei Tisch!“, hat sein Vater ihn erst letzten Sonntag beim Mittagessen angeschnauzt.
„Ich bin ja nicht im Hilton“, hat Max erklärt und ruhig weitergelümmelt.
„Musst du dich zu Hause eigentlich immer danebenbenehmen?“, hat Vater wütend gefragt. „Woanders spielst du den braven Jungen und zu Hause bist du unausstehlich!“
„Ja, ist es dir denn lieber, wenn ich woanders auch so unausstehlich bin?“ Max hat die Augen aufgerissen und ganz erstaunt getan.
Der Vater war echt sauer. Die Mutter hat versucht zu vermitteln und hat lauter softes Zeug geredet. Dass sie ihn in letzter Zeit nicht mehr versteht und so.
„Verlangt ja auch niemand, dass du mich verstehst“, hat Max geantwortet und ist in sein Zimmer gegangen. Platten hören. Und das mit dem nötigen punch, versteht sich.
„Hast du nichts für die Schule zu arbeiten?“, hat der Vater dann ins Zimmer gebrüllt.
Max hat die Musik etwas leiser gedreht und den Vater aufmerksam angeschaut.
„Aber man soll doch den Sonntag heiligen“, hat er gesagt und den Kopfhörer aufgesetzt.
Das war zu viel. Der Vater hat die Tür zugeschmissen und vor dem Fernseher Stellung bezogen.
Inzwischen habe ich auch versucht, mit meinen Eltern so locker und cool umzugehen, wie ich es von Max gelernt habe. Meine Mutter hat es ja auch mit der Ordnung und kann absolut nicht leiden, wenn ich meine Klamotten im Zimmer verteile.
„Du hast es wieder einmal geschafft, dein Zimmer in einen Saustall zu verwandeln“, sagte sie gestern Morgen vorwurfsvoll.
„Ja, darin bin ich unübertroffen“, habe ich ganz cool geantwortet.
„Wie komme ich eigentlich dazu, ständig deine Arbeit zu machen?“, fragte sie darauf empört und begann, Wäsche und Hosen einzusammeln.
„Arbeit adelt“, habe ich ihr erklärt.
Einen Augenblick lang war Stille.

„Da bleibe ich lieber bürgerlich“, sagte sie ganz soft und legte mir die Sachen auf den Schreibtisch.

Ich hab geglaubt, mich haut‘s um. Die Antwort hätte ich ihr nicht zugetraut! Ordentlicher bin ich natürlich nicht geworden. Und heute Morgen sah mein Zimmer wieder aus, als hätte eine Horde Affen darin übernachtet.

Als ich mittags aus der Schule kam, war mein Zimmer noch immer im gleichen Zustand, wie ich es verlassen hatte.

Meine Mutter saß im Wohnzimmer und hörte sich mit meinem (!) Kopfhörer eine CD an.

„Gibt‘s heute kein Mittagessen?“, fragte ich einigermaßen sauer, denn ich hatte irren Hunger.

Mutter nahm die Kopfhörer nicht einmal ab.

„Wer Arbeit kennt und sich nicht drückt, der ist verrückt“, sagte sie.

Cool, geradezu übercool.

Ich glaube, jetzt brauche ich erst einmal eine Nachdenkpause.

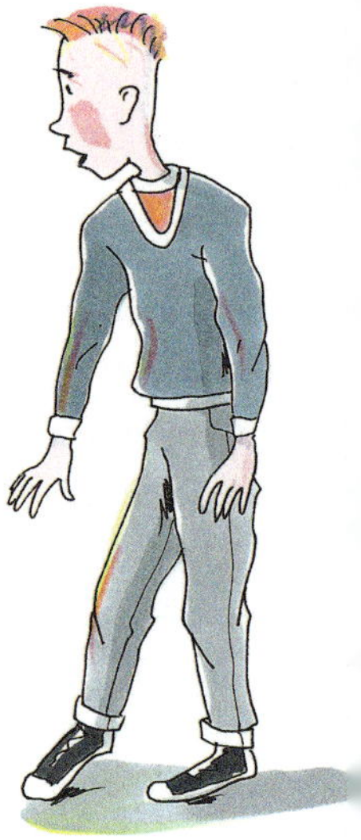

1 Lest den Text und sprecht mit eurem Nachbarn über euren ersten Eindruck.

2 Unterteilt den Text gemeinsam in Sinnabschnitte und gebt den Abschnitten passende Überschriften. Vergleicht die Einteilungen und die Überschriften in der Klasse.

3 In Z. 30 sagt der Ich-Erzähler, sein Freund Max gehe „locker und cool“ mit den Erwachsenen um. Was meint er damit? Belegt eure Antwort am Text.

4 Teilt ihr seine Meinung? Begründet.

5 Vergleicht die Schilderung des Erzählers mit euren Erfahrungen im Umgang mit Erwachsenen. Wie reagieren eure Eltern, wenn ihr euch locker, cool und kritisch verhaltet?

6 Schreibt auch, welche Gedanken dem Jungen zum Schluss durch den Kopf gehen könnten.

Nerven *Joseph von Westphalen*

Die Nerven im Körper sind wichtig. Sie lassen uns Schmerzen fühlen, aber ohne Nerven wären wir gelähmt. „Auf die Nerven gehen“, kurz „nerven“, ist etwas anderes.

Ab einem gewissen Alter nerven dich deine Eltern zunehmend. Anfangs sind es nur ihre ewigen Ermahnungen, ihre Nachfragen, ihre Sorge um dich, die dir auf den Geist gehen und deine zarten Nerven strapazieren. Es kann dann aber so weit kommen, dass dich alles an ihnen wahnsinnig macht. Schließlich nervt dich sogar das Auto deiner Eltern – und ganz besonders die Art, wie

Vater fährt. Die Art, wie Mutter fährt, nervt auch, nur anders. Es nervt dich sogar, wie Vater die Tankstelle betritt und zahlt. Sein Gang nervt dich und die Art, wie er das Portmonee aus der Tasche zieht. So demütig. Oder so großkotzig. In jedem Fall nervig. Es nervt dich, wie Mutter sich an der Supermarkttheke stundenlang den Geschmack der verschiedenen Käsesorten erklären lässt. Es nervt, wie Vater mit der Zeitung raschelt und wie Mutter Äpfel isst. Und ihr Schlürfen nervt erst. Du denkst, du hältst es nicht aus.

Am schlimmsten ist es, wenn Freundinnen und Freunde zu dir nach Hause kommen. Dann nervt Mutter mit ihrer Freundlichkeit und Vater mit seinen Witzen. Mutter versucht besonders charmant zu deinen Freunden zu sein, Vater versucht es bei deinen Freundinnen. Das nervt schon fast metaphysisch. Strenge und schlecht gelaunte Eltern nerven übrigens komischerweise weniger als gut gelaunte, die dir einen Gefallen tun wollen.

metaphysisch
übersinnlich; hier: unglaublich stark

Was zusätzlich so nervt, ist, dass alles so nervt und dass du nicht mal begründen kannst wieso und eigentlich auch nichts Vernünftiges dagegen einzuwenden weißt. Du kannst zwar ab und zu die Augen zum Himmel drehen, wenn dein Vater im Hausflur mit einem Mädchen aus deiner Klasse schäkert, und auch sagen: „Du nervst!“ oder „Nerv nicht, Vater!“ – aber das wird nichts nützen.

Die Wahrheit ist bitter: Es gibt keine erzieherischen Maßnahmen gegen nervende Eltern. Du kannst ihnen nicht sagen: „Seid nicht so!“ Das heißt, du kannst schon, aber es hilft nichts. Sie sind halt so. Mutter wird sich immer auf diese peinliche Art nach dem Käse erkundigen und Vater wird immer so kleinkariert das Portmonee aus der Tasche ziehen. Es liegt an dir und deiner komischen Pubertät, dass dir das alles so wahnsinnig auf den Wecker geht.

1 Lest den Text. Um welche Art von „Nerven“ geht es darin?

2 Sprecht darüber, inwieweit Eltern nerven könnten. Sucht Gründe dafür, dass man sich manchmal so über andere Menschen aufregen kann.

3 Der Verfasser behauptet, dass strenge und schlecht gelaunte Eltern weniger nerven als gut gelaunte Eltern, die ihren Kindern einen Gefallen tun wollen. Diskutiert diese Aussage und nennt Beispiele, die diese Meinung stützen bzw. widerlegen.

4 Versetzt euch in die Lage eurer Eltern. Welche Dinge könnten eure Eltern an euch nerven?

5 **Leseprofi:** Was bedeutet der letzte Satz? Steht der Verfasser eigentlich hinter den Jugendlichen?

Geheimnisse *Gina Davidson*

Glasnost
Politik der Offenheit

suspekt
verdächtig

Treasure ist jetzt fast fünfzehn und entwickelt sich zu einer Geheimniskrämerin. Sie hat sich neue Hobbys zugelegt und nicht die Absicht, sie mit ihrer Mutter zu teilen. Mit ihren Freunden spricht sie nur hinter verschlossenen Türen oder flüsternd, sie hat einen ewig gehetzten Blick und warnt ihre Kumpels mit schrecklichen Grimassen, wenn ich mich nähere. Unser Heim gleicht Moskau in der Zeit vor Glasnost.

Ich muss sagen, dieses Verhalten macht mich doch recht misstrauisch. Treasure hat etwas vor, und zwar nichts Gutes. Jeder ihrer Schritte ist mir suspekt. Sogar wenn sie nett ist, scheint mir das Teil eines Plans zu sein – ein Angriff auf meine Wachsamkeit. Normalerweise folgt dann eine Forderung: „Kannst du mich wohin fahren/kriege ich mehr Geld/eine Pizza/neue Turnschuhe?“

Weil die Sonne scheint und ich vorübergehend die gespannte Situation in unserem Haus vergesse, frage ich Treasure, ob sie und Rosie Lust hätten, mit mir und dem Hund in Hampsteads großem Park, dem Heath, spazieren zu gehen, anschließend könnten wir auch noch einen Cappuccino trinken und ein Croissant essen.

„Würg, nein danke“, schnaubt Treasure. Und dann hellt sich ihr Gesicht auf. Sie wirft Rosie einen schlauen Blick zu. „O ja, wir werden mit dem Hund spazieren gehen.“

Dieser Vorschlag scheint nicht nur wegen meiner Abwesenheit so attraktiv zu sein. Treasure hat Bekannte in der Nähe von Heath. Jungen. Vielleicht plant sie, ein Stündchen mit ihnen zu verbringen, und der Hund wird in irgendeine Lasterhöhle gezerrt und hat keine Bewegung.

Misstrauisch, wie ich bin, biete ich Treasure und Rosie an, sie zum Heath zu fahren. Unterwegs entdeckt Treasure Jungen. „Stopp!", ruft sie. „Da sind Andrew und Tony. Sie können mitgehen. Lass uns hier raus."
Der Heath ist schon ganz nah, aber wird Treasure je hinkommen?
Ich lauere im Auto. Treasure und ihre Freunde bleiben, wo sie sind. Der Hund muss zu Tode gelangweilt sein. Wir passen alle auf, niemand geht irgendwohin. Warum? Warum läuft Treasure nicht einfach weiter zum Heath?
Ich fahre schlauerweise einmal um den Block, dann spähe ich wieder nach den kleinen Kröten. Sie haben sich umgedreht, mit dem Rücken zum Heath. Überwältigt von Treasures Verlogenheit donnere ich auf die kleine Gruppe zu und brülle aus dem Autofenster: „Wohin gehst du? Geh mit dem Hund zu dem verdammten Heath oder komm nach Hause!"
Treasure ist sichtlich bis ins Mark getroffen. Wie konnte ich nur – vor ihren Freunden! – so grob mit ihr reden, und wie konnte ich an ihr zweifeln? Sie schwört bei ihrem Leben, dass sie auf dem Weg zum Heath war.
„Das ist die andere Richtung." Ich reiße die Autotür auf. Der Hund springt auf den Rücksitz und drückt sich in eine Ecke. Er will wieder zu seiner Mummy.
„Das ist eine völlig unangemessene Reaktion!", sagt Treasure hochnäsig. „Tony wollte nur seine Jacke holen." Sie ist die Größte. Sie rollt mit den Augen und flüstert etwas. Die Jungen verziehen sich. Treasure und Rosie zerren den Hund wieder aus dem Auto, auf zu seinem Spaziergang. Er sieht schrecklich deprimiert aus.
Eine weitere Sorge bedrückt mich. Wird Treasure auf den Hund aufpassen? Wird sie zulassen, dass er in der Schnauze irgendeines Rottweilers baumelt, während sie inzwischen ein Schwätzchen mit Jungen hält? Und wird sie sein Häufchen aufnehmen, wie ich das tue? Es ist eine einfache Prozedur mit einer Plastiktüte, aber selbst wenn Treasure schwört, den Hund zu lieben und erwachsen genug zu sein, um mit ihm umzugehen, kommt sie dann auch mit seinen weniger attraktiven Seiten zurecht? Vermutlich nicht.
Treasure wird nur selten von dem Hund begleitet. Sie verkehrt an Schauplätzen, denen sich ein sensibler Hund freiwillig nie nähern würde. Ich weiß wenig von diesen Orten. Treasure ist nicht bereit, sie in aller Ausführlichkeit zu beschreiben, doch manchmal rutscht ihr das eine oder andere Angst erregende Detail heraus. „Der Junge neben mir wurde verhaftet, weil er gekifft hat./Rosie ist beim Tanzen hingefallen und fast totgetrampelt worden./Andrew ist auf dem Nachhauseweg überfallen worden./Alle in dem besetzten Haus sind bei einer Razzia festgenommen worden."
Treasure wird auch immer ungenauer, was ihre Aufenthaltsorte angeht. Ihre Verabredungen sind ziemlich spontan. Heute Abend trifft sie Delilah an der Station Camden Town, dann wollen sie Andrew bei irgendeinem Soundso zu Hause treffen, und er weiß, wo Chloes Party stattfindet, dorthin gehen sie anschließend. Sobald sie dort sind, wird Treasure anrufen und mir Bescheid sagen, großes Ehrenwort.

„Wo ist Chloes Party, nur so ungefähr?“

„Weiß ich nicht“, sagt Treasure unbekümmert. „In irgendeinem noblen Hotel und ihre Eltern werden dort sein und danach bleibe ich zum Schlafen bei ihr.“

„Gut, und wo wohnt Andrews Freund?“

„Keine Ahnung“, sagt Treasure. „Ich werde ihn anrufen und fragen.“ Wieder ruft sie Chloe an ...

„Hast du jetzt die Adresse?“

„Sie wollte sie mir geben“, sagt Treasure, noch immer gut gelaunt. „Aber ich habe gesagt, ich hätte es eilig. Egal, ich werde sie sowieso unterwegs sehen.“ Auch Chloes Reise führt durch Camden Town, wo alle abendlichen Aktivitäten beginnen. Irgendwie ist Treasure sicher, dass sie in dem üblichen Gedränge aus zerlumpten, zweifelhaften und wohnsitzlosen Personen, die diesen schrecklichen Treffpunkt verstopfen, Chloe entdecken wird, wenn die auf dem Weg zu dieser geheimnisvollen Party-Adresse in einem Auto vorbeiflitzt.

Ich diskutiere die Verschwommenheit von Treasures Verabredungen mit Mrs. B., deren Sohn ebenfalls oft nach Camden Town geht. Sie gehen alle dorthin, sagt sie. Oder sie bleiben einfach die ganze Nacht dort, sitzen entweder auf einer Mauer und baumeln mit den Beinen oder schlendern durch die Straßen. Mrs. B.s Sohn beobachtet gern und zieht die letztgenannten Beschäftigungen vor, während Treasure eher dazu neigt, sich mitten ins Getöse zu stürzen. Und selbstverständlich können weder er noch sie ihren Müttern irgendwelche Auskünfte in Bezug auf ihre Pläne geben. Sie haben ja keine.

„Sie erwarten doch nicht von ihr, dass sie Ihnen sagt, was sie vorhat, oder?“ Mrs. B. war schon immer eine realistische Person. „Hören Sie auf, sich Sorgen zu machen“, sagt sie streng. „Sie kommen zurück. Sie sind doch zusammen, nicht wahr?“

Treasure und Delilah sind früher als erwartet wieder da. Um halb neun Uhr abends tauchen sie ziemlich verstört in ihrer üblichen Formation auf: vorn Treasure, laut und schnell redend, dahinter Delilah, still lächelnd. Beides zusammen bereitet mir ein gewissen Unbehagen.

„Warum seid ihr so früh zurück?“

„Wir mussten vor dem Abendessen gehen“, sagt Treasure mit einem seltsam ausdruckslosen Gesicht. Wo können sie gewesen sein? In Soho? In einer Opiumhöhle? In der kriminellen Unterwelt? Zur Hölle und zurück? Ich hätte gar zu gerne alles genau erfahren, aber Treasure braucht jetzt ihre Ruhe. Sie geht bis Montag ins Bett.

Neulich trafen wir in Kilroy einen reizenden Polizisten. Er hat ebenfalls eine fünfzehnjährige Tochter, die ihm immer sagen muss, wohin sie geht und mit wem. Seine Arbeit hat ihn gelehrt, dass diese Grundinformationen absolut notwendig sind, wenn jemand einen verschwundenen Jugendlichen aufspüren möchte. Ich darf das wirklich nicht vergessen.

1 Lest den Text und sprecht über eure ersten Eindrücke.

2 Was erfahrt ihr im Text alles über die Hauptfiguren (ihr Verhalten, ihre Eigenschaften)? Erstellt eine Tabelle dazu.

3 Es gibt verschiedene Situationen, in denen Treasure sich anders verhält als ihre Mutter es sich wünscht. Schildert zwei dieser Situationen. Warum verhält sich Treasure wohl so? Und was stört ihre Mutter daran?

4 Versucht gemeinsam mit eurem Nachbarn, das angespannte Verhältnis zwischen Treasure und ihrer Mutter in einer Skizze darzustellen. (Wie weit sind beide voneinander entfernt? Welche Verbindung gibt es zwischen ihnen? Sind sie auf gleiche Höhe?)

5 Stellt eure Skizzen vor und begründet ihre Gestaltung (z. B. „In unserer Skizze sind beide weit voneinander entfernt, weil …"; „… nah aneinander, weil …"; „Wir haben ‚Treasure' größer/kleiner geschrieben als ‚Treasures Mutter', weil …"; „Bei uns gibt es wenige/viele Verbindungspfeile, weil …"

6 Was ratet ihr Treasures Mutter? Soll sie ihr Verhalten ändern?

7 **Leseprofi:** „Treasure" heißt im Englischen „Schatz, Kostbarkeit". Warum hat die Autorin der Hauptfigur wohl diesen Namen gegeben? An welchen Stellen im Text wird deutlich, dass Treasure für ihre Mutter wirklich eine Kostbarkeit ist?

8 + Sicher kennt ihr ähnliche Situationen zwischen Jugendlichen und ihren Eltern. Verfasst einen Dialog zwischen einem Jungen/einem Mädchen, die ausgehen wollen, und einem Elternteil, das Einwände hat. Ihr könnt entweder ein positives oder ein negatives Beispiel entwerfen.

9 + Spielt die Dialoge vor. Spielt die negativen Beispiele ein zweites Mal vor und haltet sie an einer entscheidenden Stelle an. Diskutiert, was die Beteiligten von hier an sagen müssten, damit ihre Auseinandersetzung eine positive Wendung nehmen kann.

Kinderarbeit – Kinderrechte

Das versteht man unter Kinderarbeit:

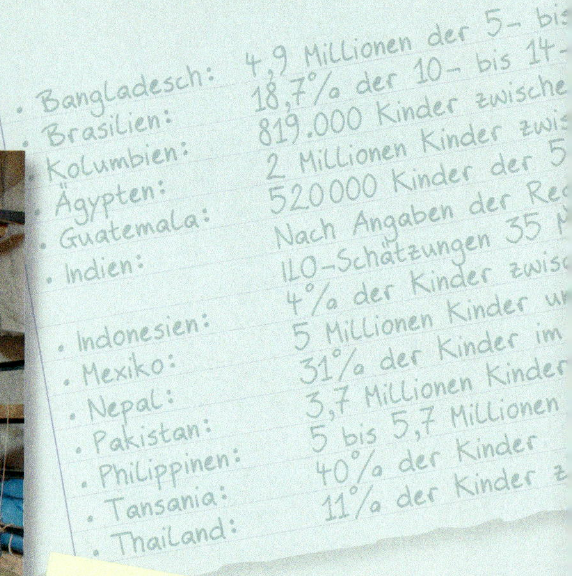

Die Arbeit wird schlecht bezahlt

Es bleiben keine Zeit und Kraft für den Schulbesuch und die Schularbeiten

Kinder verrichten Arbeiten, die sie körperlich und seelisch zu sehr belasten

Das Arbeitsumfeld ist ungesund und gefährlich

Kinder müssen zu früh einer Vollzeitbeschäftigung nachgehen

...derarbeiter verdienen wenig:
...ühbirnenindustrie in Indonesien:
...chs-Tage-Woche, Acht-...
...2,70 Euro pro...
...ffee-...
...chs-Ta...
...2,70 E...
• Teppichindu...
90 Cent pro Tag o...
• Glas- und Batterie...
50 Cent – 1 Euro
• Spielzeug-Herstellun...
16 Stunden, sieben T...
= 2,50 Euro ...

Die Tätigkeiten sind langweilig und eintönig

Ihre Arbeitszeiten sind zu lang

Singen gegen die Sklaverei *Rüdiger Siebert*

Erzählung über einen indischen Teppichjungen

Shankar stimmte an. Heiser dröhnte sein pubertierendes Gekrächz durch die Werkstatt. Übermütig fielen die anderen Jungen in den schauerlichen Gesang ein. Von allen Knüpfrahmen her schallte es wie ein Echo. Misstönig, unmelodiös, aber verdammt laut. Die Jungen überboten sich gegenseitig mit ihrem Gebrüll. Das Lied war einem der volkstümlichen Filmsongs nachempfunden. Es klagte von endlos unerfüllter Liebe. Shankar stieß den Text aus sich heraus wie einen Schlachtruf. Er gab den Ton unter den jugendlichen Teppichknüpfern an. Der 13-Jährige war weitläufig mit dem Manager der Werkstatt verwandt und arbeitete schon seit fünf Jahren hier. Er kannte sich aus und genoss ein gewisses Ansehen bei den anderen. Wie alle Jungen stammte Shankar aus einem der Dörfer und war von seinen landlosen Eltern für ein kümmerliches Handgeld verkauft worden. Er hatte sich etwas von der Unbekümmertheit erhalten, wie sie die Jungen in den Dörfern haben. Seine schwarzen Augen zwinkerten pfiffig, als er eine weitere Strophe des vom Liebesleid geplagten Filmhelden zum Besten gab und die ganze Meute mitgrölte.

Keiner der 22 Jungen in der Werkstatt zählte mehr als 15 Jahre, die meisten waren zehn oder zwölf, die jüngsten acht wie Arjuna. Er hockte neben Shankar auf dem harten, blank gewetzten Brett vor dem Knüpfrahmen und schaute dem Nachbarn auf die Finger. Als Arjuna eine Woche zuvor zum ersten Mal auf diese Bank gesetzt wurde, verstand er nichts von dem, was um ihn herum geschah und was mit ihm selbst passierte. In der stickigen Luft wirbelte Wollstaub auf und er musste husten. Dann begann die Haut zu jucken. Durch eine Öffnung in der Wand fiel ein Streifen Sonnenlicht ein. In ihm tanzten die Fusseln wie eine Wolke feiner Moskitos. Es war unerträglich heiß. Stickig stand die Luft in dem barackenähnlichen Anbau. Es roch nach Schweiß, ein säuerlicher Gestank, an den sich Arjuna bald gewöhnte. Wie an den Tagesablauf, der ihn ebenso zum Sklaven machte wie die anderen Jungen auch.

Bei Sonnenaufgang gegen 5.30 Uhr riss der Manager die Jungen aus dem Schlaf. Einem von ihnen, der sich nicht schnell genug aus seiner Decke wickelte und vom Strohlager neben der Werkstatt aufrappelte, trat er im Vorbeigehen mit dem Fuß in die Rippen. Neben dem Brunnen im Hof schütteten sich die Jungen gegenseitig Wasser über den Kopf. Das trieb auch dem letzten die Schläfrigkeit aus. Währenddessen machten sich jene Jungen, die zum Küchendienst eingeteilt waren, daran, die Essensreste vom Vorabend aufzuwärmen: ausgelaugten Reis, wässrige Linsensoße, gekochtes Gemüse, Mehlfladen. Dazu wurde dünner Tee getrunken. Satt wurden sie nie. Aber daran hatten sich die Jungen bereits gewöhnt. Wo sie herkamen, gab es kaum anderes und kaum mehr zu essen. Von sechs Uhr an saßen sie auf den langen Holzbrettern vor den Knüpfrahmen. Da gab es kein Entweichen.

Shankar lachte sein kratziges Lachen, als er Arjunas Hilflosigkeit sah. „So ist es uns am Anfang allen ergangen", tröstete er dann den Neuen in ihrer Zwangsgemeinschaft. Dass Arjuna ein Schüler war, ein Chela, bedeutete keineswegs, sich allzu viel Zeit für das Erlernen dieser Fingerfertigkeit zu lassen. Jeder der Kindersklaven musste, so schnell es irgend ging, die Fäden in die Hand nehmen, um mitzuarbeiten. Chela zu sein, hieß in der Werkstatt nichts anderes, als dass ein Anfänger keine Rupie Bezahlung erhielt. Wie lange dieser Status anhielt, bestimmt der Manager und der wiederum im Sinne des Besitzers. Shankar war mehr als ein ganzes Jahr lang ein Chela gewesen, bis sich der Chef bequemte, seinen Eltern im Dorf einen anteiligen Lohn vom Verkauf des jeweilig fertig gewordenen Teppichs zu bezahlen. Shankar selbst erhielt wie die anderen Jungen, die bereits seit längerem arbeiteten, ab und zu ein paar Rupien. Davon konnten sie sich ein paar Essenszutaten zu den spärlichen Rationen kaufen. Arjuna kratzte sich am Hals und am Rücken. In der Werkstatt trug er ein kariertes Leinentuch, ein Lungi, das um die Hüfte geschlungen war und als Rock bis zu den Knien fiel. Der Oberkörper war unbedeckt. Mief und Hitze trieben ihm Schweißperlen auf die Brust. Wenn er sie abwischen wollte, mischten sich Wollfäden und Staub in den Schweiß. Das Jucken wurde zur Dauerplage. Die Haut einiger Jungen war vom häufigen Kratzen wund gescheuert. Viele hatten Ausschlag und kein Mittel, um ihn jemals wieder los zu werden. Ständig klebten Fusseln an ihren Fingern, die beim Kratzen in die Wunden gerieben wurden. Da half auch morgendliches und abendliches Waschen nichts.

Zu zweit und dritt saßen die Jungen vor den Knüpfrahmen. So waren die Knüpfer in ihrem Arbeitstempo aufeinander angewiesen und wie durch ein Band unauflöslich miteinander verflochten. Erst die Stunde Mittagspause konnten sie zum Pinkeln nutzen. Wer zwischendurch austreten musste, musste sich beeilen oder versuchte es ganz zu unterdrücken. Stunde um Stunde. Bis zum Sonnenuntergang fügten die kleinen, gelenkigen Finger einen Knoten an den anderen.

Sie zauberten uralte Märchenbilder. Knüpfen, schneiden, klopfen. Die rankende Blütenpracht unerreichbarer Gärten der Lüste rankte sich die Fäden empor. Knüpfen, schneiden, klopfen. In Ocker, Braun und flammendem Rot fügten sich aus ungezählten Knoten verschlungene Irrwege zu Parks der Fantasie zusammen. Knüpfen, schneiden, klopfen. Mit jedem Knoten erdrosselten die Jungen ein Stück ihrer Kindheit. Knüpfen, schneiden, klopfen. Empfindliche Finger, die nie Zärtlichkeit zu spüren bekommen hatten, ließen zarte Blumen erblühen. Knüpfen, schneiden, klopfen.

Shankars Singen wirkte auf die Meute wie ein Ventil. Laut wiederholten sie immer wieder die Wortfetzen des Liedtextes und klopften mit den Stielen ihrer Rundmesser auf den Bänken den Takt. Es schien aus ihrem Innersten herauszubrechen. Der gemeinsame Gesang wirkte befreiend, hatte etwas Orgiastisches. Sie steigerten sich in ein Stampfen, Klatschen und Schunkeln. Das war nichts für empfindsame Ohren. Aber es versetzte die Jungen in eine Stimmung, in der sie unbewusst ihre Unterdrückung und Ausbeutung herauspressten. Das Liebeslied wurde zum Protestgeschrei.

„Seid ihr von allen guten Geistern verlassen?" Shukla stürmte in die Werkstatt. „Ruhe!", brüllte er, „Ruhe!" Zornesröte färbte sein dunkles Gesicht noch dunkler. Die Augen quollen aus den Höhlen. Der kleine, gedrungen wirkende Mann raste durch die Reihen der Knüpfrahmen und schlug auf Köpfe, Schultern, Beine. Ein Mann um die 50 Jahre alt, geübt im Verprügeln; einer, der selbst in seinem Leben genug Prügel eingesteckt hatte. Auch Shukla hatte in seinen Kinderjahren zusammen mit den Geschwistern solche Teppiche knüpfen müssen. Damals war das eine Arbeit, die noch ganz auf die eigene Familie bezogen und noch völlig aus der Tradition heraus betrieben wurde.

„Aufhören mit dem Gebrüll!", schrie Shukla und strich sich zwischendurch mit der Hand den Schweiß von der Stirn. „Los, weiterarbeiten!" Seine eigene Stimme übertönte allmählich den Jungenchor. Die Schläge ließen ihn ziemlich schnell verstummen. Die eben noch begeisterten Blicke jugendlichen Überschwangs verfinsterten sich wieder. Die Finger griffen erneut nach dem Rundmesser. Knüpfen, schneiden und klopfen. Es herrschte wieder die lähmende, abstumpfende Monotonie wie zuvor. Shukla band sich seinen Lungi fester, über dessen Hüftrand der Bauch überquoll. Der Mann blickte so zufrieden um sich wie einer, der eine wild gewordene Ziegenherde in den Stall getrieben hat. Im Vorbeigehen sah er Arjuna auf die Finger. Der verhedderte vor Unsicherheit und Angst die Fäden und brachte keinen Knoten zustande. Shukla schlug mit der Faust auf Arjunas Hinterkopf. „Shankar, zeig ihm, wie hier gearbeitet wird", fuhr er den Nachbarn an, „Herumgrölen, ja, das könnt ihr. Arbeiten! Los!" Arjuna senkte den Kopf. Tränen traten ihm in die Augen.

1 Welche Information hat euch besonders berührt? Sprecht in der Klasse darüber.

2 Beantworte aus dem Text folgende Fragen und belege sie an Textstellen. Vergleiche die Ergebnisse anschließend mit deinem Nachbarn:
- Wieso kommen Kinder in die Teppichfabrik?
- Wie leben die Jungen?
- Welche gesundheitlichen Folgen hat die Arbeit in der Teppichfabrik?
- Unter welchen Bedingungen müssen die Kinder arbeiten?

3 Informiere dich über den Begriff „Sklaverei". Woran wird deutlich, dass die Kinderarbeiter in der Teppichfabrik moderne Sklaven sind?

4 Das laute Singen der Kinder wird vom Aufseher gewaltsam unterbunden. Sprecht in der Klasse darüber, weshalb es in der Fabrik nicht erlaubt ist.

5 Was versteht ihr unter „Kindheit"? Erstellt ein Cluster.

6 **Leseprofi:** „Mit jedem Knoten erdrosselten die Jungen ein Stück ihrer Kindheit" (Zeile 74/75). Formuliere in eigenen Worten, was mit diesem Sprachbild vielleicht ausgedrückt werden soll.

Kinderarbeit in Zahlen *(eine Auswahl)*

• Bangladesch:	4,9 Millionen der 5- bis 15-Jährigen
• Brasilien:	18,7 % der 10- bis 14-Jährigen, rund 2,9 Millionen
• Kolumbien:	819.000 Kinder zwischen 5 und 14 Jahren
• Ägypten:	2 Millionen Kinder zwischen 6 und 14 Jahren
• Guatemala:	520 000 Kinder der 5- bis 14-Jährigen (16 %)
• Indien:	Nach Angaben der Regierung 17,5 Millionen, nach ILO-Schätzungen 35 Millionen Kinder und mehr
• Indonesien:	4 % der Kinder zwischen 5 bis 14 Jahren
• Mexiko:	5 Millionen Kinder unter 15 Jahren
• Nepal:	31 % der Kinder im Alter 5 bis 14 Jahren
• Pakistan:	3,7 Millionen Kinder
• Philippinen:	5 bis 5,7 Millionen Kinder zwischen 10 bis 14 Jahren
• Tansania:	40 % der Kinder
• Thailand:	11 % der Kinder zwischen 10 bis 14 Jahren

Nach Schätzungen der Internationalen Arbeitsorganisation (ILO) sind weltweit 327 Millionen Kinder erwerbstätig. Mehr als 210 Millionen Jungen und Mädchen sind nach dieser Statistik Kinderarbeiter, das heißt, diese Kinder arbeiten regelmäßig mehrere Stunden. Unter ihnen sind 126 Millionen Kinder unter 15 Jahren, die unter gefährlichen und ausbeuterischen Bedingungen schuften: Viele arbeiten mehr als 9 Stunden pro Tag und erhalten dafür weniger als einen Euro. Sie schuften wie Sklaven und werden wie eine Ware gehandelt. Freizeit haben sie kaum. Die Arbeiten schaden ihren Seelen und ihrer Gesundheit.

Kinderarbeit gibt es in allen Ländern. Die größte Anzahl arbeitender Kinder lebt in Asien (ca. 153 Millionen). In Afrika arbeiten ca. 80 Millionen Kinder. Das ist fast jedes dritte Kind dort. In Lateinamerika muss jedes fünfte Kind arbeiten. Das sind insgesamt 17,5 Millionen. Aber auch in den USA und Europa arbeiten viele Kinder. In der Bundesrepublik Deutschland arbeiten nach Angaben des Deutschen Kinderschutzbundes rund 400 000 Kinder.

Erwerbstätige Kinder sind alle, die für Geld arbeiten.

1 Welche der folgenden Aussagen sind nicht richtig?
- ILO steht für „Intakte Landorganisation".
- Weltweit sind 210 Millionen Kinder erwerbstätig.
- Kinderarbeit ist gesundheitsschädlich.
- Über die Hälfte der erwerbstätigen Kinder ist unter 15 Jahren.
- Kinderarbeiter werden oft wie eine Ware gehandelt.

Berichtige die falschen Aussagen mithilfe des Textes.

2 + Informiere dich im Internet genauer über das Thema „Kinderarbeit" (z. B. auf www.tdh.de , auf www.Kindernothilfe.de oder www.savethechildren.de).

Oft sucht man nach Darstellungen, durch die möglichst viele Informationen auf einen Blick erfasst werden können. Man kann so besser Aussagen vergleichen oder ihr Verhältnis zueinander erkennen. Hierzu bieten sich Diagramme an. Sie werden auch in vielen Zeitungen und Zeitschriften genutzt.

Im Folgenden seht ihr ein Säulendiagramm, das sich mit dem Thema „Kinderarbeit" befasst.

Altersgruppe 5 bis 14 Jahre			
Region	**Kinderbevölkerung in Mio**	**Erwerbstätige Kinder in Mio**	**Erwerbsquote in Prozent**
Asien und Pazifik	650,0	122,3	?
Lateinamerika und Karibik	111,0	5,7	?
Afrika südlich der Sahara	186,8	49,3	?
Andere Regionen	258,8	13,4	?

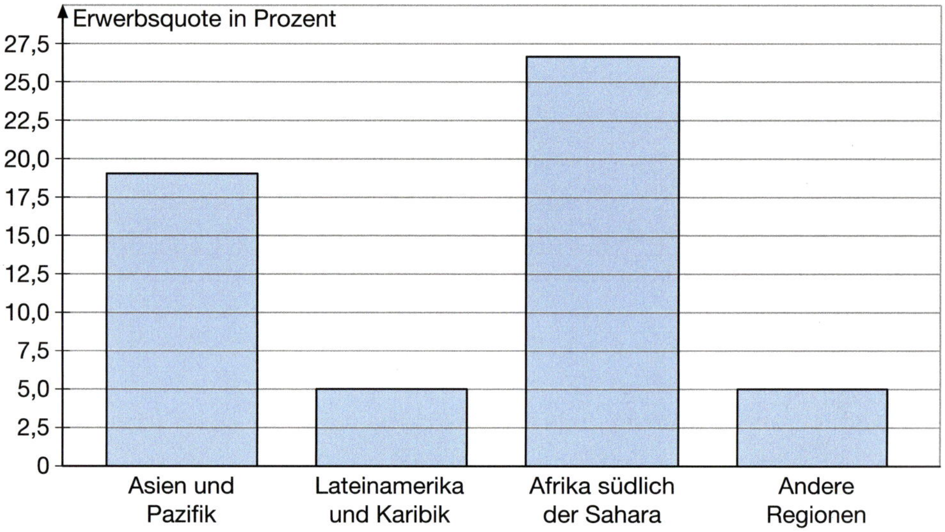

TIPPS

Wie man ein Diagramm auswertet, wird im **Kapitel Europa** auf Seite 91 erklärt.

1 Was wird in dem Säulendiagramm dargestellt? Sprecht darüber und findet anschließend eine passende Überschrift.

2 Ergänze die Spalte „Erwerbsquote in Prozent" auf der Grundlage des Diagramms.

3 Formuliere die Aussagen des Säulendiagramms in einem kurzen Text.
Tipp: Beginne mit Sätzen wie
„Das Diagramm zeigt …"
oder
„An dem Diagramm ist auffällig, dass …"

Zum Beispiel Brasilien:

In Brasilien arbeiten von den 10- bis 14-jährigen Kindern (insgesamt 15,5 Millionen) ungefähr 2,9 Millionen. Das sind 18,7%. Viele dieser Kinder tragen mit zum Familienunterhalt bei, so allein 22% der Kinder aus Familien, deren Pro-Kopf-Einkommen weniger als 50% des Mindestlohnes beträgt.
Eines der 2,9 Millionen Kinder ist Olando. Er ist zwölf Jahre alt und arbeitet als Zuckerrohr-Schneider. Um fünf Uhr morgens fängt er an. Erst gegen Mittag, wenn die Hitze unerträglich wird, so um 14.00 Uhr, darf er nach Hause gehen. Nach Hause, das ist die Hütte seiner Eltern am Rande der Plantage. Olando „verdient" umgerechnet 35 Cent am Tag. Damit trägt er zum Überleben seiner Familie bei. Eine Schule hat Olando bisher nie gesehen. Und das wird er auch nicht.

1 Nenne die Gründe, weshalb Olando arbeiten muss.

2 Schreibe einen Tagesablauf eines für dich typischen Schultages auf. Verfasse dann einen solchen Plan für einen Tag im Leben Olandos. Diskutiert die Unterschiede und ihre möglichen Folgen in der Klasse.

3 Weshalb wird Olando niemals eine Schule besuchen?

Kinderarbeiter verdienen wenig:
- Glühbirnenindustrie in Indonesien:
  Sechs-Tage-Woche, Acht-Stunden-Tag
  = 2,70 Euro pro Woche
- Kaffee-Ernte in Simbabwe:
  Sechs-Tage-Woche, Zehn-Stunden-Tag
  = 2,70 Euro pro Woche
- Teppichindustrie in Nepal:
  90 Cent pro Tag oder weniger
- Glas- und Batterie-Recycling in Indien:
  50 Cent – 1 Euro pro Tag
- Spielzeug-Herstellung in China:
  16 Stunden, sieben Tage pro Woche
  = 2,50 Euro pro Tag

Das Rugmark-Siegel

Gemeinsam haben Unternehmen und Nichtregierungsorganisationen aus Indien, der indische Staat und das indisch-deutsche Exportförderungsprogramm IGEP (gefördert durch deutsche Entwicklungshilfegelder) ein Teppichsiegel namens „Rugmark“ auf den Markt gebracht.

Es soll folgende Bedingungen garantieren:

- keine Beschäftigung von Kindern unter 14 Jahren außer in traditionellen Familienbetrieben. Dort mithelfende leibliche Kinder unter 14 Jahren müssen nachweislich die Schule besuchen.
- Zahlung gesetzlicher Mindestlöhne.
- Offenlegung aller Bezugsquellen durch die Exporteure, Registrierung aller Knüpfbetriebe und die Möglichkeit zu jederzeitigen, unangemeldeten Kontrollen durch die Rugmark-Stiftung und ortsansässige Nichtregierungsorganisationen.
- Kennzeichnung der Teppiche durch eine Seriennummer sowie eine interne Codierung der Rugmark-Stiftung.
- Ein Prozent des Exportpreises geht in einen Rehabilitierungsfond, der derzeit von UNICEF-Indien verwaltet wird.

1 Welche Aspekte der Kinderarbeit möchte das Rugmark-Siegel verhindern?

2 Welche Kontrollen sind vorgesehen?

3 Könnt ihr euch Probleme vorstellen, die Bedingungen zu garantieren?

4 + Informiert euch unter folgenden Adressen über andere Gütesiegel gegen Kinderarbeit und für fairen Handel bezüglich ganz unterschiedlicher Produkte.
Bildet dazu Gruppen. Ein oder zwei Gruppen recherchieren zu je einer Seite und stellen sie den anderen vor:
www.weltladen.de, www.gepa3.org, www.transfair.org, www.fairflowers.de, www.fairtrade.de, www.unicef.de.
Wie man das genau macht, steht im Methoden-Kapitel (S. 214 ff.).

Kinder knüpfen Teppiche, arbeiten in Bergwerken oder auf Plantagen.

Trotz internationaler Abkommen, die Minderjährige vor ausbeuterischer Kinderarbeit schützen und denen die meisten Staaten beigetreten sind, ist Kinderarbeit an der Tagesordnung.

Die **Kinderrechtskonvention** der Vereinten Nationen definiert Kinderarbeit in Artikel 32: „Die Vertragsstaaten erkennen das Recht des Kindes an, vor wirtschaftlicher Ausbeutung geschützt und nicht zu Arbeiten herangezogen zu werden, die Gefahren mit sich bringen, die Erziehung des Kindes behindern oder die Gesundheit des Kindes oder seine körperliche, geistige, seelische, sittliche oder soziale Entwicklung schädigen können."

Weitere Definition im **1. Übereinkommen über die Abschaffung der Sklaverei** (ILO) vom 7.9.1956: Hier werden die Vertragsstaaten aufgefordert, gesetzgeberische und sonstige Maßnahmen zu treffen zur vollständigen Abschaffung von Versklavung und sklavenähnlichen Praktiken, Schuldknechtschaft (persönliche Dienstleistungen des Schuldners als Sicherheit), Leibeigenschaft und Zwangsheirat.

Verschiedene Konventionen legen **Altersgrenzen** fest:

- International Labour Organisation (ILO), Konvention Nr. 13 8, 1973:
  - Mindestalter: 15 Jahre (für Industriestaaten) oder Ende der allgemeinen Schulpflicht.
  - Mindestalter: 13 bis 14 Jahre für so genannte leichte Arbeit, die keine Gefährdung birgt.
- UN-Kinderrechtskonvention von 1989: generelle Altersschutzgrenze von 18 Jahren.

1 Erkläre an einigen Beispielen, was mit den allgemein gehaltenen Forderungen konkret gemeint ist.

2 Warum nützt es wohl wenig, dass fast alle Staaten die Konventionen unterschrieben haben?

„Wir, die Kinderarbeiter der Welt ...“

1. Wir wollen, dass unsere Probleme, unsere Vorschläge, Bemühungen und Organisationen beachtet und anerkannt werden.
2. Wir sind gegen den generellen Boykott von Waren, die von Kindern gemacht wurden.
3. Wir wollen Respekt und Sicherheit für uns und die Arbeit, die wir leisten.
4. Wir wollen Unterricht, in dem wir etwas über unsere Situation und für unser Leben lernen.
5. Wir wollen eine Berufsausbildung, die unseren Fähigkeiten und unserer Lebenssituation entspricht.
6. Wir wollen eine gute Gesundheitsversorgung, die für arbeitende Kinder zugänglich ist.
7. Wir wollen bei allen Entscheidungen gefragt werden, die uns betreffen, egal ob diese Entscheidungen in unseren Städten und Dörfern, unseren Ländern oder international getroffen werden.
8. Wir wollen, dass die Ursachen für Kinderarbeit, vor allem die Armut, benannt und bekämpft werden.
9. Wir wollen, dass auf dem Land Lebensmöglichkeiten erhalten oder geschaffen werden, sodass Kinder nicht in Städte abwandern müssen.

Das Ausmaß an Kinderarbeit ist gewaltig. Die ILO (Internationale Arbeitsorganisation) schätzt, dass weltweit über 200 Millionen Kinder regelmäßig arbeiten müssen.

1 Diskutiert in der Klasse, weshalb die Kinderarbeiter nicht die Abschaffung der Kinderarbeit fordern.
Begründe deine Meinung mit Argumenten aus dem Text.

Auch ihr könnt was tun!
Die Aktion Action!Kidz (www.kindernothilfe.de/Action!Kidz-p-2431.html) kämpft gegen die Ausbeutung von Kindern in indischen Teppichfabriken. Klassen, die an der Aktion teilnehmen, können beim Helfen sogar attraktive Preise gewinnen.

Kommentar *von Sandra Grünberg*

Kinderarbeit abschaffen?
Kinderarbeit, die Kinder zur Arbeit und zum Mitverdienen verpflichtet, kann nur beendet werden, wenn die Eltern soviel verdienen, dass sie nicht mehr auf das Einkommen ihrer Kinder angewiesen sind. Hierzu müsste es in allen Staaten faire Arbeitsbedingungen, Geld vom Staat im Fall von Krankheit und Alter und einen gerechten Lohn geben, von dem die Familien auch leben können. Solange das nur Träume sind, bedeutete die sofortige totale Abschaffung für viele Familien ein noch tieferes Absinken in Armut und Elend. Deswegen nützen Projekte wie die Errichtung von Straßenschulen, in denen die Kinderarbeiter zumindest Lesen, Schreiben und Rechnen lernen können, Gütesiegel, die die Einhaltung von erträglichen Bedingungen für die arbeitenden Kinder garantieren, mehr als die Forderung nach der sofortigen Abschaffung der Kinderarbeit – so weh uns das auch tut.

1 Weshalb ist die Verfasserin des Kommentars gegen die Forderung nach der sofortigen Abschaffung der Kinderarbeit? Belegt eure Aussagen am Text.

2 Bildet Vierergruppen. Die Hälfte der Gruppen sammelt Argumente, weshalb man Produkte, die von Kindern gemacht wurden, besser nicht kaufen sollte. Die andere Hälfte der Gruppen sammelt Argumente dafür, dass man doch nicht ganz auf diese Waren verzichten sollte. Nutzt bei der Sammlung der Argumente möglichst viele Informationen, die ihr bisher in diesem Kapitel erhalten habt. Führt abschließend eine Diskussionsrunde durch.
Tipp: In einer Diskussion ist es wichtig, dass deutlich wird, welcher Meinung du bist und mit welchen Argumenten du sie begründest. Deshalb bieten sich folgende Satzanfänge an:
„Ich bin der Meinung, dass …, weil …“;
„Meiner Meinung nach …, weil …“

TIPPS
Wie man eine gute Diskussion führt, kannst du im **Methodenkapitel** nachlesen. (S. 224/225)

Das Brot der frühen Jahre – aber mit Kaviar?

Frank-Thomas Wenzel

Jeder zweite Job von Minderjährigen in Deutschland ist gesetzeswidrig

Aprikosen gehen gut. Drei, vier, fünf Kilo nehmen die Leute mit – Sonderangebot. „Hey", brüllt einer der Verkäufer rüber zu Raschid, der wenige Meter von dem Gemüsestand in einer Hofeinfahrt faule Tomaten aussortiert. Raschid soll Nachschub bringen. Vier Obststeigen schnappt sich der Junge. Halb gebückt schiebt er sich in Trippelschritten mit seiner Fracht durchs Wochenmarkt-Gedränge. Raschid kniet auf den Boden, wirft die gelben Früchte schnell in eine grün gestrichene Kiste. Dann holt er zwei weitere Steigen. Der 15-jährige Sohn marokkanischer Eltern aus Frankfurt gehört zum Riesenheer der arbeitenden Kinder und Jugendlichen in der Bundesrepublik.

Kinderarbeit? In der Bundesrepublik müssen Halbwüchsige nicht mehr schuften – ein verbreitetes Vorurteil. Die Wirklichkeit sieht anders aus. In den alten Bundesländern haben nach Schätzungen des Deutschen Kinderschutzbundes heute etwa 40 % aller Schüler zwischen 12 und 16 Jahren einen Nebenjob.

Kinderarbeit? „Die Beschäftigung von Kindern ist verboten", heißt es im Jugendarbeitsschutzgesetz. Kind ist, wer seinen 14. Geburtstag noch nicht gefeiert oder die Vollzeitschulpflicht noch nicht absolviert hat. In den meisten Bundesländern, auch in Hessen, sind das neun, in manchen zehn Schuljahre, beispielsweise in Nordrhein-Westfalen. Sonderregelungen: In der Landwirtschaft dürfen Kinder über 13 Jahre bis zu drei Stunden helfen; Handreichungen beim Sport und Zeitung austragen sind bis zu zwei Stunden an Werktagen erlaubt. Kein Kind darf zwischen 18 und 8 Uhr, vor oder während der Schulzeit und am Sonntag arbeiten.

Raschid sagt, er sei 15 Jahre alt. Wenn er mittwochs um kurz nach 8 Uhr zur Schule kommt, hat der Hauptschüler schon drei Stunden lang Obstkisten geschleppt. Nach dem Schlussgong geht die Schufterei von 14 bis 18.30 Uhr weiter. Jeden Samstag hat er pünktlich um 6 Uhr anzutreten. Nach neun Stunden, „schon" um 15 Uhr, ist sein Arbeitstag beendet.

Weitgehend unbemerkt von Gewerkschaftern, Politikern und Pädagogen hat sich überall in Deutschland ein Arbeitsmarkt für Kinder etabliert. Lohnsteuerkarten gibt es nicht, auch keine Arbeitszeitregelungen, keine Kündigungsfristen. Unterbezahlung ist die Regel. 5 Euro die Stunde verdient Raschid, ein in Frankfurt üblicher Lohn. Sonst liegt der Schnitt bei 3 bis 4 Euro. Zwischen Flensburg und Garmisch schuften Schüler zwei bis 30 Stunden pro Woche. „Fast alle in unserer Klasse jobben oder suchen etwas", sagt die 15-jährige Martina, die in die neunte Klasse einer Frankfurter Gesamtschule geht. „Das ist normal."

Im Handel sind zehn Prozent der arbeitenden Kinder tätig. Zeitungsvertrieb liegt mit 15 Prozent an zweiter Stelle. Die meisten rackern im privaten Dienstleistungsgewerbe; Anteil: 30 Prozent, laut Befragung der Uni Münster. Steffi (16) hat schon mit 13 Jahren als Babysitter bei Bekannten gearbeitet. Einmal die Woche putzt sie für ein älteres Ehepaar die Treppe. Andere Mädchen sind nach der Schule Wäscherin oder Spülerin. Jungen graben den Garten des Nachbarn um oder waschen seine Blechkarosse.

Früher mussten Kinder schuften, weil das Einkommen der Familie nicht reichte. Heute ist das anders. „Die Konsumgüterindustrie hat

Kinder und Jugendliche als Kunden entdeckt", erläutert Gabriele Wichert-Dreyer, Pressereferentin des Deutschen Kinderschutzbundes. „Unglaubliche Markengeilheit" und zunehmende Konsumorientierung seien zu erkennen. Raschid trägt Joggingschuhe für 100 Euro. „Ich will oft Klamotten von bestimmten Marken haben, die meinen Eltern zu teuer sind", sagt Steffi. Vom Selbstverdienten muss sie dann was drauflegen. Sascha räumt ein, dass er mit den 15 Euro Taschengeld pro Woche nicht klar kommt. „CDs sind nicht billig." Außerdem will er ausgehen: „Da gehen schon mal 30 Euro an einem Wochenende drauf." Der Fernseher, der Computer, die Stereoanlage sind wichtige Einrichtungsgegenstände fürs Kinderzimmer. „Wer beim Konsumwettstreit nicht mitmacht, wird zum Außenseiter", erläutert Wichert-Dreyer. „Ausgeschlossen werden ist für Kinder in der Pubertät das Schlimmste." Deshalb müssten sie bestimmte Dinge besitzen. Eltern aber können oder wollen die Luxus-Wunschzettel ihrer Sprösslinge häufig nicht erfüllen. Also suchen sich die Kinder einen Job.

Denen macht das Geldverdienen meistens Spaß. „Ich habe die Traumvorstellung, unabhängig zu sein, ein Auto und ein Haus zu haben", sagt Martina. „Arbeiten gehört dazu." Sascha erinnert sich gern an die Zeit in der Boutique, weil die Kollegen ihn „kumpelmäßig", wie einen Erwachsenen behandelt hätten.

Allerdings zahlen die jungen Mitarbeiter dafür einen hohen Preis. Kinder sind meistens Hilfsarbeiter, müssen zum Beispiel Obststeigen schleppen. Jugendliche, die ständig Lasten heben, können sich schwere Schäden an der Wirbelsäule einhandeln, die häufig erst Jahre später erkannt werden. Zudem können Überforderung, Stress und stumpfsinnige Jobs zu psychischen Schäden führen. Mehr noch: „Die schulische Leistung wird beeinträchtigt."

Trotz der negativen Begleiterscheinungen kann nach Damms Ansicht Kinderarbeit auch ihre positiven Seiten haben. Sie ermögliche Jugendlichen, wichtige Erfahrungen über sich selbst zu sammeln, Arbeit helfe jungen Menschen, ihren Platz in der Gesellschaft zu finden. Verantwortungsbewusstsein werde gestärkt, wenn sie als Gleichberechtigte in Arbeitsprozesse integriert werden.

Doch all dies lasse sich nur beschränkt in der freien Wirtschaft verwirklichen. Lehrer und Sozialarbeiter müssten neue Konzepte entwickeln, bei denen praktisches Arbeiten eine zentrale Rolle spielt. Jungen und Mädchen könnten Schulgebäude und Schulhof zusammen mit Handwerkern umgestalten oder Jugendgruppen unter Anleitung Biotope anlegen und pflegen.

Raschid glaubt, keine Belehrung nötig zu haben. „Ich weiß, was ich tue", sagt er selbstbewusst. Die Arbeit mache ihm nichts aus. „Nur manchmal bin ich im Unterricht etwas müde", erzählt er, wuchtet vier Aprikosensteigen hoch und trippelt abermals zum Gemüsestand.

1 Welche Formen der Kinderarbeit in Deutschland werden in dem Text genannt? Finde entsprechende Belege.

2 Es werden verschieden Gründe dafür genannt, dass Kinder und Jugendliche in Deutschland arbeiten. Finde sie im Text und ergänze sie um Gründe, weshalb ihr oder Freunde und Bekannte arbeiten.

3 Kinderarbeit wird im Text nicht nur negativ gesehen. Notiere die Gründe dafür, die du im Text findest. Wie viel Zeit wird für die Arbeit benötigt, mit welchen Belastungen ist die Arbeit verbunden?

4 Vergleiche die Kinderarbeit bei uns mit der in den armen und ärmsten Ländern.

Oskar, 10 Jahre, Kaffeepflücker

Oskar, zehn Jahre alt, hat seine Ausbildung nach dem zweiten Schuljahr beendet. Seitdem trägt er zum Familieneinkommen bei. Er arbeitet täglich zwischen sieben und acht Stunden auf einer Kaffeeplantage in Guatemala.

Also, wir arbeiten sechs Tage in der Woche. Morgens früh stehen wir um vier Uhr auf. Bevor wir zur Finca gehen, frühstücken wir Brot und Bohnen. Das macht stark für den Tag. Wir arbeiten bis drei Uhr nachmittags.
Dann gehen wir wieder nach Hause. Dort helfe ich meinem Vater beim Holzhacken.
Am Abend bleibt dann manchmal noch ein wenig Zeit, dann kann ich meine alten Schulbücher lesen.
Am nächsten Morgen kommen wir dann zurück auf die Finca.

Wie viel Geld verdienst du beim Kaffeepflücken?
Der Patron zahlt uns 14 Quezales (etwa zwei Euro) für 100 Pfund Kaffeekirschen. So viel kann ich manchmal an einem Tag pflücken. Aber wenn an den Sträuchern wenig Kaffee hängt, pflücke ich nur 60 oder 70 Pfund, mehr nicht.

Warum gehst du nicht mehr zur Schule?
Ich wollte nicht mehr, weil meine Eltern es sich nicht leisten können, mich zu ernähren, ohne dass ich arbeite. Jetzt will ich arbeiten, mehr und mehr, damit ich eines Tages wieder in die Schule gehen kann.

Wie stellst du dir deine Zukunft vor?
Also, mein Traum war es, länger zur Schule zu gehen. Aber ich konnte nicht, weil wir sehr arm sind.

Du hast gesagt, dass du gerne liest. Was liest du denn?
Am liebsten mein Geschichtsbuch. Die Zeiten früher waren besser. Nicht so wie heute. Damals lebten nur Mayas in Guatemala. Aber dann sind die Spanier gekommen und haben Amerika erobert. Jetzt müssen wir für den Patron arbeiten.

Kennst du deinen Patron?
Nein, aber ich habe sein Haus gesehen. Er ist sehr reich, Spanier oder so. Er gibt uns Arbeit, damit wir unseren Eltern helfen können.

Weißt du, was mit dem Kaffee geschieht, den du pflückst?
Der wird ins Ausland geschickt.

Zum Beispiel nach Deutschland, richtig! Was meinst du, wie ist es in Deutschland?
Also, ich glaube, da ist es besser als hier.

Warum?
Weil die da viel mächtiger sind als wir. Die haben bessere Ideen.

1 Informiert euch, für welche Produkte aus unserem Alltag Kinderarbeit eine Rolle spielt.

2 **Leseprofi:** Was könnte Oskar mit den besseren Ideen meinen, von denen er ganz am Schluss spricht?

Unterrichtsvorhaben „Kinderarbeit"
Bangladesch, Brasilien, Kolumbien, Ägypten, Guatemala, Indien, Indonesien, Mexiko, Nepal, Pakistan, Philippinen, Tansania, Thailand. Die Liste der Länder, in denen Kinder hart arbeiten müssen, um zu überleben, ist lang.

1 Bildet Vierergruppen und wählt euch ein Land aus (die oben genannten sind nur Vorschläge), in dem Kinderarbeit an der Tagesordnung ist. Recherchiert im Internet, in Bibliotheken und anderen Medien zum Thema Kinderarbeit in …
Bereitet die Informationen anschaulich und verständlich auf.
Nutzt auch Diagramme, wie ihr sie auf Seite 40 kennen gelernt habt.
Erstellt anschließend ein Plakat und bereitetet ein Referat vor.
Wie man das genau macht, steht im Methodenkapitel (S. 214 ff.).

TIPPS

- Verteilt die Aufgaben klar in eurer Gruppe. Am besten sind Doppelbesetzungen, falls jemand ausfällt.
- Überlegt euch vorher, wer in welcher Zeit welche Aufgaben erfüllen soll. Hierbei sollte auch angesprochen werden, wie man mit Mitschülern verfährt, die ihre Aufgaben nicht erledigen.
- Nehmt eine besondere Farbe, wenn ihr etwas wörtlich aus dem Buch abschreibt.
- Teilt eure Zeit ein. Ihr müsst das Ergebnis zu einem festen Termin vorlegen.

Erlebniswelt Bionik

… vom Lernen und Nachdenken über die Natur …

… vom Streben nach Fortschritt

… und von unglaublichen Möglichkeiten und Visionen

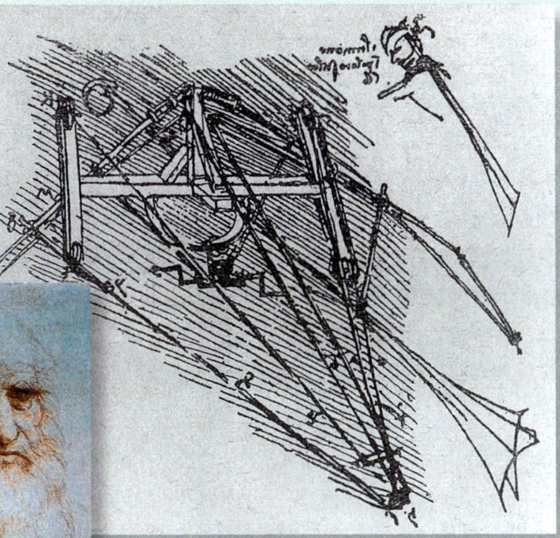

Die Bionik ist sicher ein ganz neuer Bereich für dich.

Schau dir die Bilder an, wie wirken sie auf dich, welche Fragen und Gedanken hast du dazu?

Sprecht gemeinsam darüber.

Bionik – Lernen von der Natur

1 Lies die Überschrift langsam durch und betrachte das Bild genau. Was könnte Bionik sein?

Biologie + Technik = Bionik – oder: Was bedeutet der Begriff „Bionik“?

Der Begriff Bionik setzt sich aus den beiden Worten „**Bio**logie“ und „Tech**nik**“ zusammen. Die Biologie, oder die „Lehre vom Leben“ beschäftigt sich mit Lebewesen und ihren Eigenschaften. In der Technik entwickelt und verbessert man die unterschiedlichsten Maschinen und Geräte. Die Bionik verbindet Natur und Technik miteinander.

Man könnte auch sagen:
Bionik ist das Lernen von der Natur, um eine verbesserte Technik zu entwickeln.

1 Beschreibe die Bilder und vermute, was wir hier von der Natur gelernt haben.

Natur macht erfinderisch – oder: Wie entwickelte sich Bionik?

Die Menschen haben die Natur schon immer zum Vorbild genommen, um von ihr zu lernen. Die Natur hat die vielfältigsten Tiere und Pflanzen hervorgebracht, die sich alle durch Formen und Farben unterscheiden.

Insekten, Säugetiere, Vögel und Reptilien entwickelten dabei ganz unterschiedliche Formen, Körper, Augen, Beine oder Farben. Im Laufe der Zeit hat die Natur immer bessere Lösungen für Probleme gefunden (Giraffen mit langen Hälsen, um an die höchsten und besten Blätter zu kommen, Schwimmhäute zwischen den Zehen, um besser schwimmen zu können …). Tiere und Pflanzen haben sich dabei immer weiter entwickelt und so besser an die Umgebung angepasst, in der sie leben. Jedes Tier und jede Pflanze ist so zu einem Spezialisten mit optimalen Fähigkeiten geworden. Diese Vielfalt ist nicht rein zufällig entstanden, sondern das Ergebnis einer Millionen von Jahren andauernden Entwicklung – der **Evolution**. Was hat das mit Bionik zu tun? In der Bionik schaut man von der Natur ab! Stell dir vor, Forscher haben ein technisches Problem. Sie wollen eine Zange bauen, wissen aber nicht wie. Daher suchen sie in der Natur nach ähnlichen Problemen und entdecken, dass die Natur schon eine tolle Lösungsidee entwickelt hat: Den Hirschkäfer und den Krebs. Die Forscher untersuchen nun, welche Lösung besser zu ihrem Problem passt und bauen die Krebszange nach. Dabei verändern sie die Zange so lange, bis sie selbst die optimale Lösung gefunden haben. Bioniker (Forscher, die sich mit Bionik beschäftigen) suchen also nach Lösungen in der Natur und verändern sie so lange, bis sie ihr technisches Problem damit gelöst haben.

Die Natur als Vorbild – oder: Wie funktioniert Bionik?

Bioniker stehen am Anfang ihrer Forschung oft vor einem technischen Problem, zum Beispiel: Wie schaffe ich es, dass ein riesiges und schweres Flugzeug fliegt und dabei noch möglichst wenig Treibstoff braucht? Die Forscher überprüfen daraufhin, ob es in der Natur Vorbilder gibt. Sie suchen nach einem ähnlichen Problem mit einer guten Lösung und beobachten Vögel im Flug und bei der Landung. Dabei schauen sie sich genau an, wie der Vogelkörper aufgebaut ist, welche Form die Flügel haben und wie die Federn angeordnet sind.

2 Welche der folgenden Aussagen treffen zu?
- **A** Die Bionik holt sich Ideen aus der Natur.
- **B** Viele Tier- und Pflanzenarten haben sich immer besser an ihre Umgebung angepasst.
- **C** Im Laufe vieler Jahre haben Tiere und Pflanzen Lösungen für Probleme entwickelt.
- **D** Tiere und Pflanzen haben keine speziellen Eigenschaften.

3 Finde Adjektive, die das Flugzeug und den Vogel beschreiben und Gemeinsamkeiten herausstellen.

Die Natur verstehen – oder: Prinzipien erkennen

Jetzt beginnt die eigentliche Arbeit der Bioniker. Sie haben in der Natur ein Vorbild für das Fliegen gefunden. Es reicht aber nicht aus, einen riesigen, überdimensionalen Vogelflügel nachzubauen, um ihr Problem zu lösen. Die Bioniker versuchen herauszufinden, warum der Vogel überhaupt fliegen und in der Luft bleiben kann. Sie möchten wissen, welche Voraussetzungen dazu erfüllt sein müssen. Sie versuchen, das Prinzip zu erkennen, das hinter dem Fliegen steckt.

Die Natur auf die Technik übertragen – oder: Analogien bilden

Was die Bioniker dabei gelernt haben, reicht immer noch nicht aus, um das Problem zu lösen. Denn nun müssen sie ihr Wissen auf das technische Problem übertragen und so lange verändern, bis das Flugzeug fliegt.

Zusammengefasst kann man sagen:

Bioniker suchen nach Vorbildern in der Natur und verstehen das Prinzip, das dahinter steckt. Anschließend passen sie die Lösung aus der Natur an ihr technisches Problem an. Das nennt man **eine Analogie bilden**. „Analogie“ kommt vom griechischen Wort für „Ähnlichkeit“. Analogien sind das Herzstück der Bionik: sie sind das Prinzip, nach dem Bionik funktioniert.

4 Betrachte die Bildfolge: Erkläre mithilfe der Bilder: „eine Analogie bilden“.

5 Wie gehen Bioniker bei ihrer Arbeit vor? Ordne die Sätze:

- Sie wenden die gefundene Lösung auf ihr technisches Problem an – sie bilden eine Analogie.
- Sie suchen in der Natur nach Vorbildern.
- Bioniker haben ein technisches Problem.
- Bioniker untersuchen genau, wie die Natur das Problem löst – sie verstehen das Prinzip.
- Die Vorbilder haben eine optimale Lösung für ein ähnliches Problem entwickelt.

Aus der Trickkiste der Natur – oder: Gibt es in meinem Leben auch Bionik?

Mit Bionik kanntest du dich wahrscheinlich bisher vor kurzem überhaupt nicht aus. Jetzt weißt du schon einiges darüber – und es wird noch besser: Bionik und ihre Produkte gibt es auch in deinem Leben, denn Bionik nimmt in unserer heutigen, technologisierten Welt einen immer größeren Stellenwert ein. So wird es dich nicht wundern zu lesen, dass sich in nahezu allen Bereichen unseres Lebens Tricks aus der Natur wiederfinden lassen:

- bei alltäglichen Hilfsmitteln: z. B. Klettverschluss, Bohrmaschine, Saugnapf, Salzstreuer,
- bei schmutzabweisenden Oberflächen dank dem „Lotus-Effekt",
- in der Architektur schaut man bei Bienen oder Knochen leichte stabile Bauweisen ab,
- in der Medizin und Computertechnologie untersucht man, wie sich Arme und Beine mithilfe von Muskeln, Sehnen und Bändern bewegen können,
- in der Luft- und Raumfahrttechnik sucht man nach leichten, stabilen Materialien und Vorbildern für Roboter,
- beim Schiffsbau und bei der Entwicklung von Schiffsformen schaut man sich Fische und Vögel an,
- die Autoindustrie entwickelt stromlinienförmige Autos, es gibt inzwischen sogar ein „Bionik-car",
- im Bereich der Kosmetik untersucht man Blüten und Pflanzen auf der Suche nach Düften, Farben und Wirkstoffen.

1 Auf der Eingangsdoppelseite dieses Kapitels findest du viele der genannten Beispiele wieder. Ordne den Bildern auf S. 50/51 passende Textstellen zu.

Die Natur mit Hilfe von Bionik schützen – oder: Was kann Bionik leisten?

Durch Bionik vereinfacht und verbessert sich unser Leben immer weiter. Es werden bessere, einfachere und auch energiesparendere Technologien entwickelt, die uns und unserer Umwelt helfen.

Bioniker erforschten z. B., wie Haie blitzschnell durchs Wasser gleiten können, ohne dabei viel Energie zu verbrauchen.

Der stromlinienförmige Körper des Hais spielt dabei eine wichtige Rolle, weil er wenig Widerstand im Wasser bietet. Die Haut des Hais bringt zusätzliche Schnelligkeit. Sie besteht aus winzigen harten Plättchen. Die Plättchen bewirken, dass beim Schwimmen viele kleine Wirbel entstehen. Diese bremsen

deutlich weniger beim Schwimmen als große Wirbel – der Hai kann so schneller schwimmen. Seit einiger Zeit tragen Schwimmer bei Wettkämpfen auch Schwimmanzüge mit einer Art Haihaut und können so schneller schwimmen. Auch die Hülle von Flugzeugen wurde nach dem Vorbild der Haihaut entwickelt. So bietet das Flugzeug weniger Luftwiderstand, fliegt schneller und mit deutlich weniger Kerosin (Flugzeugbenzin).

Es geht also auch darum von der Natur zu lernen, um die Natur zu schonen. Die Natur macht es uns vor – *aus der Natur für die Natur!*

2 Suche Textstellen oder Begriffe heraus, die du nicht verstanden hast. Informiere dich im Lexikon. Erste Hilfe findest du in folgendem Glossar:

Analogie: Ähnlichkeit; besondere Eigenschaften von Tieren und Pflanzen werden auf die Technik übertragen und angepasst.
Evolution: Entwicklung: das ständige Weiterentwickeln und Verändern von Tieren und Pflanzen, um sie besser an ihre Umgebung anzupassen.
Prinzip: Eine Regel, die vorgibt, wie etwas funktioniert.

3 Bearbeite eine der folgenden Aufgaben:

a) Lies den Text noch einmal durch und bearbeite ihn nach der 5-Schritt-Lesemethode.
Achte dabei besonders auf:
- Begriffe, die du nicht verstehst
- Schlüsselwörter und Schlüsselaussagen im Text
- Überschriften der einzelnen Textabschnitte
- Stichwortzettel

5-Schritt-Lesemethode
1. **Stufe:** *Fragen*: was möchte ich wissen?
2. **Stufe:** *Klären:* Was verstehe ich nicht?
3. **Stufe:** *Markieren:* Welche Schlüsselwörter und Schlüsselaussagen enthält der Text?
4. **Stufe:** *Gliedern:* Welche Sinnabschnitte lassen sich unterscheiden?
5. **Stufe:** *Festhalten:* Wie kann ich das Gelesene behalten? (Stichwortzettel, Mindmap, anderen vortragen)

b) Schreibe sechs Begriffe auf, die in der Bionik eine wichtige Rolle spielen. Finde zu jedem Begriff passende Textstellen.

c) Erstellt in der Kleingruppe ein Placemat zum Thema Bionik. (Informationen zur **Placemat-Methode,** s. S. 111)

4 Du hast nun viele Informationen zum Thema Bionik erhalten. Erstelle eine ausführliche Mind-Map, in der du die wichtigsten Punkte ordnest und zusammenfasst.

5 Auf S. 55 werden viele Beispiele für Bionik in unserem Leben genannt. Suche dir ein Gebiet aus und erstelle eine Präsentationsmappe dazu:
a) Gib dazu beispielsweise die Begriffe „Lotus-Effekt“ und „Bionik“ in eine Suchmaschine ein. Du kannst auch Sachbücher und Lexika verwenden.
b) Finde heraus, welche Eigenschaften von Tieren oder Pflanzen bei deinem Beispiel eine Rolle spielen. Suche passende Bilder.
c) Erkläre mit Hilfe von Bildern, welche Analogie bei deinem Beispiel gebildet wurde.
d) Beschreibe, welche Fortschritte durch die Erfindungen erzielt wurden.

6 Sprecht darüber, wie Bionik unser Leben erleichtert.

Kommentar von Thomas Richter

Artensterben und Bionik

Gestern las ich in einer Naturschutz-Zeitschrift, dass der Maui-Gimpel, ein 14 Zentimeter großer Vogel mit kurzem Schwanz und finkenähnlichem Schnabel, auf Hawaii kürzlich ausgestorben ist. Ist das überhaupt eine Nachricht wert? Wozu brauchen wir einen Maui-Gimpel? Zum Überleben sicher nicht.

Aber halt!

Im selben Heft erfahre ich, dass der Klebstoff, mit dem Muscheln sich an der Brandung festhalten, zur Heilung von Wunden und Knochenbruchen verwendet wird. Und Haihaut als Vorlage für Schwimmanzüge dient! Nun frage ich mich, welche wunderbare, nützliche Fähigkeit wohl der Maui-Gimpel hatte.

Mit jeder verschwundenen Art geht Know-how verloren, das die Natur in Millionen von Jahren entwickelt und gespeichert hat. Für immer, unwiederbringlich! Der Baukasten der Natur ist viel durchdachter, raffinierter und vor allem ungefährlicher als menschliche Erfindungen. Niemand weiß, welche ungeahnten Möglichkeiten für die Medizin und für die Technik noch in den Meeren, die wir verseuchen, und in den Wäldern, die wir abholzen, schlummern. Niemand weiß, was wir jeden Tag, mit jeder Art, die ausstirbt, aus dem fantastischen Erfahrungsschatz der Natur verlieren. Jetzt tut es mir leid um den schwarz-weißen Maui-Gimpel. Wir werden sein Geheimnis nie erfahren.

1 Welche Einstellung zur Natur hat der Autor?

2 Was bewegt ihn dazu, diesen Kommentar zu schreiben?

3 In Zeile 21 taucht der Begriff „Know-how“ auf.
a) Erkläre, was der Begriff bedeutet.
b) Erkläre, was der Begriff in Bezug auf Bionik bedeutet.

4 *Aus der Natur – für die Menschen.* Finde Textstellen, die diese Aussage belegen.

Ursprünge der Bionik

Seit vielen Jahrhunderten hat die Menschheit versucht, sich den Traum vom Fliegen zu erfüllen. Die Natur diente dabei als Vorbild – dies war die Geburtsstunde der Bionik.

Leonardo Da Vinci (1452–1519) könnte man als den ersten Bioniker überhaupt bezeichnen. Er war Universalgenie, ein berühmter Maler (Mona Lisa), Bildhauer und Erfinder. Zu seiner Zeit wusste man wenig darüber, wie ein Mensch von innen aussieht oder wie Tiere leben. Leonardo Da Vinci war einer der ersten Wissenschaftler, die Menschen, Tiere und Pflanzen genau beobachteten und exakte Zeichnungen anfertigten. Auch er hatte den Traum vom Fliegen. Dazu beobachtete er jahrelang Vögel und Fledermäuse, schaute sich ihre Flügel und deren Form genau an, und machte sich immer wieder Skizzen. Mit der Zeit verstand er, wie es Vögel schaffen, zu fliegen. Nach diesem Vorbild konstruierte er Flugapparate, die Vögeln oder Fledermäusen ähnelten.

Leonardo da Vinci war ein Pionier, der seiner Zeit weit voraus war. In vielen Bereichen war die Technik noch nicht weit genug entwickelt, deshalb konnte er nur Modelle von seinen Flugapparaten anzufertigen; Fliegen konnte er damit nicht.

Rund 400 Jahre später gelang **Otto Lilienthal** (1848–1896) die Sensation. Als erster Mensch in der Geschichte konnte er mit einem „Flugapparat“ abheben und einige hundert Meter durch die Luft gleiten. Die Menschen bejubelten Lilienthal für seinen Mut und Erfindergeist, er war ein Superstar seiner Zeit. Zusammen mit seinem Bruder entwickelte er nach dem Vorbild von Vogelflügeln immer bessere Flugapparate, bis er 1896 von einer Windböe erfasst wurde, abstürzte und sich dabei schwer verletzte.

Zu seinem Bruder soll er kurz vor seinem Tod gesagt haben: „Ein erster Schritt zum Menschenflug. Gott weiß, er war es wert. Kleine Opfer muss man bringen.“

Da Vinci und Lilienthal werden von den heutigen Bionikern als Begründer ihrer Wissenschaft angesehen. Der Begriff Bionik entstand allerdings erst in den 60er Jahren in den USA.

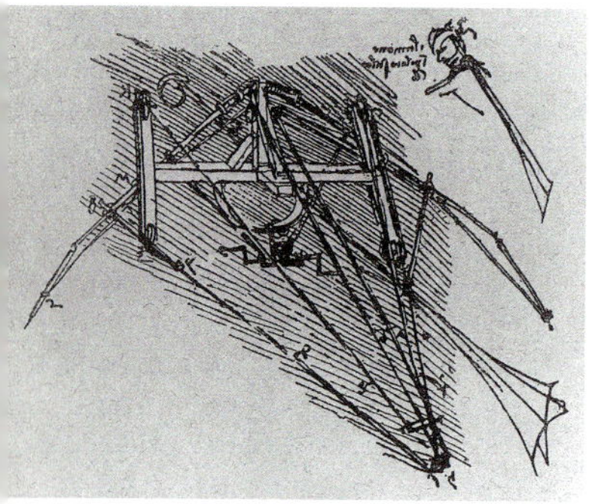

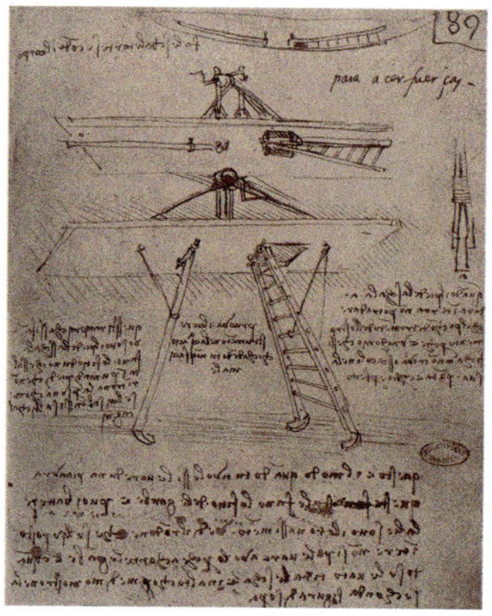

1 Welche der folgenden Aussagen treffen zu?

a) Leonardo Da Vinci machte viele wichtige Erfindungen.
b) Da Vinci kann aus heutiger Sicht als einer der ersten Bioniker verstanden werden.
c) Leonardo Da Vinci kannte den Begriff Bionik noch nicht.
d) Der Begriff Bionik entstand erst im Jahr 2001.
e) Er machte selbst viele Flugversuche mit seinen Apparaten.
f) Otto Lilienthal hat zusammen mit seinem Bruder Vögel beobachtet.
g) Er probierte seine Flugapparate selbst aus und verbesserte sie.
h) Zu seiner Zeit war er kaum bekannt.
i) Otto Lilienthal starb bei einem Flugversuch, weil sein Flugapparat auseinander brach.
j) Er starb für die Forschung.

2 Leonardo da Vinci und Otto Lilienthal träumten beide den Traum vom Fliegen. Welche Gründe hatten sie dafür?

3 Könntest du dir vorstellen, mit Otto Lilienthals Flugapparat einen Berg hinunter zu segeln? Begründe deine Antwort.

4 Betrachte die beiden Bilder von Lilienthals Flugversuchen.
Versuche dich in ein Bild hineinzudenken, wie fühlst du dich, wenn du bei einer Sensation live dabei bist, wenn du einen Rekordversuch siehst, der gefährlich ist, hast du Angst, bist du nervös?

5 Stell dir vor, du bist ein Zuschauer, der Bruder von Lilienthal, der ihn stets begleitete oder Lilienthal selbst. Erzähle, wie du die Situation erleben könntest und was um dich herum alles geschieht.

Die Faszination des Fliegens

Die Faszination des Fliegens spielt auch in der griechischen Mythologie, bei den Geschichten über Götter und Helden im antiken Griechenland, eine wichtige Rolle. Hier lernst du eine der bedeutendesten Sagen zu diesem Thema kennen: **Daidalos und Ikarus**.

Vorgeschichte:
Daidalos, ein großer Baumeister, Künstler und bekannt für seine feinen handwerklichen Arbeiten, hatte seinen König hintergangen. Als Strafe wurde er zusammen mit seinem Sohn Ikarus auf der griechischen Insel Kreta von König Minos in einem Labyrinth festgehalten. Daidalos wollte der Gefangenschaft unbedingt entkommen und erfand so eine waghalsige Konstruktion.

1 Schau dir das Bild an.
Wovon könnte die Sage handeln?

Daidalos und Ikarus *Nacherzählt von Richard Carstensens*

Aber trotz aller Ehren, mit denen Minos die Arbeit des Künstlers zu lohnen wusste, quälte Daidalos der Gedanke an das verlorene Vaterland. Bitteres Heimweh hielt ihn gefangen, und als Minos, der den kunstfertigen Mann nicht gehen lassen wollte, von seiner Sehnsucht erfuhr, wurde die Freistatt für Daidalos zu strenger Gefangenschaft. Wo er ging und stand, umgaben ihn auf des Königs Geheiß misstrauische Wachen. Unmöglich war es, zu Schiff die Insel zu verlassen. Der kunstreiche Daidalos aber wusste einen Ausweg, der ihm Rettung verhieß. „Mag Minos mir Land und Wasser versperren“, rief er entschlossen, „mir bleibt die freie Himmelsluft! Dort werde ich unseren Weg finden! Mag Minos überall seine Macht ausüben, in der Luft versagt seine Herrschergewalt!“ Daidalos' Erfindergeist bezwang die Kräfte der Natur: Er nahm Vogelfedern, legte sie der Größe nach in eine genaue Reihenfolge, dass man glauben mochte, sie seien in solcher Ordnung gewachsen. Er verband die Federn in der Mitte mit Fäden und fügte sie an den Kielen mit Wachs zusammen. Nun bog er sie leicht zurück, dass sie ganz die Form von Flügeln annahmen.

Kiel
Kiel einer Feder

Voll Eifer hielt Ikarus sich an des Vaters Seite und beobachtete, wie das Werk unter den kunstfertigen Händen wuchs. Bald war die letzte Hand an das Wunderwerk gelegt. Daidalos band sich selbst die Flügel an, fand schnell das richtige Gleichgewicht und hob sich leicht in die Lüfte. Zur Erde zurückgekehrt schnürte er dem Sohn das Flügelpaar, das er für ihn angefertigt hatte, an die Schultern. Dann mahnte er ihn mit väterlicher Sorge: „Ikarus, halte dich immer in der Mitte, ich bitte dich! Denn wenn du zu tief fliegst, so werden die Wellen dir die Flügel beschweren und dich hinabziehen. Steigst du aber zu hoch empor, dann kommst du der Sonne zu nahe, deine Federn fangen Feuer und das Wachs schmilzt in der Hitze. Zwischen den Wellen und der Sonne halte deinen Flug, folge stets nur meiner Führung!“

Tränen rannen dem Greis die Wangen hinab, als er noch einmal sein Werk überprüfte. Innig umarmte er den Jungen und dann erhoben sich beide in die Luft. Der Vater flog voran, das Herz voll Sorge […]. „Folge mir getrost!“, rief er zurück und dabei bewegte er selbst voll Sorgfalt die Schwingen, um den Sohn die schwere Kunst zu lehren. Doch der Vater durfte sich schnell beruhigen, als er sah, wie sicher der Knabe seinen Weisungen folgte. In schnellem Flug überquerten sie das blitzende Meer; schon lagen die ersten Inseln des heimatlichen Griechenlandes hinter ihnen, als den jungen Ikarus der Übermut trieb, des Vaters Gebot zu missachten. Der glückliche Verlauf seines ersten Fluges ließ ihn so sehr auf seine eigene Kraft vertrauen, dass er des Vaters Spur verließ und sich auf seinen Flügeln in höhere Regionen erhob. Voll Angst wollte Daidalos seinen Sohn zurückrufen, aber es war schon zu spät.

Greis
alter Mann

Weisungen
Anweisungen, Erklärungen

Kaum war der Knabe der Sonne näher gekommen, da erweichte unter der Gewalt ihrer Strahlen das Wachs, das die Fittiche zusammenhielt. Ehe Ikarus

Fittiche
Flügel

es recht gewahr wurde, waren die Federn aus ihrem Gefüge gelöst und flatterten durch die Lüfte davon. Nur noch einen Augenblick konnte der Junge sich in der Luft halten, dann griffen seine bloßen Arme ins Leere – sie fanden keine Stütze mehr, haltlos stürzte Ikarus in die gähnende Tiefe. So schnell war das Unglück gekommen, dass er nicht einmal mehr Zeit fand, einen Schrei auszustoßen.

Als Daidalos wieder die Blicke zurückwandte, konnte er zu seinem Entsetzen nichts mehr von seinem Sohn erblicken. Die Flut hatte ihn schon verschlungen.

„Ikarus! Ikarus!“, schrie der unglückliche Vater in seiner Verzweiflung. „Wo nur, wo soll ich dich suchen!“

Da endlich, als er in die Tiefe schaute, erkannte er einige Federn, die einsam auf dem Wasser trieben. Das Herz voll Trauer, flog Daidalos an Land: er legte die Flügel ab und irrte am Ufer der kleinen Insel umher, bis die Wellen den Leichnam ans Gestade spülten. Dort begrub er den geliebten Sohn und gab dem Eiland für alle Zeiten den Namen Ikaria.

2 Bringe die Aussagen in die richtige Reihenfolge und ergänze die angefangenen Aussagen.

A Daidalos war mit seinem Sohn Ikarus ein Gefangener des König Minos.
B Er beobachtete die Vögel und baute ihre Flügel nach.
C Ikarus machte das Fliegen Spaß, deshalb …
D Daidalos hatte Heimweh und wollte aus der Gefangenschaft fliehen.
E Daidalos war ein großer Erfinder und beschloss, Flügel zu bauen.
F Er probierte an sich selbst aus, wie …
G Daidalos hatte Angst um seinen Sohn und erklärte ihm genau, wie er fliegen sollte.
H Daidalos wollte über die Luft fliehen, …
I Ikarus kam der Sonne zu nahe, seine …
J Daidalos sah die Federn von Ikarus’ Flügeln auf dem Wasser schwimmen und wusste, dass sein Sohn …

3 Betrachte noch einmal das Anfangsbild. Haben sich deine Vermutungen bestätigt? Schau dir nun das Schlussbild an. Sprecht gemeinsam über die Geschichte.

4 Daidalos suchte einen Weg, um aus dem Labyrinth zu entfliehen.
a) Welche Gründe hatte er dafür, welche Risiken nahm er in Kauf?
b) Was denkst du über seine Handlungsweise, war es den Preis wert?

5 Entscheide dich für zwei der folgenden Aufgaben:
a) „Die Faszination des Fliegen" lautet die Überschrift dieses Kapitelabschnitts:
Erkläre, warum die Faszination Ikarus zum Verhängnis wurde.
b) Vermute, warum nahezu jeder Mensch gerne einmal wie ein Vogel fliegen möchte. Beziehe auch die beiden Texte über Da Vinci und Lilienthal mit ein.
c) Welche Bereiche der Bionik findest du in der Ikarus-Sage wieder?
d) Mit der Ikarus-Sage hängt auch das Sprichwort „Hochmut kommt vor dem Fall" zusammen. Sprecht darüber.

6 **Leseprofi:** In Zeile 11 findest du die Aussage: „Daidalos' Erfindergeist bezwang die Kräfte der Natur" …
Erkläre, warum Daidalos und Ikarus nicht wirklich hätten fliegen können.

Lesetipps: TIPPS

Suchtwege – Fluchtwege

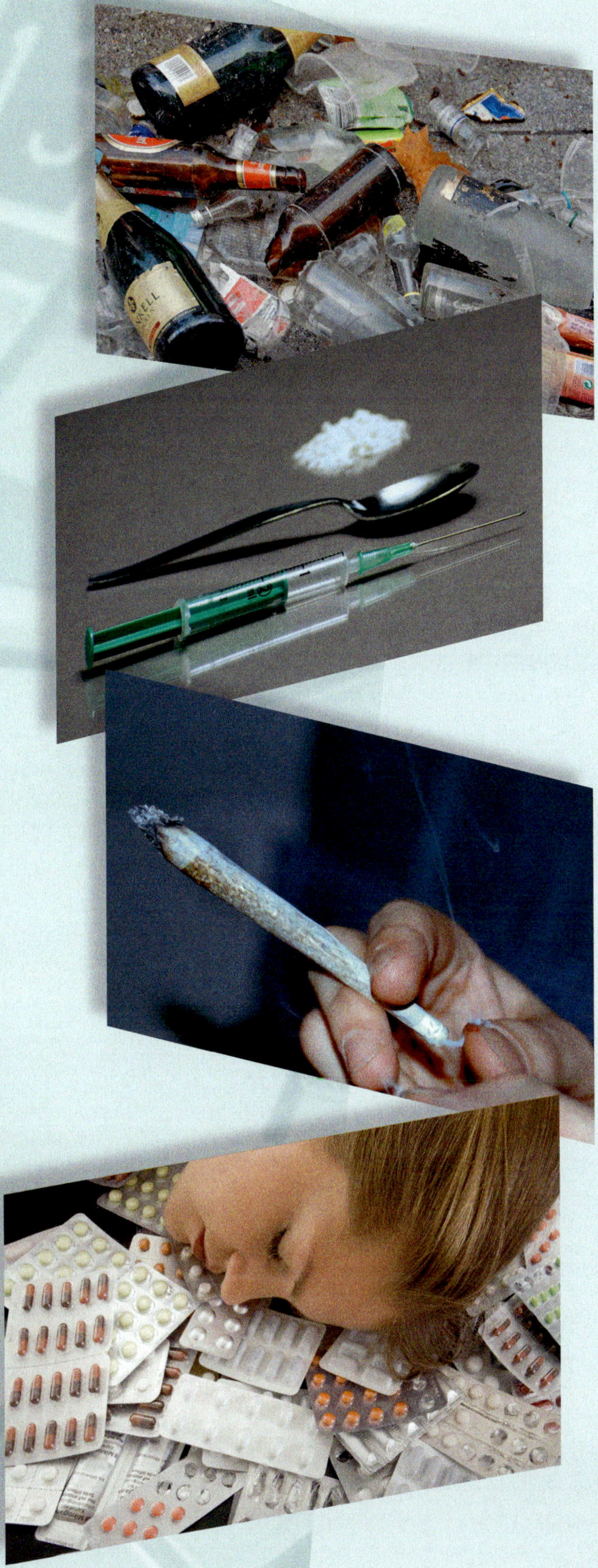

Fliehen

Liebe suchen

SUCHTWEGE

Cool

Halt suchen

Träume

Wirklichkeit

Egal

Gesundheit

Extrem

1 Sieh dir die Bilder und das Akrostichon an. Verfasse selber eines zum Thema Sucht. Du kannst auch ein anderes Wort verwenden, das mit dem Thema zu tun hat.

Verlier nicht dein Gesicht *Dietrich Seiffert*

Felix, der früher selbst Alkoholiker war und vor wenigen Monaten eine Entziehungskur gemacht hat, arbeitet jetzt in einer Teestube, einem Treffpunkt für alkoholgefährdete Jugendliche. An der Eingangstür steht „Verlier nicht dein Gesicht". Felix hat sich zum Ziel gesetzt, Mike und andere Schüler einer 8. Klasse vom Alkohol abzubringen. Mike will Felix beweisen, dass er nicht alkoholsüchtig ist, und hat ihm versprochen, 14 Tage keinen Alkohol mehr zu trinken. Fünf Tage später treffen sich Felix und Mike in der Dachkammer der Teestube, um zusammen Hausaufgaben zu machen.

Nach einer Stunde packt Mike seine Hefte in die Schultasche. „Schluss für heute! Englisch fällt morgen aus."

„Das war der vierte Tag, an dem du nicht getrunken hast", sagt Felix.

„Der fünfte!" Mike zählt an den Fingern ab: eins, zwei, drei, vier, fünf. Felix hat den Tag in der Zoohandlung nicht mitgezählt.

„Alles klar", sagt Felix, „dann ist morgen der sechste Tag." Er bringt Mike zur Tür. Morgen soll er wiederkommen. Wenn er will, gleich nach der Schule.

So geht es Tag für Tag. Zwölf Tage lang trinkt Mike kein Schlückchen Alkohol, aber am dreizehnten wird er weich. Mike kommt nicht in die Teestube. Die Lektion in der Bodenkammer fällt aus.

Felix wartet. Er steht am Fenster und sieht auf die Klostergasse. Sollte Mike wieder angefangen haben zu picheln? Es wird vier und es wird fünf. [...] Felix öffnet das Fenster und steckt seinen Kopf heraus. Ebenso plötzlich schließt er es wieder. Bruno soll sich für eine Stunde hinter die Theke stellen, er hat jetzt Wichtigeres zu tun. Felix rennt zur Tür. Mike will er suchen.

Beim Pulverturm gabelt er ihn auf. Mike kommt von einer Geburtstagsfeier und will nach Schönau, nach Hause. Er torkelt und schlingert und wenn er etwas sagt, liegt ihm die Zunge schwer im Mund.

„Du Flasche!", tobt Felix.

Flasche? Das kann Mike nicht auf sich sitzen lassen. Zwar hat er versprochen, vierzehn Tage lang keinen Alkohol zu trinken, doch heute war eine Ausnahme. Was soll er denn machen, wenn Sibylle Geburtstag hat und alles Bier trinkt? Bomber-Donald und Rudi und Doris und der ganze Verein? Soll er da vielleicht zugucken und Brauselimonade mit einem Strohhalm nuckeln?

„Du hast Nerven, die würden mich für verrückt erklären", sagt Mike. „He, würden die sagen, was bist du für ein Jammerlappen. Hau ab, wenn du nicht mithalten kannst."

Mike stöhnt und ächzt. Er setzt sich auf einen Stein und wartet, dass Felix in die Teestube zurückgeht.

Aber der denkt nicht daran. Der hockt sich einfach neben ihn, hängt sich an ihn wie eine Klette.

Mike muss weiter. Seine Mutter wird warten. Felix soll nun endlich abziehen. „Das Trinken heute ist nur ein Ausrutscher gewesen. Ehrenwort. Kommt nicht wieder vor. Da kannst du Gift darauf nehmen, ehrlich“, sagt Mike.
„Ich bringe dich nach Hause“, erwidert Felix. Mehr sagt er nicht. Doch das reicht. „Bei dir stimmt's wohl nicht?“, schreit Mike los. „Ich kann alleine gehen. Was soll denn meine Mutter denken, wenn du mich anschleppst?“
„Mach keinen Terror, ich bringe dich nach Hause und damit basta!“, sagt Felix.
Mike springt auf. Jetzt will er es zeigen. Im Galopp läuft er den Feldweg entlang, keucht und japst und ist nach fünfzig Metern fix und fertig. Ausgepumpt lässt er sich ins Gras fallen. „Das Saufen hat dich kaputtgemacht“, sagt Felix. „Körperschwäche, Magenschmerzen, Zittern.“
Mike rappelt sich auf und spreizt die Hand. Was er sieht, das lässt ihn käseweiß werden. Seine Hand zittert. Und Magenschmerzen hat er auch. Kotzübel ist ihm jetzt. „Die Leber trifft es am schlimmsten“, sagt Felix. „Mit einer Trinkerleber bist du so gut wie erledigt.“ Mike fasst sich an den Leib und stöhnt.
„Dort liegt deine Leber“, sagt Felix und schiebt Mikes Hand etwas höher. „Die meisten Trinker sterben an einer Fett- oder Schrumpfleber. Ich habe einen Freund gehabt, der ist mit achtzehn an einem Leberschaden innerlich verblutet.“
Mike geht weiter. Er will keinen Leberschaden haben. Die Hand auf seinen Leib gepresst, sagt er trotzig: „Mensch, übertreib bloß nicht so!“
„Das sagt jeder“, antwortet Felix. „Meistens ist es schlimmer, als man denkt.“
Er geht einen halben Schritt vor Mike und schleppt ihn hinter sich her.
An einem Rapsfeld müssen sie schon wieder haltmachen. Der Raps steht in voller Blüte, wie eine rote Scheibe schwebt die Sonne darüber, es ist ein Bild für Maler und Träumer. Mike sieht mit großen Augen über das schwefelgelbe Feld. Vielleicht habe ich wirklich einen Leberschaden?, denkt er. Er sucht nach einem Taschentuch und putzt sich laut die Nase. „Los, weiter!“, drängt Felix.
Mike will jetzt allein gehen. „Kannst mir einen Gefallen tun“, sagt er, „kannst mich loslassen.“
Gleich darauf hört Felix ein Schluchzen. Als er sich umdreht, laufen Mike die Tränen über die Backen.

1 Felix bezeichnet Mike als „Flasche“. Warum macht er das?
2 Beschreibe, welche Auswirkungen der Alkoholkonsum auf Mike hat. Belege deine Antwort am Text.
3 Wie versucht Felix, Mike vom Trinken abzubringen? Diskutiert, ob ihr sein Verhalten für Erfolg versprechend haltet.
4 Am nächsten Tag geht Mike zu Felix. Was wird er ihm sagen? Wird er seine Abhängigkeit eingestehen? Erarbeitet zu zweit einen Dialog zwischen Mike und Felix und präsentiert ihn anschließend der Klasse.
5 Sprecht darüber, was jeweils besonders hervorgehoben wurde.

TIPPS

Lesetipps:

– *Wolfram Hänel:* **Alk. Außer Kontrolle**

Marx' Tage bestehen aus Frust in der Schule und Ärger zu Hause, aus idiotischen Mutproben und ein bisschen Randale – und immer wieder aus Saufen mit seinen Kumpeln. Bis zum Koma. Marie ist immer dabei – sie ist die einzige, mit der Marx richtig reden kann. Über die Sache mit Hendrik zum Beispiel, seinem Freund, der den gemeinsamen Zelturlaub im letzten Sommer nicht überlebt hat. Er starb im Vollrausch.

– *Inge Meyer-Dietrich:* **Genug Geschluckt**

Eigentlich ist Matthias ein Siegertyp – erfolgreich in der Schule und glücklich mit seiner Freundin Gianna. Trotzdem ist er oft schweigsam und zieht sich von den anderen zurück. Auf ihm lastet ein Familienproblem: Sein Vater Walter ist alkoholabhängig. Als Walter nach einer Entziehungskur wieder rückfällig wird, hat Matthias genug und zieht aus.

– *Elisabeth Zöller:* **Bis ans Limit**

Der letzte Tropfen vor dem Absturz: Florian trinkt öfter mal ein Bier. Und wenn er nicht richtig mies fühlt, auch mal etwas Härteres gegen die schlechte Laune und die Einsamkeit. Deshalb hat er noch lange kein Alkoholproblem, denkt er. Doch die Mengen werden immer größer.

1 Lies den Text. Denke dann über das Problem des Säufers in dieser Geschichte nach und stelle in einer Skizze dar, in welchem „Teufelskreis“ er sich befindet.

2 Warum hat der Besuch auf diesem Planeten den kleinen Prinzen so schwermütig gemacht?

Um zu vergessen ...

Antoine de Saint-Exupéry

Den nächsten Planeten bewohnte ein Säufer. Dieser Besuch war sehr kurz, aber er tauchte den kleinen Prinzen in eine tiefe Schwermut. „Was machst du da?“, fragte er den Säufer, den er stumm vor einer Reihe leerer und einer Reihe voller Flaschen sitzend antraf. „Ich trinke“, antwortete der Säufer mit düsterer Miene. „Warum trinkst du?“, fragte ihn der kleine Prinz. „Um zu vergessen“, antwortete der Säufer. „Um was zu vergessen?“, erkundigte sich der kleine Prinz, der ihn schon bedauerte. „Um zu vergessen, dass ich mich schäme“, gestand der Säufer und senkte den Kopf. „Weshalb schämst du dich?“, fragte der kleine Prinz, der den Wunsch hatte, ihm zu helfen. „Weil ich saufe!“, endete der Säufer und verschloss sich endgültig in sein Schweigen. Und der kleine Prinz verschwand bestürzt. Die großen Leute sind entschieden sehr, sehr wunderlich, sagte er zu sich auf seiner Reise.

3 Ihr könnt euch die Situation sicher gut vorstellen, denn der Text enthält viele Hinweise, wie der kleine Prinz und der Säufer sprechen. Sucht diese Hinweise zur Sprechweise, zur Mimik und zur Gestik heraus. Wie klingen wohl die Fragen des kleinen Prinzen in Stimmlage und Betonung, wie die Antworten des Säufers?

4 Übt gemeinsam mit eurem Nachbarn, den Dialog so zu sprechen, dass der Teufelskreis, in dem der Säufer sich befindet, deutlich wird. Achtet besonders auf Stimmlage, Betonung und Tempo eurer Sätze. Vielleicht könnt ihr sogar Mimik und Gestik der beiden darstellen.

5 Warum ist der kleine Prinz am Ende so bestürzt?

6 **Leseprofi:** Der kleine Prinz ist ein „Kunstmärchen“, ein erdachter Text, der auf den ersten Blick weniger mit der Alltagswelt zu tun hat als z. B. „Verlier nicht dein Gesicht“ und andere Texte dieses Kapitels. Könnt ihr dennoch (oder vielleicht gerade deshalb) Aussagen aus dem „kleinen Prinzen“ auf andere Texte übertragen? Begründet eure Antwort.

Sucht – mit und ohne Drogen

Wenn man von ‚Sucht' spricht, denken die meisten an Alkohol-, Drogen- oder Tablettenabhängigkeit. Da man hierbei dem Körper von außen bestimmte Stoffe zuführt, die zu einer Veränderung des Bewusstseins- und Gefühlszustands führen, spricht man von „stoffgebundenen Suchtformen".

Diese Stoffe lassen sich in „illegale" und „legale Drogen" einteilen. Zwar kann auch die Einnahme legaler Drogen wie zum Beispiel Alkohol, Nikotin, Schlaf- und Schmerzmittel oder Koffein zu Rauschzuständen führen, ihr Kauf und Besitz sind aber – vorausgesetzt, dass man die entsprechende Altersgrenze überschreitet – nicht verboten. Das bedeutet jedoch nicht, dass diese Suchtmittel ungefährlich wären: ganz im Gegenteil. Da sie relativ leicht verfügbar sind, ist der Konsum „legaler Drogen" so unproblematisch, dass man sehr schnell in eine Abhängigkeit geraten kann.

Andere Drogen hingegen sind gesetzlich verboten und gelten als „illegal": Der Besitz und Konsum von Opium, Morphium, Heroin, Kokain, aber auch von Cannabis, Haschisch, und synthetischen, d. h. im Labor hergestellten Drogen wie Speed und Ecstasy sind verboten. Letztere sind gerade in der Party- und Technoszene sehr beliebt. Die illegale Droge, mit der bei Weitem die größte Zahl von Menschen schon Erfahrungen gemacht hat, ist aber Haschisch: Mehr als ein Viertel aller Jugendlichen hat schon mindestens einmal Haschisch konsumiert.

Doch gibt es daneben auch Suchtformen, bei denen dem Körper keine Substanzen von außen zugeführt werden: Als „Sucht ohne Drogen" bezeichnet man die sogenannten „stoffungebundenen Suchtformen" wie etwa Spiel- und Kaufsucht, Arbeitssucht, die Sucht nach Liebe und Sex, aber auch Essstörungen wie Magersucht (Anorexie) und Ess-Brech-Sucht (Bulimie).

Bei diesen „stoffungebundenen Suchtformen" erhalten die Betroffenen ihren ‚Kick' durch körpereigene Stoffe, so genannte »Endorphine« (d. h. innere Morphine), die zu einem rauschähnlichen Zustand führen können. Normalerweise stellt der Körper diese Endorphine in Stress- und Extremsituationen her, etwa um Angst und Schmerz ertragbar zu machen; indem man den Körer in entsprechende Situationen versetzt, kann man deren Produktion aber auch selbst beeinflussen.

Da stoffungebundene Suchtformen – wenn überhaupt – häufig erst sehr spät erkannt werden, gibt es im Hinblick auf die Zahl der Betroffenen meist nur Schätzungen: So geht man davon aus, dass in der Bundesrepublik etwa 100 000 Menschen an Magersucht leiden – 90 % davon sind Frauen zwischen 18 und 35

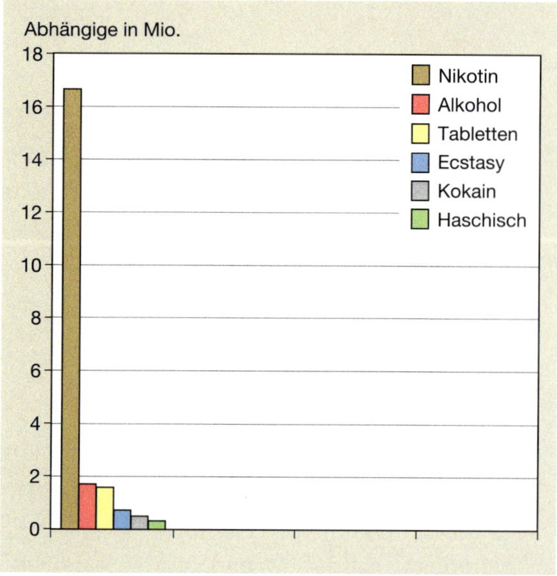

Jahren. Von der Ess-Brech-Sucht hingegen sind rund 600 000 Menschen betroffen, wobei diese Zahl stetig steigt und zunehmend auch Männer zu den Betroffenen zählen. In fast 17 % aller Fälle führen die extremen Essstörungen zum Tod der Betroffenen. Ebenfalls nur schätzen kann man die Zahl der Glücksspielsüchtigen, zu denen in Deutschland rund 400 000 Menschen gezählt werden; hier zeigt sich, dass insbesondere immer mehr Jugendliche ihr Geld bei Sportwetten oder Internet-Spielen ‚verzocken'. Kaum gesicherte Angaben gibt es zur Kauf- und Internetsucht, doch wird davon ausgegangen, dass jeweils mehr als eine Million Menschen betroffen sein dürften.

Ob stoffgebunden oder stoffungebunden – Kennzeichen aller Süchte ist, dass die Betroffenen in eine hochgefährliche Abhängigkeit geraten und immer mehr von ihrer Droge brauchen, um ihre Abhängigkeit zu befriedigen.

1 Worum geht es in diesem Text? Finde Überschriften für die einzelnen Absätze, z. B.:
„Legale Drogen", „Sucht ohne Drogen – stoffungebundene Süchte", …
Vergleiche deine Überschriften anschließend mit denen deines Nachbarn. Begründe deine Entscheidungen.

2 Erkläre anhand des Textes in eigenen Worten, was „stoffgebundene" und „stoffungebundene Süchte" sind.
Dazu kann es hilfreich sein, wenn du die Informationen des Textes zuvor in einer Mind Map festhältst.

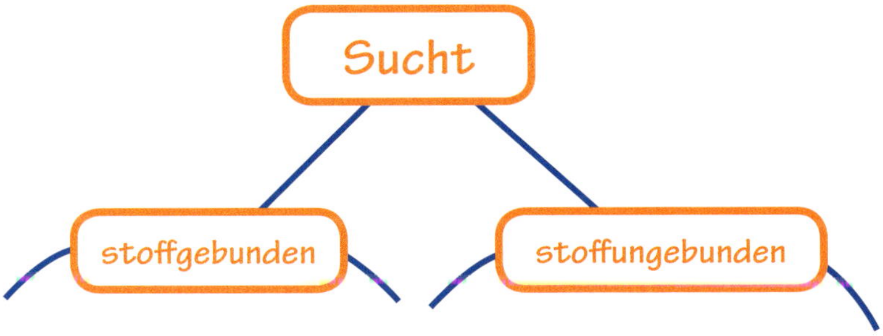

3 Erstelle ein Säulendiagramm zu den Zahlen der Abhängigen von stoffungebundenen Suchtformen. Vergleiche dieses mit dem anderen Diagramm. Was fällt dir auf?

4 Informiere dich über eine der genannten Süchte genauer (über ihre Erscheinungsformen, ihren Verlauf, ihre Auswirkungen auf die Abhängigen …). Stelle deine Ergebnisse anschließend der Klasse vor.

TIPPS

Tipps zur Internetrecherche und Hinweise zu Präsentationsmethoden findet ihr in der **Methoden-Werkstatt,** S. 214 ff.

Jugend Sucht *Christoph Möller*

Dr. Christoph Möller ist Leiter von Teen Spirit Island, einer Station im Kinderkrankenhaus auf der Bult in Hannover. Hier werden Kinder und Jugendliche bis 18 Jahren mit Drogenabhängigkeit von Cannabis, Heroin, Kokain, Alkohol und anderen Suchtstoffen behandelt.
Für sein Buch hat er zehn Jugendliche interviewt und nach ihren Erfahrungen während ihrer Abhängigkeit, aber auch während der Therapie, befragt.

„Anfangs hat es Spaß gemacht und geholfen zu vergessen"
Thomas, 16 Jahre
(Thomas war insgesamt 10 Monate auf Teen Spirit Island)

Dr. Möller: Thomas, wie bis du zu den Drogen gekommen?

Thomas: Angefangen hat es mit 12 Jahren. Ich hatte viel Stress zu Hause und in der Schule. Habe mit Freunden rumgehangen und angefangen zu rauchen und zu kiffen. Später habe ich dann Ecstasy, LSD und Speed genommen. Mit 13 Jahren wurde es richtig krass. Gekifft habe ich jeden Tag vier bis fünf Gramm. Ecstasy habe ich jeden zweiten Tag bis zu sieben Pillen genommen, vor allem am Wochenende. LSD und Speed habe ich auch genommen, das aber nicht so häufig, wegen der Wirkung. Das war krass. Es war nicht so, dass ich Halluzinationen hatte und kleine Männchen gesehen habe, aber die Wände haben sich bewegt, der Raum ist größer und kleiner geworden, die Wahrnehmung war irgendwie anders. An Ecstasy habe ich gemocht, dass es stimuliert hat, ich fröhlich war, guten Kontakt zu anderen hatte. Ich habe am Wochenende oft eine Nacht durchgetanzt und mich im nächsten Morgen ins Bett gehauen. Cannabis habe ich gebraucht, um wieder runterzukommen, abzuschalten, zu schlafen. Ich habe ein Gramm auf einen Joint genommen, da war ich richtig breit. Bin im Stuhl nach hinten gesackt und musste mich anstrengen, den Kreislauf wieder in Gang zu bringen. Es war mir alles egal, ich habe abschalten können. Vergessen können, den Stress zu Hause mit meinen Eltern und in der Schule. Alles war weit weg. Ich habe nur noch mich gefühlt. Wenn man länger kifft, wird man ganz schön down. Bei mir war das so: Ich habe Ecstasy und Speed gebraucht um hoch zu kommen, um high zu werden, mit Cannabis habe ich mich wieder down geholt und runtergefahren.
Um das Geld für die Drogen zu beschaffen, habe ich Einbrüche gemacht, bin in Häuser eingestiegen, habe mir das Geld genommen und was da sonst noch herumlag und Leute abgezogen. Bin zu Kleineren und Schwächeren hingegangen, habe gesagt, gib mir dein Geld und deine Wertsachen, sonst gibt es ein paar. Ich hatte auch Waffen mit, Messer und Gas. Das ging so über vier Jahre.

Dr. Möller: Thomas, wie bist du aufgewachsen?

Thomas: Die ersten neun Jahre waren schön. Wir haben als Familie zusammengehalten. Zu meinem Vater habe ich im Nachhinein nie eine richtige Beziehung gehabt. Es war nie eine richtige Vater-Sohn-Beziehung. Als ich neun Jahre alt war, haben meine Eltern eine Gaststätte übernommen. Sie waren von morgens zehn Uhr bis nachts um fünf Uhr beschäftigt und hatten keine Zeit für mich. Ich war den ganzen Tag alleine. [...] Ich habe begonnen, mir Freunde zu suchen, möglichst viele, egal welche, Hauptsache, ich war weg und hatte eine Beschäftigung. Wenn ich Hausaufgaben machen musste, war ich auf mich alleine gestellt oder bin zu meiner Schwester gegangen. Mit meinen Eltern gab es nur noch Zoff und Streit. [...] Ich bin von zu Hause abgehauen und zu einer Freundin gegangen. Dort war ich für vier Wochen. Mein Vater wusste nicht, wo ich bin. Mit meiner Mutter habe ich mich einmal die Woche getroffen. Nach den vier Wochen bin ich zurückgezogen. Zu Hause gab es immer mehr Stress. Einmal bin ich von der Polizei nach Hause gebracht worden, weil ich ein Fahrrad geklaut habe. Von der Schule gab es Druck, weil ich ein halbes Jahr nicht mehr dort war. Irgendwann wusste meine Mutter nicht mehr weiter und hat gesagt, so, jetzt ist Schluss und hat sich an das Jugendamt gewandt. Daraufhin bin ich in vier oder fünf Heime gekommen. Zuerst war ich in einer Übergangsfamilie für sechs Wochen. Dort bin ich rausgeflogen, weil ich gekifft und Drogen genommen habe. Von da aus bin ich in ein richtiges Heim gekommen. Dort war ich ein gutes Jahr, Es war eigentlich ganz gut. In der Zeit habe ich vor allem LSD genommen und andere Drogen. [...] Irgendwann hatte ich Stress mit dem Gesetz, und der Richter hat mich zu einer Entgiftung verdonnert. Ich war sechs Wochen in der Entgiftung. Anschließend bin ich in eine andere Stadt in ein Heim gekommen. Dort habe ich ein Praktikum in der Schreinerei gemacht. Ich habe anfangs keine Drogen genommen. Irgendwann hat ein Arbeitskumpel mir etwas angedreht. Es ging wieder los. Von dort aus bin ich zu Teen Spirit Island gekommen.

Dr. Möller: Was hat dir in der Therapie geholfen?

Thomas: Gut war, dass wir den ganzen Tag beschäftigt waren, dass wir etwas machen mussten, von morgens bis abends. Am schwierigsten war die Mittagszeit. Da gab es nichts zu tun und ich bin schnell auf dumme Gedanken gekommen. Gut war auch, dass die Fenster nicht einfach aufzumachen waren und dass um das Gelände ein Zaun ist. Wäre das nicht gewesen, wäre ich jeden Abend abgehauen. Gut waren die Aktivitäten wie das Klettern. Das hat Spaß gemacht. Wichtig waren die Kontakte zu den anderen Jugendlichen, dass man sich gegenseitig unterstützt hat. [...]

Dr. Möller: Wie ging es nach der Therapie weiter?

Thomas: Nach der Therapie bin ich für drei Monate zu StepKids gegangen und von da aus in betreutes Wohnen. Bei StepKids hatte ich noch zwei Rückfälle. Seitdem bin ich clean. Jetzt leben ich in meiner eigenen Wohnung, bekomme das mit dem Geld und dem Haushaltsführen gut hin. In der

StepKids
pädagogisch-therapeutische Gemeinschaft für drogenabhängige Jugendliche

Schule bin ich rausgeflogen wegen zu langer Fehlzeiten. Will jetzt wieder in die Schule einsteigen und meinen Schulabschluss fertig machen. Das ist blöd, wenn ich bedenke, dass ich jetzt bald fertig wäre. Aber so ist das bei mir. Schwierig ist manchmal, dass mich die Leute als Junkie und Drogi abstempeln, wenn sie hören, dass ich Therapie gemacht habe und drogenabhängig war. Irgendwo bin ich es ja noch, auch wenn ich keine Drogen mehr nehme. Das ist anfangs schwer. Doch bei den meisten legt sich das, wenn ich ihnen erkläre, was ich in der Therapie gemacht habe.

Dr. Möller: Gibt es etwas, was du im Nachhinein an deiner Drogenzeit schätzt?

Thomas: Anfangs hat das ja Spaß gemacht und hat geholfen zu vergessen. [...]

1 Irgendwann wird für Thomas die Flucht zur Sucht. Zeige dies am Text.

2 Thomas meint, dass es ihm anfangs noch Spaß gemacht habe, Drogen zu nehmen. Finde im Text die Stellen, an denen deutlich wird, wie sich seine Einstellung zu Drogen verändert hat.

3 Stellt die Stationen von Thomas` Drogensucht in einer Skizze dar. Vergleicht eure Skizzen anschließend und begründet eure Gestaltung mithilfe des Textes.

4 Was hat Thomas in der Therapie besonders geholfen? Warum waren diese Dinge für ihn wichtig?

5 Thomas sagt, dass er häufig als „Junkie und Drogi" abgestempelt werde. Welche Bedenken könnten andere haben, wenn sie von seiner Drogenabhängigkeit erfahren?

6 Stellt euch vor, Thomas sitzt bei einem Bewerbungsgespräch dem Personalleiter eines Unternehmens gegenüber.
Wie könnte dieses Gespräch ablaufen? Welche Gedanken könnten Thomas durch den Kopf gehen, welche Bedenken könnte der Personalleiter haben?
Entwerft das Gespräch der beiden in Gruppenarbeit und spielt es anschließend den anderen vor. Verwendet dabei auch einen „Gedankensprecher", der sagt, was die jeweilige Person nur denkt: Hinter Thomas und dem Personalleiter steht jeweils ein Mitschüler, der halblaut die Gedanken der Person spricht.

Der **Gedankensprecher** eignet sich gut, um die innere Situation von Personen hervorzuheben. Er steht hinter den Personen und äußert halblaut ihre Gedanken.

7 **Leseprofi:** Warum macht es eigentlich Sinn, an dieser Stelle einen Gedankensprecher einzusetzen?

Cold Turkey *Angelika Mechtel*

Die zwölfjährige Simone versteht sich super mit ihrem vier Jahre älteren Bruder Andy. Auch als er von der Schule verwiesen wird, weil man bei ihm Haschisch gefunden hat, hält sie zu ihm. Mit ihren Eltern hingegen hat Andy bald nur noch Ärger und er entschließt sich, bei Nacht und Nebel das Elternhaus zu verlassen. Er kommt in der WG der Fixerin Natalie unter, in die er sich verliebt hat. Doch schon bald muss auch Simone einsehen, dass ihr Bruder immer tiefer in die Drogenabhängigkeit gerät.

Aus dem Radio erfuhr Simone, dass die Polizei am Vormittag am Neumarkt, im U-Bahn-Untergeschoss und im Forum zugegriffen hatte. Es war eine von diesen spontanen Razzien, die sie ungefähr zwei- oder dreimal im Jahr veranstalteten. Sie nannten es „säubern“.

Dealer und Süchtige wurden verhaftet. Andere laufengelassen.

Die Drogenszene tauchte nach solchen Aktionen kurzfristig ab und bald wieder auf.

Simone hörte mit angehaltenem Atem dem Nachrichtensprecher zu. Da war sie wieder: die Angst! Dagegen konnte sie nichts tun.

Was, wenn sie auch Andy geschnappt hatten?

Sie schluckte anderthalb Beruhigungstabletten. Es half nichts.

Sie musste sich auf den Weg machen, musste wissen, ob Andy etwas zugestoßen war.

Als sie bei der WG klingelte, öffnete ihr Mucki. […]

Ohne lange Diskussion ließ er sie eintreten.

In der Küche saß Andy an dem großen Holztisch und schüttete Bier in sich hinein.

Simone blieb stehen und betrachtete den Bruder.

Er hatte die Haare wachsen lassen. Sie hingen ihm bis auf die Schultern, waren ungewaschen und strähnig. Andy sah heruntergekommen und verwahrlost aus.

„Hier ist jemand für dich“, sagte Mucki und ließ Simone mit Andy allein.

Andy blickte auf.

„Hallo – Andy!“ Simones Begrüßung klang verlegen, was war mit ihrem Bruder los?

Heulte er? Seine Augen schwammen in Flüssigkeit. Oder war er krank?

„Ach, du bist es!“, war alles, was er antwortete.

Simone ging zwei, drei Schritte in die Küche hinein. „Kann ich mich zu dir setzen?“

Andy zuckte gleichgültig die Schultern. „Wenn du willst –“ Er wandte sich wieder der Bierdose zu. Er stank wie ein Penner, stellte Simone fest, als sie ihm gegenüber saß. Er hatte auch aufgekratzte Pickel im Gesicht.

„Hast du Akne?“, erkundigte sie sich vorsichtig.

„Quatsch! Ist nur‘n Ausschlag. Geht auch wieder weg.“
Simone konnte nicht wissen, dass Andy unter einem der typischen Hautausschläge litt, die das Heroin verursacht [...]
„Ich bin froh, dass die Bullen dich bei ihrer Razzia nicht erwischt haben!“
Simone hoffte, das würde Andy beruhigen.
Plötzlich zitterte er, als fröre er.
Was war nur los mit ihm?
„Bist du krank?“
Er schüttelte müde den Kopf. Schweißperlen standen ihm auf der Stirn. Er schniefte und zog Rotz in der Nase hoch. „Sie haben Natalie erwischt!“
Simone konnte nichts dafür, dass sie sich darüber freute. „Ist sie im Knast?“
„Auf der Wache eingelocht!“ Andy gähnte.
Simone hatte den Eindruck, dass er eigentlich gar nicht gähnen wollte, dass es ein krampfhaftes Gähnen war. Andy konnte es nicht unterdrücken.
„Oh Mann“, stöhnte er nun, „oh Mann, wenn du wüsstest, in was für einer schäbigen, stinkigen Scheiße ich sitze!“
Dann fing er tatsächlich an zu heulen. Es war ein trockenes, gequältes Schluchzen.
Es musste Jahre her sein, dass er vor Simone geweint hatte. Damals hatte er noch seine Kinderstimme gehabt. In der Küche der WG hörte Simone einen erwachsenen Mann schluchzen.
„Andy –“, Simone räusperte sich, schluckte die eigenen Tränen hinunter. Sein Weinen war ansteckend. Sie schob ihre Hand über die Tischplatte und berührte seine Fingerspitzen. Sie waren schweißnass. Ein neuer Schüttelfrost ließ ihn zittern, er sprang auf und rannte hinaus. Sie hörte eine Tür zuknallen und blieb ratlos zurück.
Wie damals, als sie gemeinsam mit Andy zum ersten Mal Natalie besucht hatte, kam Mucki mit langen Schritten in die Küche und öffnete den Kühlschrank.
„Wo ist Andy?“, fragte er und holte einen Topf heraus. „Ich weiß nicht – erst hat er geheult, dann ist er rausgerannt. Ist das wegen Natalie?“
Mucki löffelte kaltes Gemüse aus dem Topf und lachte kurz auf.
„Na ja – er hat den Affen, das siehst du doch. [...] Also, wenn du mich fragst: Dein Bruder braucht dringend einen Schuss, sonst kippt er uns noch weg, und wir müssen ihn vom Sanka holen lassen!“ Mucki unterbrach sich, hörte auf, Gemüse zu löffeln und betrachtete Simones Lederjacke, die über dem Stuhl hing. „Sag mal – “ meinte er nachdenklich, „du willst deinem Bruder doch helfen?“
Simone begriff nicht, worauf er hinauswollte. Klar wollte sie Andy helfen!
Mucki nickte zufrieden. „Wie gesagt, er braucht dringend den nächsten Schuss. Ich weiß nicht, ob du das mal erlebt hast, wie das ist, wenn der richtige Entzug kommt: tierische Krämpfe, Dünnschiss, Schmerzen bis zur Bewusstlosigkeit –“ [...] „Um an einen Schuss zu kommen, braucht er Kohle“

Sanka
Sanitätskrankenwagen

fuhr Mucki fort und sprach ganz ruhig und sanft mit Simone, „die könnte er haben, wenn du ihm deine Jacke lässt. Das, was er dafür kriegt, reicht für eine Weile. – Ich will dich ja nicht überreden, ist nur ein Vorschlag." Er lächelt stellte den Gemüsetopf in den Kühlschrank zurück und erklärte: „Ich geh mal nachsehen. Wahrscheinlich hängt mit Dünnschiss auf dem Klo!"

Simones Magen zog sich krampfhaft zusammen. [...] Ganz plötzlich hatte Simone Schwierigkeiten, Luft zu bekommen. Sie lief zum Küchenfenster und riss es auf.

Draußen wurde es fast dunkel. Der graue Januarhimmel berührte die Hausdächer.

Die frische Luft tat ihr gut.

Vielleicht war es wirklich vernünftig, Andy die Jacke zu schenken? Besser als zuzulassen, dass er höllische Schmerzen aushalten musste –

Zu Hause könnte sie sagen, sie hätte die Jacke verloren oder sie wäre ihr gestohlen worden.

Eine Lüge. Aber sie hatte die vergangenen Monate so oft gelogen. Kam es darauf noch an? Eine Lüge mehr konnte die Sache kaum noch schlimmer machen.

1 Schildere deinen ersten Eindruck von dieser Geschichte.

2 Auf dem Nachhauseweg muss Simone immer an die Begegnung mit ihrem Bruder denken. Schreibe ihre Gedanken auf.
(z. B.: Heute Morgen habe ich noch geglaubt, dass jetzt, nachdem Natalie verhaftet wurde, alles gut wird. Aber nun ...)

3 In einer Geschichte wird alles über Sprache vermittelt, in einem Comic gibt es auch Bilder. Auf der nächsten Seite sieht du einen Comic zum Thema ‚Heroin'. Welche Inhalte aus „Cold Turkey" findest du im Comic wieder? Welche sind neu? Belege deine Aussagen am Text.

4 Was lässt sich in einem Comic besser ausdrücken, was besser in einer Geschichte?

5 + Ihr könnt zu diesem Text ein Statuentheater entwerfen:
Wenn ihr den Text genau lest, entstehen Bilder in euren Köpfen. Entscheidet in Kleingruppen, welche Bilder ihr als Standbild erstellt. Formt ein Standbild. Präsentiert es den anderen Gruppen. Begründet auch mithilfe des Textes, warum ihr es auf diese Weise gestaltet habt. Die Zuschauer verändern das Bild im nächsten Schritt so lange, bis eine Lösungsmöglichkeit für das dargestellte Problem sichtbar wird. Präsentiert und erläutert den anderen Gruppen auch das so entstandene „Idealbild".

Beim **Statuentheater** geht es zunächst darum, eine Situation in einem Standbild darzustellen (ein „Realbild" entsteht). Im zweiten Schritt wird das Realbild schrittweise in Richtung eines Idealbildes verändert: Dazu dürfen alle Gruppenmitglieder Veränderungen am Realbild anbringen, bis alle mit dem Ergebnis zufrieden sind. (s. auch S. 183 Theater-Werkstatt)

Drogencomic

Mehr zum Thema:

Klaus Kordon: *Die Einbahnstraße*

Andy ist von Inga gebannt. Auch als sich herausstellt, dass sie drogensüchtig ist, weicht er nicht von ihrer Seite. Er haut mit ihr ab, taucht unter in einer WG. Gibt es einen Weg zurück aus dem Strudel der Abhängigkeit? Seine Freunde wollen Andy nicht aufgeben.

Jürgen Wolsch: *Drogen. Ein Wissenscomic*

Zusammen mit seinen Schülern hat der Chemie- und Biologielehrer Jürgen Wolsch die chemischen Wirkungsweisen von Drogen wie Alkohol, Nikotin, Heroin und Amphetaminen auf den menschlichen Körper, aber auch die sozialen Auswirkungen von deren Konsum auf die Betroffenen in Form von Comics dargestellt.

Hunger, Hunger *Brigitte Kolloch, Elisabeth Zöller*

Die 14-jährige Isabelle ist mit sich nicht zufrieden: Sie ist nicht so schlank wie ihre Mutter und ihre Schwester Anna und fühlt sich unattraktiv. Also beschließt sie, ein paar Kilo abzunehmen. Scheinbar mit Erfolg: je dünner sie wird, umso mehr Aufmerksamkeit schenkt man ihr. Ihren ständigen Hunger versucht sie mit Tabletten zu unterdrücken, doch bald sie kann nur noch ans Essen denken. – Zwei Jahre später liest Isabelle ihr Tagebuch aus dieser Zeit und ergänzt es im Rückblick um „neue Gedanken, neue Fragen“:

Bei mir hat sich damals alles von morgens bis abends nur ums Essen gedreht. Es ging nur noch um Kalorien- und Fettgehalt. Die Kalorien- und Fetttabellen konnte ich inzwischen alle auswendig.
Und die Leute fingen tatsächlich an, sich für mich zu interessieren. Je weniger an Masse von mir da war, umso interessanter schien ich zu werden. Strichmännchen sind beliebt. Tage und Wochen habe ich fast nichts gegessen. Jede Kalorie, die ich zu mir nahm, war eine seelische Qual. Das Einzige, was mich belohnt hat, war die Waage. Wenn mein Gewicht gleich blieb, war ich sofort völlig down. Meine Verdauung funktionierte nur noch mit Abführmitteln. Meinen tierischen Hunger versuchte ich mit Appetitzüglern in den Griff zu bekommen. Die habe ich mir immer von Tante Gerda geklaut. Die hatte so viele Tabletten, dass sie nie gemerkt hat, wenn welche fehlten.
Eines Tages war meine Stimmung mal wieder an einem absoluten Tiefpunkt angelangt. Keiner war zu Hause, ich hatte Kopfschmerzen und fühlte mich einfach schlapp und elend. Gegen meinen Willen, wie eine Marionette, öffnete ich den Kühlschrank und schaute hinein. Der war wie immer gefüllt mit den „tollsten“ Sachen. Ich griff mir den Schokosahnepudding, setzte mich an den Tisch und aß. Mmm, schmeckte der gut. Ich wollte genießen. Als ich den Pudding aufgegessen hatte, nahm ich mir noch einen. Es war ein komisches Gefühl, endlich mal wieder richtig zu essen. Ich aß immer schneller und schneller. Ich ging wieder zum Kühlschrank und griff mir Brot, Butter, Heringssalat, Fleischwurst und Majonäse. Das erste Brot mit Heringssalat habe ich noch gekaut, die weiteren zehn Brote habe ich nur noch reingeschlungen. Ich wollte noch mehr. Mehr! Mehr! Noch ein Paket Schokokekse und zwei Tafeln Schokolade. Zwischendurch eine Dose Thunfisch. Mann, war mir schlecht. Mehr, mehr! Es hämmerte im Kopf: „Böse Kalorien, böses Fett, böse Isa. Böse, fette Isa.“ Mir war hundeelend. Ich hab gefressen wie ein Tier. Mehr, mehr! Ich hatte in diesem Moment nichts mehr unter Kontrolle. Und gleichzeitig schämte ich mich vor mir selbst. Es muss raus, es muss raus, hämmerte es in meinem Kopf. Ich stürzte zur Toilette und steckte mir den Finger in den Hals. Aber es kam nichts. Ich musste mir bestimmt fünf Minuten hinten im Hals rumbohren, bis ich erbrechen konnte. Ich hatte wieder zu wenig getrunken. Deshalb brauchte ich über eine halbe Stunde, bis ich fast alles ausgekotzt hatte.

Ich sah völlig fertig aus. Ich war auch fix und fertig. Ich schlief. Im Traum begegnete mir mein Kühlschrank: Mit aufgerissenem Rachen. Ein Tier. Hilfe, es frisst mich auf!

1 Schildere deinen ersten Eindruck von Isabelles Geschichte.

2 Warum hat sich in ihrem Leben eigentlich alles nur noch ums Essen gedreht?

3 Ist Isabelles Verhalten deiner Meinung nach eine Sucht oder nicht? Belege deine Einschätzung am Text.

4 Deute ihren Traum: Wieso träumt sie von einem Tier, das sie auffrisst?

5 **Leseprofi:** Es gibt noch weitere Bilder, mit denen Isabelle im Rückblick ihre damalige Verfassung beschreibt. Suche sie aus dem Text heraus. Was möchte sie mit ihnen ausdrücken? Was bewirkt der personale Erzählstil?

TIPPS

Lesetipp:

– *Christine Féher:* **Dann bin ich eben weg**

Obwohl Sina nicht dick ist, passt sie in die schicke Jeans, die sie von ihrer Freundin Melli geschenkt bekommen hat, nicht rein. Als sie eines Tages die Butter aus dem üppig belegten Käsebrot ihrer Mutter hervorquellen sieht, überkommt sie Ekel: So dick und frustriert will sie nicht werden! Sina beginnt eine Diät. Bald passt sie in die Jeans – und endlich beachtet sie auch ihr heimlicher Schwarm Fabio. Doch irgendwann kann Sina nicht mehr aufhören mit dem Kalorienzählen. Als die anderen merken, was mit ihr los ist, ist sie schon viel zu dünn …

Anti-Drogen Kampagnen: Merkmale von Plakaten

1 Ordne die Bezeichnungen den entsprechenden Teilen des Plakats zu (aber: Nicht alle Bezeichnungen passen zu dem Plakat!).

einprägsames Logo

Antwort-Coupon

möglichst auffallendes Bild *(Eye-Catcher)*

kurzer Text, der schnell gelesen werden kann und entweder direkt oder indirekt zu einer Handlung auffordert

Nennung des ‚Absenders' (ermöglicht es den Betrachtern, sich weiter über das Thema zu informieren)

informierender Haupt- oder Fließtext

2 Rechts siehst du Plakate anderer Drogenkampagnen – welche davon sprechen dich an, welche nicht? Begründe deine Meinung mithilfe der oben angegebenen Merkmale von Plakaten. („Mir gefällt das Plakat (nicht) wegen des Motivs/des Logos/des Eye-Catchers …")

3 Entwerft in Gruppen selbst ein Plakat, mit dem ihr junge Menschen vor dem Konsum einer Droge warnt. Lasst euch dazu von den Texten des Kapitels anregen. Weitere Anregungen findet ihr z. B. auf der Internetseite der Bundeszentrale für gesundheitliche Aufklärung (www.bzga.de). Auch Akrostichons (vgl. Seite 65) könnt ihr natürlich für ein Plakat nutzen.

Magazin Europa

Das europäische Parlament in Straßburg

Tschechische Jugendliche feiern den EU-Beitritt ihres Landes (2004)

Europa – ein bunter Flickenteppich aus über 40 Staaten, in denen mehr als 120 Sprachen gesprochen werden und zum Teil ganz unterschiedliche Sitten und Gebräuche herrschen. Und doch wird daraus Schritt für Schritt eine Einheit: ein Binnenmarkt, eine Währung, eine gemeinsame Politik, usw.

Einige von euch sind vielleicht schon im Urlaub im Ausland gewesen und wahrscheinlich sitzen in eurer Klasse Jungen und Mädchen, die aus verschiedenen Ländern Europas stammen. Und überall wird eine Sprache, Englisch, in der Schule gelernt. Dennoch bleibt es wichtig, mehr voneinander zu erfahren: von den Unterschieden und Gemeinsamkeiten, die Europa ausmachen.

Welche Erfahrungen machen Jugendliche mit Europa und den Europäern?
Wo werden bei uns und in anderen Ländern die Probleme der europäischen Einigung gesehen?
Wie läuft es anderswo in Schule und Ausbildung?
Welche Bedeutung hat der Sport? …

Das Europa-Magazin möchte Einblicke in einige dieser Aspekte geben. Es möchte neugierig machen und dazu anregen, sich mit dem einen oder anderen Thema näher zu befassen.

Was bringt die Zukunft Europas?

Interessant ist, dass man eine Ausbildung auch in Frankreich oder England beginnen könnte.
Svenja

Wenn schon Europa, dann müssen sich aber auch alle Menschen in einer Sprache verständigen können.
Niklas

Europa – ich weiß nicht. Erst mal fühle ich mich als Frankfurterin und als Deutsche. Ob ich mich jemals als Europäerin fühlen werde?
Anja

Ich will mal nach ..., weil ...

Eine einzige Währung zu haben ist super! Wohin ich auch fahre, ich brauche kein Geld zu wechseln. Alle Preise sind gut vergleichbar.
Maria

Europa kann gemeinsam für Frieden sorgen in der Welt und in den Mitgliedsländern.
Nina

Ich bin schnell in einem anderen Land.
Naomi

...

Ich verstehe zwar nicht viel von Politik. Ich glaube aber, es wird für uns alle ein Vorteil sein, wenn wir in der ganzen Welt durch eine Regierung vertreten werden. Man wird auf uns Europäer dann mehr hören.
Ramon

Europa wächst zusammen, das steht fest. Hier haben sich Schülerinnen und Schüler darüber geäußert, was sie davon halten: welche Vorteile und Chancen sie sehen und wo sie Probleme auf diesem Weg erkennen.

1. Schreibe in die leer gebliebene Sprechblase, was du von Europa erwartest oder was dich besonders interessiert.
2. Mit welcher Aussage kannst du am meisten anfangen?
3. Auf Seite 82 schwenken Jugendliche die Europaflagge. Sieh dir die Flagge genauer an. Was soll mit ihrer Gestaltung ausgedrückt werden? Welche Idee steht wohl hinter dieser Darstellung? Unterhaltet euch darüber.

Mutter Europa und ihre Kinder

1 Beschreibt, was ihr auf der Karikatur seht.

2 Was könnte die Karikatur bedeuten?
- „Überall in Europa wird etwas anderes gegessen."
- „Die einzelnen Länder der Europäischen Union verfolgen ihre eigenen Interessen."
- „In Europa werden viele Sprachen gesprochen."
- „Wenn alle Länder etwas anderes wollen, kann aus Europa nichts werden."

Begründet eure Antwort.

„Excuse me, please …" *Dagmar Chidolue*

Katharina will allein ihre Schulferien in London verbringen, um ihre Englischkenntnisse aufzubessern. Ausgelaugt von der anstrengenden Reise kommt sie gegen Morgen auf dem Hauptbahnhof in London an ...

Katharina hatte einen alten Plan der Londoner U-Bahn dabei. Sie wusste, dass sie nach Norden fahren musste, wo sie bei einem gewissen Ehepaar Rajan für die nächsten Wochen ein Zimmer gemietet hatte.
Die Haltestelle der U-Bahn, Victoria-Station, war so frühmorgens wie ausgestorben. Fahrkarten schien es nur aus Automaten zu geben und Katharina hatte keine Münzen dabei. Sie wusste nicht, wie sie an ein Ticket kommen konnte, und fühlte sich hilflos und wie auf einem anderen Planeten zurückgelassen.

Fast erleichtert hörte sie deutsche Wortfetzen, wandte sich um und sah vor den Fahrkartenautomaten einige Punker, die sehr wohl verstanden, damit umzugehen.

„Könnt ihr mir wohl ein paar Scheine einwechseln?“, fragte Katharina. Sie hätte normalerweise solche Typen nicht angesprochen und fand die ganze Situation auf merkwürdige Weise typisch für ihre Lage. Irgendwie auch wegweisend. Das Fieber, das sie zu Hause schon gespürt hatte, dieses eigenartige Lampenfieber, war nicht gewichen, es hatte sich eher noch verstärkt.

Die Jungen zeigten sich überraschend freundlich, wühlten in ihren Brustbeuteln und einer fragte: „Wo willst du denn hin?“

Katharina versuchte es ihnen zu erklären. Irgendwie wünschte sie sich, dass die Punker sie begleiteten, weil sie anscheinend weitaus besser in der Lage oder gewöhnt waren, eine neue Situation zu bewältigen. Katharina hatte plötzlich Angst vor der Stadt, so eine riesengroße, unbeschreibliche Angst vor dieser Stille und dem Ausmaß an Fremdem, was sie sicherlich draußen erwartete.

„Kauf ihr doch ’ne Karte“, sagte einer der Jungen, und ein anderer steckte einige Münzen in den Automaten, drückte auf einen Knopf und reichte Katharina das Ticket.

„Wie soll ich …“, sagte sie, „was kostet …“

Aber die Jungen hatten schon ihr Gepäck aufgenommen und zogen weiter. Einer rief: „Geschenkt.“

Katharina sah ihnen nach, wie sie die Treppen hinaufstiegen, und sie hob ihre Koffer auf, die ihr unwahrscheinlich schwer erschienen, und ging zu dem Bahnsteig, wo sie auf ihren Zug wartete. Sie fühlte sich sehr unglücklich und wünschte, es wäre schon alles vorbei oder sie wäre erst gar nicht von zu Hause fortgefahren. Sie hatte alles unterschätzt, diese ganze verdammte Reise.

Finchley Central wirkte mit seinen aneinander gebauten Backsteinhäusern wie ein Stadtteil aus lauter roten Mauern, uneinsehbar, undurchdringbar und abweisend. Kein Mensch war zu sehen. Nichts rührte sich in dieser fremden Stadt.

Katharina schleppte ihre Koffer und Taschen eine Hangstraße hoch und bereute, das Gepäck nicht aufgegeben zu haben.

Von der U-Bahn-Station kommend hatte sie sich instinktiv nach rechts gewandt, das Gehen bereitete ihr einige Mühen und sie schob es auf ihre Übermüdung. In den Augen kratzte es wie Sand. Ihr Haar, dachte sie, müsste wie Filz aussehen. Plötzlich tauchte wie in einem Märchen ein Wesen auf, eine Frau in Blau, Himmelblau, Blümchenhut, Kostüm, Schuhe, Handtasche, einfach alles strahlte in diesem Vergissmeinnichtblau.

Diese Frau, diese Lady, passte in den verrückten Traum, in dem sich Katharina befand. Sie war aufgetaucht wie Mary Poppins und sah aus wie die Queen höchstpersönlich, ganz unwirklich, weil man so nur in einem Bilderbuch aussehen darf.

Die Lady war Katharinas einzige Chance.

„Entschuldigung“, begann sie. „Excuse me, please.“

„Yes, my dear?“, sagte die Lady.

„Vielleicht können Sie mir helfen“, sagte Katharina und fragte nach dem Weg. Zu ihrer größten Verwunderung antwortete die Lady in einer Sprache, die Katharina verstand. Es war das Englisch, das sie in der Schule gelernt hatte, deutliche, singende Worte wie die eines zwitschernden Vogels, und sie erhielt eine präzise Beschreibung des Weges. Es war ganz einfach, *just go straight on, dear, at the junction over there turn to the left, at the next corner you have to go to the right, and there you are, you can‘t miss it, dear.*

Katharina würde den Weg nicht verfehlen. Einen Moment schien ihr London vollständig himmelblau und liebenswert. Sie versuchte ein Lächeln, bedankte sich und die Lady entschwebte.

1 Welches Gefühl herrscht bei Katharina vor, als sie in London ankommt? Tauscht euch darüber aus.

2 Wie entwickeln sich Katharinas Gefühle im weiteren Verlauf der Geschichte?

3 Katharina begegnet in zwei Situationen ganz unterschiedlichen Menschen und kommt mit ihnen ins Gespräch. Suche die Textstellen heraus und lies sie aufmerksam.

4 Beide Begegnungen sind so genau beschrieben, dass ihr sie euch vorstellen könnt. Was ihr euch vorstellen könnt, sollt ihr in Gruppen darstellen (szenische Interpretation): Damit zeigt ihr, wie ihr den Text verstanden habt.
- Sucht dazu Angaben aus dem Text heraus, die für die Darstellung wichtig sind: Personen, Handlung, Ort der Handlung, Dialoge, Sprechweise der Personen, Requisiten (z. B. zwei Koffer, Taschen).
- Überlegt, wann und wie die Szene enden soll.
- Verteilt die Rollen und übt die Szenen ein.

5 Ihr erfahrt auch etwas über Katharinas Gedanken. Die könnt ihr in euren Szenen zusätzlich mithilfe eines Gedankensprechers darstellen: Eine zweite Person steht hinter Katharina, sie spricht etwas leiser aus, was Katharina denkt. Der Gesichtsausdruck des Gedankensprechers muss zu seinen Worten passen. Hinweise zur Gedankensprecher-Methode findet ihr auch im Kapitel „Suchtwege – Fluchtwege“ auf der Seite 74.

6 **Leseprofi:** Die englische Lady erscheint wie ein „Wesen“ aus einer fremden Welt. Zeigt am Text, wie die Autorin das Fremdartige an ihr beschreibt.

Vorschlag für die Punkerszene:
Katharina sitzt, auf die U-Bahn wartend, auf ihren Koffern. Hinter ihr hockt der Gedankensprecher. Auf ähnliche Weise könnt ihr auch die Szene mit der englischen Dame inszenieren.

Fremde Bekannte

Karl Valentin, Liesl Karlstadt

Karl Valentin und Liesl Karlstadt waren vor etwa 90 Jahren ein bekanntes Komikerpaar in München, das das Widersprüchliche im Alltag und in der Sprache liebte.

Valentin: Frägt ein Fremder in einer fremden Stadt einen Fremden um irgendetwas, was einem fremd ist, so sagt der Fremde zu dem Fremden, das ist mir leider fremd, ich bin nämlich selber fremd.

Karlstadt: Das Gegenteil von fremd wäre also – unfremd?

Valentin: Wenn ein Fremder einen Bekannten hat, so kann ihm dieser Bekannte zuerst fremd gewesen sein, aber durch das gegenseitige Bekanntwerden sind sich die beiden nicht mehr fremd. Wenn aber die zwei mitsammen in eine fremde Stadt reisen, so sind diese beiden Bekannten jetzt in der fremden Stadt wieder Fremde geworden. Die beiden sind also … fremde Bekannte zueinander geworden.

1 Lest den Text mit wechselnden Rollen laut vor. Übt vorher zu zweit unterschiedliche Betonungen, Tempos und Pausen ein. Unterstreicht die Wörter, die ihr betonen wollt (auf Kopien oder Folien).

2 Unterhaltet euch über den Ausdruck „unfremd". Ist er unsinnig oder könnte er auf jemanden zutreffen? Gibt es andere deutsche Wörter dafür?

3 Könnte der Ausdruck auf Katharina am Ende der Geschichte „Excuse me, please …" zutreffen? Tauscht euch darüber aus.

Europa – Erfahrungen und Eindrücke

Witzig fand ich vor allem, wie die Deutschen Auto fahren. Sie halten alle fünf Minuten an der roten Ampel, auch wenn weit und breit kein Auto zu sehen ist. Aber auch die Fußgänger warten geduldig auf Grün. Als ich mal rüberlaufen wollte, erklärte mir eine junge Mutter, dass ich ein schlechtes Vorbild für ihre kleinen Kinder sei. Ich kriegte einen roten Kopf, es war mir total peinlich. Aber ansonsten hat es mir sehr gut gefallen bei meinen deutschen Verwandten. Auch das Essen ist viel besser, als meine Oma meinte, und ich will nächsten Sommer unbedingt wiederkommen.

Adriano aus Italien

Ich habe meine Gastfamilie erlebt: Leute, die von Invalidenrente leben und zur Miete in einem kleinen Reihenhaus wohnen, die aber keinen Augenblick davor zurückschrecken, zu elft dort zu übernachten und für Gäste ihre Zimmer zu räumen, obwohl sie selbst nicht mehr jung und fit sind. Ich habe erlebt, wie sie trotz ihres Alters in Hochstimmung bis um sechs Uhr morgens durchfeiern können und wie durch den schottischen Humor ein jeder dieser Abende zum vollen Erfolg wird … Nicht dass Vernunft etwas Negatives ist. Aber es war einfach toll, Leute zu sehen, die nicht, wie in Deutschland so oft, Schuldgefühle haben, wenn sie sich amüsieren, und die nicht abschalten können von ihren Alltagssorgen. Leute, die einfach hemmungslos genießen können, dabei immer Spaß haben und dann einfach ihren – oft deprimierenden – Alltag beiseite schieben können.

Bettina aus Deutschland

Ich finde es gut, dass die Welt so verschieden ist, auch wenn ich manches eher seltsam finde an den Deutschen. Es muss immer alles so genau sein, alles hat seinen Platz und seine Zeit. Genau das finde ich aber wieder richtig gut, wenn ich an meinen eigentlichen Beruf denke. Ich bin nämlich Kinderkrankenschwester und möchte nach meinem Jahr als Au-pair gern eine Stelle in einer Klinik finden.

Timea aus Ungarn

Ich bin noch nicht so lange hier, aber was mir auffällt, ist, dass die Menschen doch ein sehr ruhiges Leben haben und sehr zufrieden sind. Wenn ich da an zu Hause denke!
Bei uns werden schon seit Monaten keine Gehälter gezahlt, es kommt einfach kein Geld, obwohl alle so viel arbeiten. Es geht nichts mehr voran, man kann die wichtigsten Sachen nicht kaufen und alle sind voll Sorge. Jedes Gespräch dreht sich nur um Geld und alle Probleme hängen damit zusammen.

Anja aus Russland

Mein bester Deutschlehrer war der kleine Sohn meiner Gasteltern in Hagen, bei denen ich vier Wochen als Austauschschüler war. Es gab keine gleichaltrigen Jugendlichen in der Familie und ich hab dann abends aus Langeweile oft mit Moritz gespielt und ihm deutsche Bilderbücher vorgelesen. Ständig hat er meine Aussprache korrigiert und mir alle möglichen Ausdrücke erklärt, aber immer auf eine so lustige Art, dass ich die meiste Zeit zwar gelacht, aber trotzdem was gelernt habe.

Simon aus Norwegen

Es gibt hier oft fremde Sachen zu essen, die ich aber meistens ganz gut finde … Kaffee trinkt man hier übrigens aus Gläsern, knallheiß, eine echte Kunst – die Polen haben Hornhaut an den Fingern … Später feierten wir mit den Austauscheltern und allen Jugendlichen in einer Waldhütte. Es war sehr lustig, wir haben jede Menge Lieder gesungen, immer eine Strophe auf Deutsch, die nächste auf Polnisch, und haben Zungenbrecher in beiden Sprachen geübt. Wir Deutschen hatten sowieso gleich einen Knoten in der Zunge. Die älteren Polen sprechen noch öfter deutsch, aber die jungen in unserem Alter sind inzwischen besser in Englisch – die taten sich dann auch total schwer mit Wörtern à la Streichholzschachtel oder Eichhörnchen.

Isabella aus Deutschland

Jugendliche aus Deutschland und anderen Ländern schildern Eindrücke und Erfahrungen, die sie im Ausland gewonnen haben.

1 Findet heraus, über welche Themen sie sprechen.

2 Vielleicht könnt ihr eigene Erfahrungen im Ausland und mit Ausländern beisteuern: Was euch ganz neu und fremd war, was ihr wiedererkannt habt, was ihr interessant fandet und genauer kennen lernen wollt, was euch geärgert hat usw.

Europa und der Stier

Fern von Griechenland wuchs die wunderschöne Königstochter Europa heran, der niemand an Schönheit glich. Oft ging sie mit ihren Gefährtinnen hinaus aus dem Palast des Vaters zu Spiel und Tanz. Niemand wusste, dass Zeus, der Göttervater, in Liebe zu Europa entbrannt war und keinen größeren Wunsch hatte, als Europa zu gewinnen. Doch nur eine List konnte ihn zum Ziel führen.

Er befahl Hermes, seinem geflügelten Boten, eine Viehherde zum Spielplatz der Mädchen zu treiben. Während Hermes gehorchte, verwandelte sich Zeus in einen prächtigen Stier und mischte sich unbemerkt unter die Herde. Mit funkelnden Augen blickte er zu den tanzenden jungen Frauen hinüber.

Rückseite der griechischen Zwei-Euro-Münze

„Wie herrlich ist der Stier anzusehen!“, rief Europa. Da ließ sich der Stier zu Füßen Europas nieder, als wollte er sie einladen, auf seinem Rücken zu reiten. Europa bekränzte die Hörner des Stiers mit Blumen und schwang sich dann auf seinen Rücken. Im gleichen Augenblick stand der Stier auf, setzte sich in Bewegung und trabte immer schneller davon. Europa klammerte sich angstvoll an die Hörner. Schon erreichten die beiden das offene Meer. Das seltsame Paar stürzte sich in die Wellen, und der Stier schwamm wie ein Schiff mit Europa dahin. „Fürchte dich nicht“, sagte er. „Ich führe dich deinem höchsten Glück entgegen.“

Endlich erreichten sie neues Land. Der Stier ließ Europa absteigen und entschwand alsbald ihren Blicken. Hilflos schaute sich Europa im fremden Land um und sah plötzlich einen Mann vor sich stehen. Dieser redete sie freundlich an: „Ich bin der König dieses Landes, das Kreta heißt. Ich will dich beschützen, wenn du meine Gemahlin wirst.“

Europa reichte ihm ihre Hand und willigte ein. Lange Jahre lebte Europa als Königin auf der Insel an der Seite ihres Gatten. Sie sollte unsterblich sein, denn der Erdteil, der sie aufnahm, trug für alle Zeiten ihren Namen: Europa.

1 Welche besondere Leistung wird der Königstochter Europa in der Sage zugeschrieben?

2 Unterteilt den Text in drei Abschnitte, findet Überschriften dazu und ordnet sie den drei Illustrationen zu.

3 + Versucht, die Sage wie richtige Erzähler nachzuerzählen. Teilt den Text und die Dialoge untereinander auf.
- Haltet vorher auf einem Stichwortzettel fest: Welche Situation liegt vor? Welche Figuren treten auf? Wie verläuft die Handlung?
- Übt vorher zu zweit die Betonung, das Sprechtempo und die Lautstärke.

Wieviel Taschengeld für Europas Jugend? – Ein Diagramm auswerten

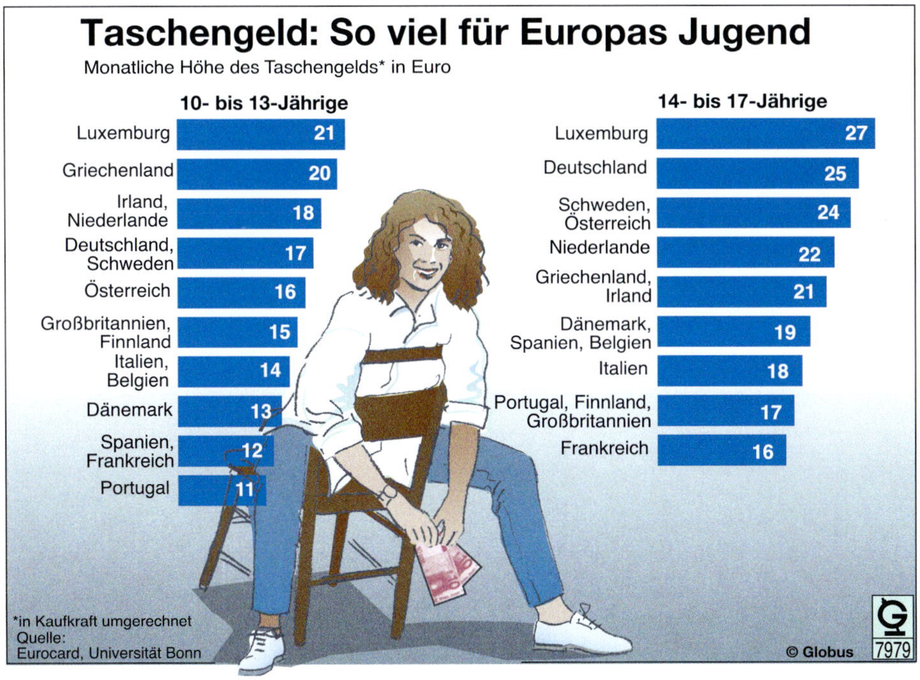

1 Wie nennt man diese Art von Diagramm? Kennst du noch andere Diagramme?

Sieh dir die Infobox an. So kannst du das Diagramm auswerten:

Schritte bei der Diagrammauswertung

1. **Überblick verschaffen:**
   - Um welches Thema geht es?
   - Welche Diagrammform liegt vor? (Säulen-, Balken- oder Kreisdiagramm?)
   - Welche Zahlenangaben werden gemacht (%, kg, in Tausend ...)?
   - Worauf beziehen sich die Angaben (Gebiet, Zeit ...)?
   - Was wird verglichen?
2. **Inhalt erfassen und auswerten:**
   Welche Werte sind auffällig (sehr hoch, sehr niedrig, unerwartet ...)?
3. **Ergebnisse festhalten:**
   Formuliere einige Aussagen in eigenen Worten, z. B.: „In Irland bekommen die 10–13-Jährigen durchschnittlich ...“, „Die 14–17-Jährigen in Frankreich erhalten ...“.

2 Werte das Diagramm aus und stelle den anderen deine Ergebnisse vor.

„Comenius-Programm" für Schulen

Viele Schulen haben bereits Partnerschulen in anderen Ländern Europas. Sie lernen einander kennen, tauschen Informationen aus und führen gemeinsame Unterrichtsprojekte durch. Es werden sogar regelmäßig Austauschprogramme organisiert.

Eine Möglichkeit ist die Teilnahme am Comenius-Programm der Europäischen Union, das Schulpartnerschaften unterstützt. Die Schulen müssen einen Antrag stellen. Erhalten sie eine Zusage, gibt es Zuschüsse. Genauer kann man sich über die Internetadresse www.kmk-pad.org/comenius/comenius-schulpartnerschaften/ informieren. Die Schulpartnerschaften dauern zwei Jahre. Nach einem Jahr muss ein Zwischenbericht abgegeben werden. An jeweils einem Projekt können sich mehrere Schulen aus verschiedenen europäischen Staaten beteiligen. Sie müssen sich auf ein Vorhaben oder auch auf mehrere Unterrichtsprojekte einigen.

Damit genügend Zeit bleibt, um die Sprache des Gastlandes zu lernen, soll ein Besuch der Partnerschule nicht weniger als zehn Tage dauern. Die Schüler müssen mindestens 12 Jahre alt sein.

1 Welche der folgenden Angaben sind richtig?
- Die Schulen müssen den Besuch bei den Partnerschulen selbst bezahlen.
- Das Comenius-Programm hilft bei Schulpartnerschaften.
- Die Teilnehmer am Comenius-Programm sollen in den europäischen Partnerländern die Essgewohnheiten kennen lernen.
- Die Parterschulen einigen sich auf ein gemeinsames Unterrichtsprojekt.
- Der Europa-Gedanke steht beim Comenius-Programm eher im Hintergrund.

2 Welche Vorteile bietet das Comenius-Programm den Schülern? Sieh dir dazu auch die beiden Web-Ausschnitte an.

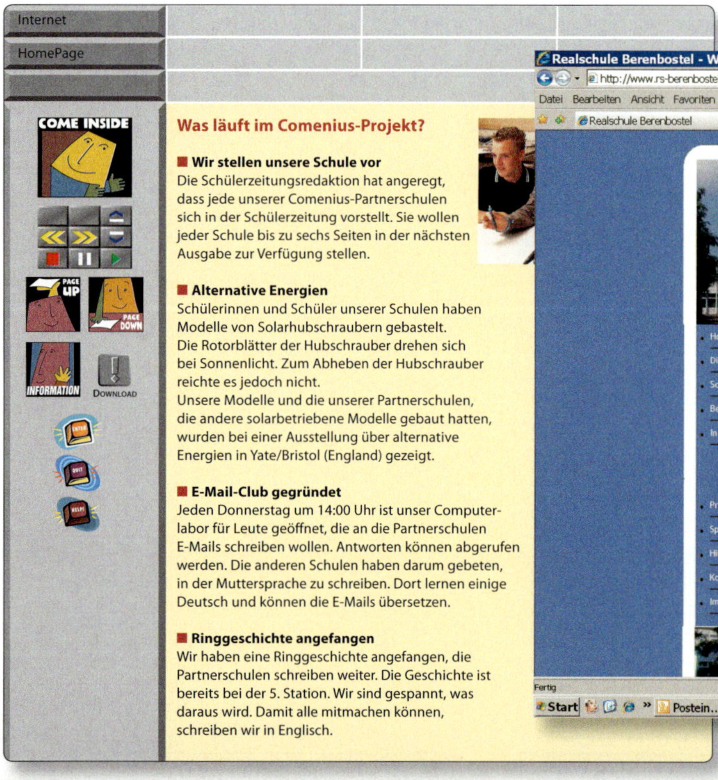

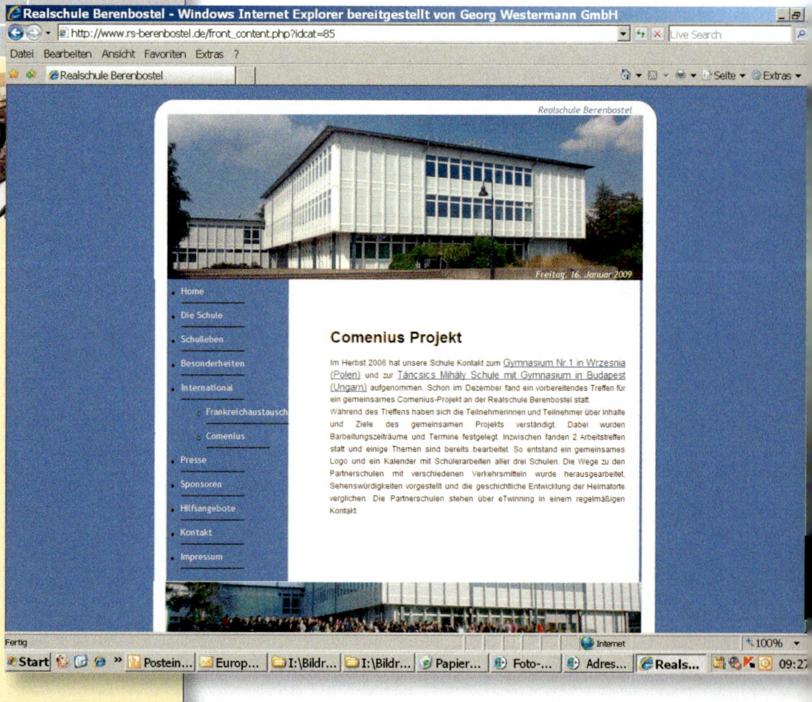

Ein Blick in Europas Schulen

In Europa ist vieles unterschiedlich. Um das zu erkennen, braucht man nicht die jeweiligen Landesgesetze zu studieren. Es genügt, wenn man beispielsweise im Auto durch ein Nachbarland fährt. Fast alles ist anders: Die Uniformen der Polizisten, ihre Streifenwagen, die Straßenmarkierungen und Begrenzungen oder die Wegweiser samt Schrift auf ihnen. Noch nicht einmal auf den Rechts- oder Linksverkehr konnte man sich einigen.
In Europas Schulen sieht es nicht viel anders aus. Man trifft auf die unterschiedlichsten Ideen. Was bei uns eine Selbstverständlichkeit ist, wird vielleicht in einem anderen Land abgelehnt. Dabei geht es noch nicht einmal nur um Vorschriften. Auch die Art, wie man in den Schulen miteinander umgeht, ist manchmal ganz anders.

Jane aus Schottland:
Alle Schülerinnen und Schüler unserer Schule tragen eine Schuluniform. Wir sind stolz darauf und jeder soll sehen, zu welcher Schule wir gehören.

Svenja aus Schweden:
Ich habe gehört, dass in den meisten Schulen in Deutschland nachmittags kein Unterricht ist. Wie schafft ihr den ganzen Lehrstoff an den Vormittagen? Bei uns ist der Nachmittagsunterricht selbstverständlich, nur mittwochs haben wir nachmittags frei. Wir essen auch gemeinsam in der Schule. Wir haben eine eigene Kantine. Hausaufgaben gibt es, auch wenn wir erst um 17.00 Uhr heimkommen.

Yannick aus Deutschland:
Ich gehe in eine bilinguale, d. h. zweisprachige Klasse. Der Unterricht in einigen Fächern findet in englischer Sprache statt.
In der 7. Klasse haben wir damit in Sport und Erdkunde begonnen. Im Sportunterricht hat das gleich ganz gut geklappt. In den Sachfächern war es zuerst ganz schön hart. Aber meine Englischkenntnisse sind sehr viel besser geworden.

Fine aus Holland:
Wir haben keine Klassenzimmer.
Bei uns hat jeder Lehrer einen Schulraum.
Am Stundenanfang kommt er nicht zu uns, sondern wir gehen zu ihm.

Dag aus Dänemark:
Wir gehen alle in die gleiche Schule. Die Folkeskole dauert bei uns 10 Jahre. Ich sitze heute noch neben meinem Freund aus der ersten Klasse.

Lucia aus Italien:
Mit Ziffernnoten wie in vielen Ländern haben wir nichts im Sinn. Das heißt aber noch lange nicht, dass wir nicht beurteilt werden. Über mich hat meine Lehrerin meistens einen ganzen Roman geschrieben. Sie hat ein Zusatzblatt gebraucht. Nicht alles hat meinen Eltern gefallen.

Dimitri aus Griechenland:
Morgens und nach den Pausen stellen wir uns im Schulhof klassenweise auf. Der Lehrer holt uns ab.

Juanita aus Spanien:
Das frühe Lernen einer Fremdsprache ist bei uns selbstverständlich. Englisch beginnen wir alle bereits in der 3. Klasse.

Lech aus Polen:
Wir waren im Austausch in unserer Partnerschule in Deutschland.
Schüler und Lehrer gingen da ganz anders miteinander um. Den Ton einiger Schüler würden sich unsere Lehrer nicht gefallen lassen.
Bei uns wird jeder Lehrer gegrüßt und wenn der Lehrer die Klasse betritt, stehen wir alle auf und grüßen im Chor.

Juliette aus Frankreich:
Mit Schülerberatungen und auch mit Bestrafungen haben die Lehrer an unserer Schule nicht viel zu tun. Sie sind nur für den Unterricht zuständig. Wenn ein Problem mit einem einzelnen Schüler auftritt, melden sie es einfach. Pädagogische Fachkräfte kümmern sich dann darum.
In vielen Schulen gibt es Sozialarbeiter, die sogar bis ins Haus kommen und mit den Eltern reden.

1 Diskutiert über einige der Ideen und Besonderheiten an Europas Schulen:
Das finden wir gut, dieses schlecht, weil ...; Das sollten wir bei uns auch so machen; Dies lehnen wir ab, weil ...
Auch über Zahlen kann man reden. Was haltet ihr z. B. von den folgenden Regelungen:
- Drei Monate Sommerferien wie in Spanien oder sechs Wochen wie bei uns?
- Eine Unterrichtsstunde von 40 Minuten wie in Großbritannien oder 60 Minuten wie in Italien?
- Notenskalen von 1 bis 10 wie in Island oder 1 bis 5 wie in Österreich?
- 170 Tage Schule im Jahr wie in Spanien, dafür aber täglich länger in der Schule sein?

2 + Stellt anschließend so etwas wie ein Schulprogramm auf, in dem ihr festlegt, wie ihr Schule gestalten würdet.

Sport in Europa

Wer von euch kennt nicht die Fußball-Champions-Leage oder den UEFA-Cup. Auch die meisten anderen bekannten Sportarten haben ihre europäischen Wettbewerbe. Doch wer von euch weiß, dass es Sportarten in vielen europäischen Ländern gibt, die dort das ganze Land bewegen, bei uns aber nur wenig oder gar nicht bekannt sind? Manche davon werden sogar nur in einer Region eines Landes gespielt, doch jedes Kind kennt sie dort und träumt davon, ein Star in dieser Sportart zu werden. Zwei dieser Sportarten werden hier kurz vorgestellt.

Pelota aus dem Baskenland

Die Basken spielen das schnellste Ballspiel der Welt. Das Spielfeld ist je nach Spielvariante 35 bis 60 Meter lang und bis zu 15 Meter breit. An drei Seiten ist das Feld von hohen Betonwänden begrenzt, an die die etwa tennisballgroßen Pelotas (Kugeln) geschlagen werden müssen.

Eine Drahtwand schützt die Zuschauer vor den Bällen, die hart wie eine Billardkugel sind. Bei den Spielern kann es schon mal zu schweren Verletzungen kommen. Das Feld wird durch Linien in Gebiete eingeteilt, die entweder „mala“ (schlecht) oder „pasa“ (gut) sind. Die Spieler schlagen den Ball mit einer enormen Geschwindigkeit an die Wände, Rück- und Seitenwand gehören dazu. Der Ball darf höchstens einmal aufspringen und muss im „guten“ Teil des Feldes zurückgeschlagen oder geschleudert werden.

Um den Ball zu erwischen, hechten die Athleten durch den Spielkäfig, drehen Pirouetten und rennen sogar die Wände hoch. Erschwert wird das Spiel zusätzlich durch die unregelmäßige Form der Bälle, deren Kautschuk-Kern unter einem Lederbezug mit Wolle umwickelt ist. Da sie nicht vollkommen rund sind, lässt sich ihre Flugbahn kaum vorhersehen.

Gespielt wird Mann gegen Mann, im Doppel oder als Mannschaft. Die Spieler sind weiß gekleidet, rote oder blaue Gürtel unterscheiden die Gegner voneinander. Gezählt wird wie

beim Tennis, gewonnen hat die Partei, die zuerst 22 oder – beim Spiel mit Schläger – 45 Punkte erzielen kann.

Varpa in Schweden

Ein Fest wird auf dem Bauernhof gefeiert. Eine große Tafel ist gedeckt. Die Menschen essen, trinken, lachen. Man hat die Nachbarn von den weit entfernten Höfen eingeladen, und – man fordert sie zu einem Wettstreit heraus: zu „Varpa", dem Werfen mit großen Feldsteinen. Diese ländliche Idylle auf der schwedischen Insel Gotland wird seit Jahrhunderten beschrieben. Varpa-Steine hat man schon in den Gräbern aus der Bronzezeit auf Gotland gefunden. Varpa ist eines der ältesten Spiele Schwedens. Und in Gotland wird es auch heute noch mit Begeisterung gespielt – immer dann, wenn ein Fest gefeiert wird. Oder: Immer wenn ein Fest gefeiert wird, wird auch Varpa gespielt ...

Varpa ist ein Zielwurfspiel: Die Spieler jeder Mannschaft versuchen ihre Steine so dicht wie möglich an einen Holzstab zu platzieren. Natürlich versucht das auch der Gegner, zum Beispiel indem er den Stein des anderen „wegkickt". Da die diskusartigen Feldsteine dabei häufig zu Bruch gehen, sind die „modernen" Varpas heute aus Aluminium. Die Wurfentfernung zum Holzstab beträgt 20 Meter. Es ist schon eine Kunst, den 4–5 kg schweren Varpa über diese Distanz immer wieder dicht an den Holzstab zu platzieren. Und ein Wettkampf bedeutet Schwerstarbeit: Mehr als 200 Würfe erwarten einen Spieler im Laufe eines Turniers. Zum Beispiel bei den „Stängaspelen", der „gotländischen Olympiade". Tausende von Gotländern pilgern jedes Jahr mit Kind und Kegel zu einem Freigelände im Dorf Stänga. Obwohl im Sommer die beliebte Ferieninsel mit Touristen überlaufen ist, sind bei diesem gotländischen „Großereignis" die Gotländer unter sich.

1 Vergleicht die beiden Sportarten Pelota und Varpa. Unterhaltet euch darüber, wo ihr lieber mitspielen und wo ihr lieber zuschauen würdet.

2 Beim Varpa ist der Sieg nicht das Wichtigste. Worum geht es den Menschen vor allem?

3 + Wenn euch eine dieser Sportarten interessiert, könnt ihr sie ausführlich darstellen. Unter den Stichwörtern „Pelota" und „Varpa" findet ihr weitere Informationen im Katalog einer großen Bücherei oder ihr geht ins Internet und gebt die Stichwörter in eine der Suchmaschinen ein.
Ihr könnt auch andere weniger bekannte Sportarten Europas aussuchen, z. B.: Glima, Castells, Boccia, Boßeln, Boule, Gaelic Football, Hurling, Horussen, Jogo do Pau oder Rentier-Rennen.

In Europa gibt es viel zu entdecken

… z. B. ganz unterschiedliche Naturwunder wie das Polarlicht im Norden (links) oder Ausbrüche von Vulkanen wie dem Ätna auf Sizilien (rechts).
Wie wäre es, wenn ihr in der Klasse eine Europa-Mappe oder eine Europa-Wand (mit wechselnden Themen) zusammenstellen würdet?
Über Naturwunder zu informieren ist natürlich nur ein Vorschlag. Jeder von euch könnte eine Mappe oder ein Poster zu verschiedenen europäischen Themen erstellen. Oder ihr bildet Gruppen und stellt gemeinsam eine Mappe oder Beiträge für die Europa-Wand zusammen. Am besten verteilt ihr die Themen frühzeitig, damit jeder genug Zeit hat, seinen Beitrag auszuarbeiten.
Themen findet ihr schon genug, wenn ihr das Europa-Kapitel durchblättert:

- ☑ ***Erfahrungen mit anderen Europäern im Urlaub, beim Austausch …***
- ☑ ***Schulen in Europa – wie sie sind und wie ich sie mir wünsche***
- ☑ ***Umfrage oder Interview: Was erwartest du von Europas Zukunft?***
- ☑ ***Europa-Quiz: Das Quiz von S. 99 könnte man erweitern oder in ganz anderer Form gestalten.***
- ☑ ***Geschichten zu und über Europa sammeln und illustrieren***

Tipps und Hinweise

☑ *Die Jugendprogramme in der Europäischen Gemeinschaft: „Comenius" ist nicht das einzige Programm, es gibt eine ganze Anzahl.*

☑ *Ausgefallene Sportarten: Im Magazin sind einige wie Pelota und Varpa erwähnt. Es gibt noch viele mehr.*

Noch ein paar Ideen?

☑ *Familienleben in Europa: Großfamilie/Kleinfamilie, Zusammenhalt, Wohnen …*

☑ *Feste und Feiern in Europa*

☑ *Bräuche von Nord nach Süd, von West nach Ost*

☑ *Wie frühstückt Europa?*

☑ *Rezeptsammlung – aus jedem Land eine andere Spezialität*

☑ *Unterschiedliche Uniformen, z. B. von Polizisten oder Feuerwehrleuten*

☑ *Arbeits- und Ausbildungsmöglichkeiten in anderen europäischen Ländern*

☑ *Soziale Probleme zu Hause und in anderen Ländern: Arbeitslosigkeit, Straßenkinder …*

☑ *Menschen, die ihre Heimat verlassen und in anderen europäischen Ländern leben: um andere Sprachen zu lernen,wegen des Wetters, um Arbeit zu finden, aus politischen Gründen …*

Ein Quiz für junge Europäer

Bei diesem Rätsel kannst du dein Wissen rund um Europa unter Beweis stellen. Du solltest allerdings das Europa-Kapitel vorher gelesen haben.
Wenn du alle Antworten richtig löst und den angegebenen Buchstaben an die richtige Stelle im Wort schreibst, müsstest du das Lösungswort trotz der noch fehlenden Buchstaben erraten können. Es hat 13 Buchstaben.

1. Wie heißt das seit 2002 alleinige gesetzliche Zahlungsmittel, das in mittlerweile sechzehn EU-Staaten die Landeswährungen ersetzt hat?
(3. Buchstabe an 3. Stelle)

Euro – Escudo – Ecu

2. In welcher Stadt fragt Katharina im Text von Dagmar Chidolue Punker nach Wechselgeld?
(2. Buchstabe an 4. Stelle)

Moskau – London – Brüssel

3. Auf welcher Insel setzte der Stier die Königstochter Europa ab?
(5. Buchstabe an 10. Stelle)

Sizilien – Korsika – Kreta

4. Welches Tier spielt in der Europa-Sage eine Rolle?
(3. Buchstabe an 12. Stelle)

Löwe – Stier – Schlange

5. Bei welchem Spiel wird der Ball mit einer Korbschaufel gefangen und weggeschleudert?
(1. Buchstabe an 5. Stelle)

Boccia – Boßeln – Pelota

6. Welche Sprache wird in allen Schulen Europas gelernt?
(2. Buchstabe an 13. Stelle)

Deutsch – Französisch – Englisch

7. Eine Jugendliche berichtet auf der Seite 88, dass sie die Einwohner eines Landes beeindruckt haben. Welche Eigenschaft nennt sie?
(2. Buchstabe an 8. Stelle)

unfreundlich – gastfreundlich – humorlos

8. In welcher Stadt ist der Sitz des Europäischen Parlaments?
(Letzter Buchstabe an 9. Stelle)

Berlin – Rom – Straßburg

9. Wie heißt die Partnerin eines Komikers, der sich ausführlich Gedanken über fremd oder „unfremd“ macht?
(2. Buchstabe an 6. Stelle)

Valentin – Karlstadt – Ottokarl

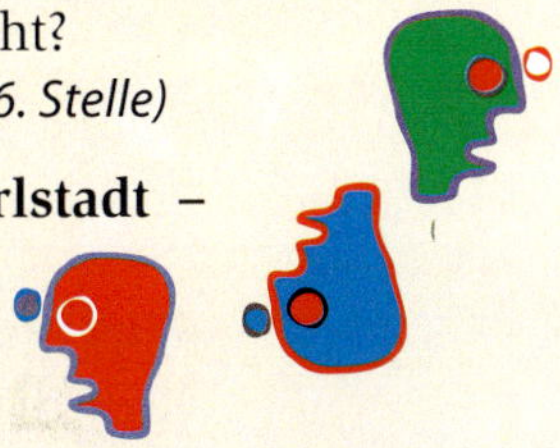

Revolutionen – Der Weg in eine bessere Welt?

1 Schau dir die Bilder auf der Doppelseite in Ruhe an. Welches spricht dich besonders an? Begründe deine Auswahl.

2 Stell dir vor, du hättest eine Maschine, mit der du in die dargestellten Situationen reisen könntest. Suche dir zwei Bilder aus – eines, das dir besonders gefällt und eines, das dir gar nicht gefällt – und schreibe auf, was dich auf einer Reise dorthin erwarten könnte.

3 Einige Menschen auf den Bildern wirken glücklich und wohlhabend, andere arm und traurig. Diskutiert in der Klasse darüber, weshalb es solche großen Unterschiede gibt.

4 Im folgenden Kapitel lernt ihr Texte kennen, in denen es darum geht, dass Menschen ihre Lebensverhältnisse verbessern wollen. Habt ihr eigene Ideen, wie das funktionieren könnte? Mit welchen Widerständen wäre zu rechnen?

Tignasse *Cili Wethekam*

Der folgende Text stammt aus dem Buch „Tignasse" von Cili Wethekam.

Die Geschichte von Tignasse ist erfunden. Die Autorin hat sich sehr gut über die Verhältnisse damals informiert, um dann ihre Geschichte zu schreiben. Jedoch bleibt das Buch eine Erfindung. Man kann es nicht lesen wie ein Geschichtsbuch.

Tignasse ist ein Pariser Gassenjunge, der den Ausbruch und den Verlauf der Französischen Revolution hautnah erlebt. Eines Tages wird er auf der Straße von einem fremden Mann in grüner Kleidung angesprochen.

Hunger ist schlimm für jeden

Der Herr sah an Tignasse rauf und runter, bemerkte seine hornigen Füße mit den abgebrochenen Nägeln, seine viel zu kurze ausgefranste Hose in der Farbe eines verfaulten Salatblattes, das mürbe Hemd, das die Mutter aus einem blauen Unterrock genäht hatte und das unter den Achseln eingerissen war – es hing ihm über dem Hosenbund, offen bis an den Magen.

„Denkst du viel an Hunger?"

Nach der ersten Bestürzung antwortete Tignasse ehrlich:

„Oh, ja Monsieur."

„Nur an den eigenen oder auch an den der anderen?"

Tignasse überlegte. „Meine Mutter zwingt mich manchmal, das letzte Stück Brot zu essen, wenn sie selber noch Hunger hat. An den Hunger der alten Nénette denke ich nie. Die mag mich sowieso nicht leiden."

„Hunger ist schlimm für jeden."
„Gewiss, Monsieur", antwortete Tignasse artig.
Eine Frau kam daher, ein Kind auf dem Arm, ein zweites, nacktes am grauen geflickten Rock. Die kleinenSchulterblätter stachen spitz wie gerupfte Vogelflügel unter der Haut hervor. Die Frau schwankte, tödlich erschöpft. Tignasse folgte dem Blick des Fremden.
„Mutter Arrieu, die Frau vom Kesselflicker. Sie bekommt jedes Jahr ein Kind und jedes zweite stirbt ihr, keines wird jemals satt. Manchmal läuft sie in die Seine *(Fluss, der durch Paris fließt)*. Ich habe sie schon mal rausgeholt. Ihr Mann verspielt jeden Sou *(alte französische Münze)*."
„Denkst du nie darüber nach, weshalb das alles so ist?"
„Wieso? Darüber brauch' ich nicht nachzudenken. Man wird reich geboren oder arm, so hat Gott das gewollt!"
„Was für ein Blödsinn!", rief der Grüne schroff. „Was hat das mit Gott zu schaffen? Die Großen sind nur groß, weil wir vor ihnen auf den Knien liegen. Erheben wir uns, Tignasse."
Tignasse sperrte die Augen auf und dann den Mund.
„Denk mal darüber nach." [...]

Und dann sagte dieser sonderbare Mensch, der fremden Hunger zu seinem eigenen zu machen schien: „Es braucht nicht alles zu bleiben, wie es ist. Wir können es ändern. Auch du."
Winkte und war gegangen. Ließ eine Unruhe zurück, die einem schlechten Gewissen glich.

1 Was empfindest du bei dieser Beschreibung von Tignasse' Leben?

2 Tignasse lebt in einer sehr armen Umgebung. Finde Textstellen, in denen die Armut besonders deutlich beschrieben wird.

3 *Tignasse sperrte die Augen auf und dann den Mund.* (Zeile 28)
Diskutiert in der Klasse, weshalb Tignasse so auf die Worte des Fremden reagiert.

4 Schreibe Wünsche auf, die Tignasse haben könnte. Vergleiche deine Liste anschließend mit der deines Nachbarn. Diskutiert, weshalb der Junge diese Wünsche eurer Meinung nach hat.

5 In dem Text hat man das Gefühl „dabei zu sein".
Wie schafft die Autorin das? Finde passende Textstellen.

6 **Leseprofi:** Im Text heißt es *„Und dann sagte dieser sonderbare Mensch, der fremden Hunger zu seinem eigenen zu machen schien: „Es braucht nicht alles zu bleiben, wie es ist. Wir können es ändern. Auch du."* (Zeile 31/32)
Diskutiert in der Klasse, wie eine Veränderung herbeigeführt werden könnte. Denkt dabei auch daran, dass die Menschen während der Französischen Revolution nach einem menschenwürdigen Leben unter dem Motto „Freiheit-Gleichheit-Brüderlichkeit" strebten.

Französische Revolution

1789 war der französische Staat praktisch bankrott. Deshalb wurden am 5.Mai 1789 zum ersten Mal wieder seit 1614 die Generalstände einberufen. Die Abgeordneten des Dritten Standes (die Vertreter der Bürger, Handwerker und Bauern) erklärten sich dort zur Nationalversammlung. Die Erstürmung der Bastille, des alten Stadtgefängnisses, am 14. Juli 1789 durch das Volk von Paris löste schließlich Volksaufstände im ganzen Lande aus, die unter dem Motto „Freiheit-Gleichheit-Brüderlichkeit" standen. Die Nationalversammlung beschloss die Beseitigung der Vorrechte der beiden ersten Stände. Jetzt mussten diese auch Steuern zahlen und konnten nicht mehr auf Kosten des Dritten Standes leben. Am 26. August 1789 wurde die Erklärung der → **Menschen- und Bürgerrechte** nach amerikanischem Vorbild verkündet. 1791 trat eine → **Verfassung** in Kraft. Doch Ludwig XVI wollte sie nicht akzeptieren. Gemeinsam mit seiner Frau Marie Antoinette versuchte er zu fliehen und die benachbarten Mächte zur Hilfe zu rufen (Juni 1791). Doch die Flucht misslang, und die königliche Familie wurde eingesperrt. Die Stimmung schlug um und viele forderten die Hinrichtung des Königs. Am 21. Januar 1793 wurde Ludwig geköpft, seine Frau folgte wenige Monate später (16. Oktober 1793). Um von den vielen Problemen im Land abzulenken, erklärte die Volksvertretung Österreich im April 1792 den Krieg. Aber obwohl die französischen Truppen sehr erfolgreich kämpften, wurde die Stimmung in Frankreich immer gewalttätiger. Überall vermutete man Feinde und Verräter. Um hingerichtet zu werden, reichte es aus, verdächtig zu sein. Der Mann, der diese Schreckensherrschaft **(→ Terreur)** organisierte, hieß → **Maximilian Robespierre**. Die Angst der Menschen wurde immer größer: Am 27. Juli 1794 wurde Robespierre selber gestürzt und hingerichtet. Die darauf folgende Ordnung unter der Herrschaft einer Gruppe von Männern (Direktorium) brachte zwar vorläufig Ruhe. Aber die Hoffnung vieler Menschen auf ein besseres Leben in Gleichheit und Freiheit wurden auch jetzt nicht erfüllt. 1799 riss dann → **Napoleon Bonaparte** die Macht an sich und erklärte die Revolution für endgültig beendet.

1 Richtig oder falsch?
- **A** Die Französische Revolution brach aus, weil Frankreich Krieg mit seinen Nachbarn hatte.
- **B** Der Adel musste keine Steuern zahlen.
- **C** Der König und seine Frau wurden nach einem missglückten Fluchtversuch hingerichtet.
- **D** Unter Robespierre wurden alle Rechte für die Menschen verwirklicht.

2 Berichtige die Aussagen, die nicht zutreffen. Beziehe dich auf den Text.

3 In dem Lexikonartikel wird mit Pfeilen auf wichtige Begriffe verwiesen. Teilt euch in Gruppen auf. Jede Gruppe findet mit Hilfe von Lexika, Geschichtsbüchern und dem Internet Erklärungen und zusätzliche Informationen zu drei Begriffen heraus und erklärt sie dem Rest der Klasse.

4 In dem Text findet man noch weitere Gründe, weshalb die einfachen Leute arm waren. Findet Beispiele.

Fünf Jahre nach Tignasse' Erlebnis mit dem „Grünen" wird in dem Jugendbuch davon erzählt, wie der Junge Zeuge der Hinrichtung des Königs wird:

Wird jetzt für alle alles besser?

Mitte Januar 1793 machte man dem König den Prozess. Anschließend stimmte man im Nationalkonvent *(entscheidendes Organ des Staates zu dieser Zeit)* über Tod und Leben ab. Tignasse saß neben seinem Vater auf der Volkstribüne, Tannetou *(Tignasse' Vater)* hatte es so gewollt. Zwischen Marktweibern und feinen Dämchen, die auf Pappkartons mit Nadelstichen darüber Buch führten, wie oft man „Tod", „Verbannung" oder „Gefängnis" sprach, sah Tignasse Limonaden- und Kuchenverkäufer die Reihen entlang gehen. Ein Volksvertreter nach dem anderen bestieg das Rednerpult, um persönlich über das Schicksal des Königs sein Urteil zu sprechen. Auch des Königs Vetter, der Herzog von Orléans, der sich jetzt Philipp Egalité nannte und einen Sitz im Nationalkonvent hatte, stimmte für den Tod. Seine Stimme war die eine, die den Ausschlag gab. […] Bei jeder Stimme, die für Milde im Prozess plädierte, hatte die Menge gegrollt und gegröhlt. Jetzt, da feststand, dass der König sterben musste, fiel man sich in die Arme, küsste sich, warf die rote Mütze hoch. die Dämchen klatschten in die Hände, die Marktweiber tanzten Hand in Hand. Alledem sah der König gelassen zu.

Am 21. Januar 1793 wurde Ludwig XVI auf dem Place de la Révolution geköpft. Ein Aufgebot von rund 20 000 Mann der Nationalgarde, Füsiliere *(Fußsoldaten)* mit aufgepflanztem Bajonett, füllte den Platz mitsamt Trommlern und Kanonen. Vom Temple-Gefängnis bis zum Schafott stand die Nationalgarde doppelt Spalier, als der König, neben seinem Beichtvater im Fond der Kutsche, vorüberfuhr. Vier Soldaten saßen auf dem Bock. Der Tag war nebelig grau verhangen. Frierend stand Tignasse neben Tannetou. Er war zu weit entfernt, um etwas von dem zu sehen, was auf der Guillotine vor sich ging. Einmal hörte er undeutlich die Stimme des Königs zu einer Rede ansetzen: „Franzosen! Ich sterbe unschuldig …"

Aber da gab der General Santerre auf seinem weißen Pferd in unmittelbarer Nähe der Trommler das Zeichen zum Wirbel, die Stimme des Königs ertrank darin, es gab einen kurzen Tumult, einen langen Schrei – schon zeigte der Henker dem Volk das blutige Haupt. Vereinzelte Hochrufe auf die Republik stiegen auf, rote Mützen flogen durch die Luft.

Rote Mütze (Bonnet rouge): mit überhängendem Zipfel von den Jakobinern getragen, Symbol der Französischen Revolution von 1789

Später erzählte man, viele hätten sich aufs Schafott gestürzt, Finger, Taschentücher, Kleiderzipfel oder Papier in das königliche Blut getaucht.
Haarbüschel wären vom Henker verkauft worden, auch das kleine Band, das die Haare des Königs zusammengehalten hatte und Stückchen seines grauen Rocks. Während die Kanonen donnerten, strebte das Volk an Händlern mit warmen Kuchen und Getränken vorüber nach Haus. Tannetou war schweigsam. Wie winzige Tränen hing die Nebelfeuchtigkeit in seinem roten Haar.
„Wird jetzt für alle alles besser?“, fragte Tignasse.

1. Tauscht euch darüber aus, was ihr beim Lesen des Textes empfunden habt. Was hat euch interessiert, erstaunt oder abgestoßen?
2. Wie empfindet Tignasse das Spektakel? Findet entsprechende Textbeispiele.
3. In dem Text spielen Farben eine wichtige Rolle.
   - Sucht entsprechende Textstellen heraus.
   - Sprecht darüber, was ihr mit diesen Farben verbindet. Bei welchen Feiern, Bildern etc. spielen sie eine Rolle?
4. **Leseprofi:** Welche Bedeutung könnten diese Farben im Text haben?

Die goldene Stunde *Maiya Williams*

Unser Leben unterscheidet sich sehr von dem der Menschen in anderen Ländern und in vergangenen Zeiten. Doch können wir in ferne Länder reisen, während uns die Rückwärtsbewegung in der Zeit unmöglich ist. In dem Buch „Die goldene Stunde" erfindet die Autorin eine Geschichte, in der genau das möglich ist.
Der Roman handelt von Rowan und seiner kleinen Schwester Nina, die nach dem Unfalltod ihrer Mutter nicht mehr gesprochen hat. Sie verbringen die Sommerferien in einem kleinen Ort an der Küste bei zwei älteren Tanten. Am Anfang erscheint ihnen das alles sehr langweilig, doch bald merken die beiden, dass mit dem Ort und seinen Bewohnern irgendwas nicht stimmt. Als sie zusammen mit den Zwillingen Xanthe und Xavier das verlassene alte Hotel im Wald entdecken, wissen sie, dass hier der Schlüssel zu dem Geheimnis liegen muss. Und ehe sie sich versehen, stecken sie mitten in einer atemberaubenden Reise in die Vergangenheit, die sie ins Paris des 18. Jahrhunderts entführt, mitten in die Wirren der Französischen Revolution. Doch während Rowan und Xanthe als Adelige auftreten, steckt Xavier in der Kleidung eines Dieners. Das führt schon nach kurzer Zeit zu sehr verschiedenen Wahrnehmungen ihrer Umgebung.
Eines Abends kommt Xavier aus einer Taverne – einer billigen Kneipe für einfache Leute – zurück zu seinen Freunden. Dort hatte es einen ziemlichen Aufruhr gegeben.

Du vergisst, wer du bist

„Und ehe ich richtig wusste, was los war, haben auf einmal alle verrückt gespielt. Sie rannten zur Bäckerei und haben sie buchstäblich auseinander genommen – sie haben sogar die Ziegel vom Dach gerissen!"

„Wie die Tiere!", murmelte Rowan.

Xavier runzelte die Stirn. „Das sind keine Tiere, Rowan. Sie haben einfach Hunger!"

„Nun ja, ich habe ja auch nicht gemeint, dass sie wirklich Tiere sind", sagte Rowan. „Aber ich hasse den Pöbel! Irgendjemand fängt an, und alle rennen willenlos hinterher. Sie denken doch nicht einmal darüber nach, was ihre Regierung eigentlich alles für sie getan hat..."

„Wie zum Beispiel zu hohe Steuern erheben? Oder ihre Grundrechte missachten? Sie wie Tiere behandeln?"

„Nein! Ich meine Straßenbeleuchtung aufstellen, ein Abwassersystem bauen, Brunnen graben, damit es frisches Wasser gibt ..."

„Und was weißt *du* darüber?"

„Antoinette hat mir davon erzählt ..."

„Antoinette? Du meinst Königin Marie Antoinette? Oho, jetzt nennst du die Königin schon beim Vornamen! Oho, aha!"

„Alles, was ich sagen will, ist, dass wenn die Leute ein bisschen mehr Geduld hätten …“

„Ich höre wohl nicht recht, Geduld! Rowan, diese Leute verhungern! Sie leben im Dreck und sind krank. Alles, was sie zu essen haben, ist Brot! Und jetzt gibt es nicht einmal mehr das! Und wenn sie in den Wald gehen, um zu jagen oder Holz zu schlagen, wirft man sie ins Gefängnis. Wegen Feuerholz! Nur damit König Louis und seine Kumpels ungestört jagen können! Was sollen diese Menschen denn tun?“

„Ich finde, du steigerst dich da jetzt ziemlich rein, Xave. Du vergisst, wer du bist!“

„Nein, Rowan, du vergisst, wer du bist! Glaubst du jetzt schon selbst daran, adlig zu sein? Dass du besser bist als sie?“

„Hör mal, ich will diese Leute doch nicht niedermachen. Niemand sollte hungern müssen. Ich finde nur, sie könnten etwas mehr Selbstbeherrschung zeigen …“

„Du glaubst wirklich, du wärst besser als sie! Unglaublich! Hör zu, manchmal kommt man an einen Punkt, an dem man einfach genug hat, verstehst du, Rowan? Sie können es einfach nicht mehr ertragen. Es fliegt ein Funke, und dann kommt es zur Explosion. Ja, es ist eine hässliche Sache, aber es reinigt die Luft!“

Rowan verdrehte die Augen. Er hatte keine Lust auf einen Vortrag.

Xavier stand wütend auf. „Hey, ich weiß wie es ist, nach etwas beurteilt zu werden, in das man hineingeboren wurde […]. Ich bin wie diese Menschen. Und in vielerlei Hinsicht bist du es auch!“

„Bin ich nicht!“, rief Rowan […]. Er irrt sich!, dachte Rowan mürrisch. Ich bin nicht wie die. Ich habe Selbstbeherrschung. […]

1 Xavier und Rowan streiten sich hier ziemlich heftig. Was haltet ihr von dieser Auseinandersetzung? Zu wem würdet ihr halten?

2 Formuliere schriftlich in ein oder zwei Sätzen, worum es bei dem Streit eigentlich geht. Tauscht eure Ergebnisse anschließend mit euren Mitschülern aus.

3 Xavier und Rowan sind Jungen aus unserer Zeit, die sich nur vorübergehend im Frankreich der Revolutionszeit aufhalten. Diskutiert, weshalb sie die Situation so unterschiedlich bewerten. Bezieht euch dabei auf den Text.

4 Du hast in diesem Kapitel die Figur des Tignasse kennen gelernt. Stell dir vor, er wäre bei dem Streit zwischen Xavier und Rowan anwesend gewesen. Schreibe einen Dialog zwischen ihm und den beiden Jungen. Dazu ist es sinnvoll, die beiden Tignasse-Texte (S. 102/103, S. 105/106) nochmals zu lesen.

5 + Rowan vergleicht die plündernden Menschen mit Tieren. Xavier hingegen rechtfertigt die Gewalttaten der armen Menschen mit deren Hunger. Diskutiert in der Klasse darüber, ob ihr seiner Meinung seid und ob es noch andere Gründe gibt, sich so zu verhalten.

1848 – Die Ideen der Französischen Revolution sind nicht vergessen

Nach dem Scheitern der Französischen Revolution und Napoleons fanden in fast ganz Europa die Fürsten zurück auf den Thron. Die Rechte der Bürger wurden wieder stark eingeschränkt. Aber die revolutionären Ideen waren nicht tot. In den Gesellschaften Europas kochte es.
Im Jahr 1848 brach in Frankreich erneut eine Revolution aus, die sich rasch auf die anderen Länder ausbreitete. Im März hatte sie den Deutschen Bund erreicht.
Nach anfänglichen Erfolgen – in der Paulskirche in Frankfurt wurde sogar ein Parlament eingerichtet – verlor der Prozess aber an Schwung und konnte schließlich von den herrschenden Fürsten erneut niedergeschlagen und unterdrückt werden. Viele frustrierte Bürger resignierten oder wanderten aus – zahlreiche in die USA.

Der **Deutsche Bund** war ein Staatenbund überwiegend deutschsprachiger Staaten zwischen 1815 und 1866.

1 Informiere dich über das Jahr 1848 in Büchern oder im Internet.

2 Vervollständige folgende Tabelle:

Revolution von 1789	Revolution von 1848
wo? Frankreich	
wer?	
warum?	
Folgen?	

Der folgende Text stammt aus dem Jugendbuch „1848“ von Klaus Kordon. Darin geht es um das Leben der 15-jährigen Jette, die in Berlin lebt und auf das Kind ihrer Schwester aufpasst. Diese verdient das Geld für die Familie als Prostituierte. Sie lernt den Zimmermann Friedererich Wilhelm, genannt Frieder, kennen, der von Demokratie und Freiheit träumt. Eines Tages möchte Frieder Kartoffeln kaufen. Die sind aber so teuer geworden, dass er keine kriegen kann. Mit ein paar Kollegen zieht er nach der Arbeit los, um doch ein paar Kartoffeln zu ergattern …

Ab heute wird zu Fuß gegangen

Und so ziehen sie an diesem Abend zu sechst durch das Oranienburger Tor: der Altergeselle Hermann Louis Rackebrandt und die Zimmerer Georg Lauterbach, Ferdinand Noiret, Roderich Hauser, Philipp Naß und Friedrich Wilhelm Jacobi. Und sie sind längst nicht die Einzigen, die an diesem Abend in die Innenstadt drängen. Von überall her quillt es heran: Arbeitsmänner aus den

Maschinenfabriken vor dem Tor, Arbeitsfrauen, Arbeitsburschen, Handwerker und Straßenjungen über Straßenjungen! Alle müssen sie von den im Übermaß erhöhten Kartoffelpreisen erfahren haben, allen steht der Zorn ins Gesicht geschrieben.

Am Markt angekommen, macht sich Enttäuschung breit. Die Stände haben längst geschlossen, nur drei Polizisten in ihren dunkelblauen, gelbgeknöpften, mit karmesinroten Kragen verzierten Röcken und streng in die Stirn gezogenen dreieckigen Hüten stehen auf dem in der Dämmerung düster wirkenden Marktplatz und sehen ihnen erschrocken entgegen. [...]

Doch nun wird irgendwo gerufen, dass es ja noch mehrere Märkte gebe, und es geht weiter auf die Innenstadt zu. Einmal wird aus einem Fenster ein Nachttopf entleert – direkt auf sie herab! –, aber ob es Absicht oder Zufall war, lässt sich nicht herausfinden. So drängt alles weiter; die einen schimpfend, weil sie etwas abbekommen haben, die anderen lachend vor Schadenfreude.

Und Frieder läuft mit, seltsam erregt von all dem, was um ihn herum passiert. Dass sie nur auf den Markt wollen, um irgendeinen Händler zu zwingen, die Kartoffeln billiger herzugeben, hat er längst vergessen. Die halbe Stadt scheint auf den Beinen zu sein, ein richtiger Menschenstrom hat sich gebildet. [...]

Jetzt sind sie schon über die Weidemannbrücke hinweg und haben die breite Allee Unter den Linden überquert und es werden immer mehr, die herandrängen. Und je größer die Menge, desto mutiger werden die Menschen. „Brot! Brot! Brot“ rufen sie und: „Kartoffeln! Wir wollen Kartoffeln!“ Ein kesser Bursche mit schief aufgesetztem, sicher irgendwo gestohlenen Hut und buntem Bindeschlips reißt wütend einen Stein aus dem Pflaster, schreit „Hurra!“ und wirft zielsicher die erste Gaslaterne ein.

Verwirrt weicht Frieder zurück. Was soll denn das? Sind sie nicht alle stolz auf die neuen Gaslaternen?

Weitere Steine werden aus dem Pflaster gerissen, immer mehr Laternengehänge splittern und Flips *(einer von Frieders Kollegen)* entpuppt sich als einer der eifrigsten Werfer. Da begreift Frieder endlich: An normalen Abenden machen die Laternen die Stadt sicherer, heute sind sie die besten Verbündeten der Gendarmen! Ist alles finster, kann niemand mehr erkennen, wer hier durch die Straßen zieht.

Auch Rackebrandt, Schorsch, Nate und Roderich beobachten das wütende Treiben nur stumm. Und als irgendwo geschrieen wird, alle Reichen müssten totgeschlagen werden und König und Kronprinz gleich als Allererste, nickt Roderich grimmig. „Wer Unkraut sät, will der Veilchen ernten?“

Wenig später zersplittert die erste Schaufensterscheibe und ein Stein findet sein Ziel in einem der vornehmen Fenster darüber.

Und dann will das Krachen und Splittern gar kein Ende mehr nehmen. Je schöner und wohlhabender die Häuser, an denen sie vorüberkommen, desto mehr Scheiben gehen zu Bruch. Manche Jungen laufen sogar weit voraus, um noch heile Fenster und Laternen zu finden, und die Nachfolgenden, von der

nun immer hektischer vorwärts stürmenden Menge mitgerissen, müssen befürchten, sich in den Unmengen von Scherben die Stiefel oder gar die Füße aufzuschneiden. […]

Im nächsten Moment kommt vom Gendarmenmarkt her eine Droschke auf sie zugeprescht. Die Wagenlichter flackern, so heftig peitscht der Kutscher die Rösser, um sie mitten durch die Menge zu treiben. Viele flüchten, einige Unerschrockene aber springen vor und fallen den vor Erregung laut schnaubenden Gäulen ins Geschirr. „Heraus die Herrschaften! Ab heute wird zu Fuß gegangen!“ Ein kleiner, zitternder Herr im Frack steigt aus, eine bleiche ältere und eine genauso ängstliche junge Frau folgen. Zwei Bürschchen, nicht älter als zwölf oder dreizehn, entreißen den Frauen die Handtaschen und stürzen unter dem Gejohle der Umstehenden damit davon. Rackebrandts Gesicht verfinstert sich. „Zum Schloss!“, schreit er „Zum Schloss! Wir wollen dem König zeigen, wessen Regierung für alles die Verantwortung hat.“ Da geht es erneut vorwärts, am Französischen Dom vorüber und in die Französische Straße hinein, hin zum Opernplatz. Unterwegs fliegen immer wieder Steine. Sogar Kirchenfenster werden eingeschmissen. „Der König hat uns verraten!“, wird gerufen und „Er ist nicht unser König! Er ist der König der Grafen und Prinzen, Soldaten und Polizisten, Fabrikanten und Höker *(abwertender Begriff für Händler)*.“ Und: „Aufs Schafott mit allen Parasiten! Wir wollen auf ihren Gräbern tanzen!“

1 Sprecht in der Klasse über eure ersten Eindrücke.

2 In dem Text entwickeln sich die Ereignisse sehr schnell. Vervollständige den Handlungsstrahl in deinem Heft. Vergleiche das Ergebnis anschließend mit deinem Nachbarn. Ergänzt eure Ergebnisse:

Hungernde Menschen,
auf der Suche nach billigen Kartoffeln

3 Weshalb wird die Menge immer gewalttätiger? Finde entsprechende Textstellen.

4 *„Wer Unkraut sät, will der Veilchen ernten?“* (Zeile 43). Formuliere diesen Satz mit eigenen Worten. Beachte auch den Zusammenhang, in dem er steht. Diskutiert eure Ergebnisse anschließend in der Klasse.

5 Eine wichtige Stelle ist das Stoppen der Kutsche (Zeile 53–61). Was werden die Leute in der Kutsche wohl denken (während sie auf die Menge zurast, als sie gestoppt wird, als die Insassen auf die Straße gezerrt und bestohlen werden)? Was denken zur gleichen Zeit möglicherweise die Demonstrierenden? Lies die Zeilen nochmals gründlich durch. Bildet anschließend Vierergruppen. Die Hälfte der Gruppen beschäftigt sich mit den Gedanken der Kutscheninsassen, die andere mit denen der Demonstranten. Um ein möglichst gutes Ergebnis zu erzielen, bietet sich hier die Methode des Placemats an.

Bei einem **Placemat** nehmt ihr euch ein Blatt und teilt es so auf:

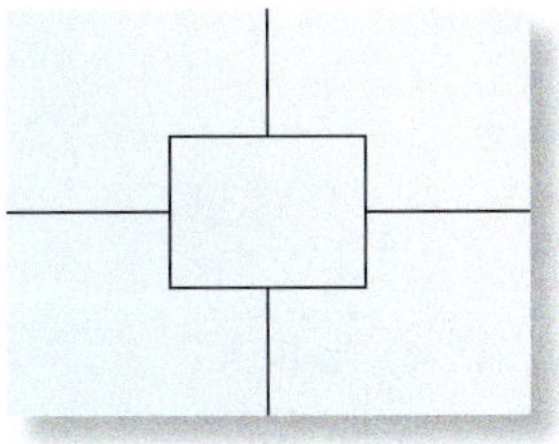

Jeder darf nun in ein Feld schreiben, was ihm zum Thema einfällt. Anschließend werden alle Ergebnisse besprochen. In das mittlere Feld werden 3–4 ganz wichtige Aussagen geschrieben, wie eine kleine Zusammenfassung.

Blick in eine mechanische Spinnerei um 1840

Die Zinkhütte Hamburg-Billwerder

1 Beschreibe die Veränderungen, die du auf den beiden Bildern siehst. Diskutiert in der Klasse die möglichen Ursachen und Folgen für die Menschen.

Die wichtigsten Schritte der technischen Entwicklung

1764: *James Heargreaves baut die „Spinning Jenny"; eine Baumwollspinnmaschine, mit der maschinell Baumwolle verarbeitet werden kann.*

1769: *Richard Arkwright gründet die erste Fabrik, in der Baumwolle industriell gesponnen wird.*

1782: *James Watt erfindet eine Dampfmaschine, die Kolbenbewegungen in Drehbewegungen umsetzen kann. Sie wird vor allem in der Eisenindustrie eingesetzt.*

ab 1792: *Städte werden nachts mit Gaslaternen beleuchtet.*

1815: *Friedrich Krupp gründet eine Eisen- und Stahlfabrik in Essen.*

1819: *Erste Ozeanüberquerung von England in die USA mit einem Raddampfer („Savannah").*

1830: *Eröffnung der dampfbetriebenen Eisenbahnlinie zwischen Manchester und Liverpool.*

1835: *Erste Fahrt einer Dampflokomotive („Adler") in Deutschland auf der Strecke Nürnberg-Fürth.*

1837: *Samuel Morse erfindet den elektrischen Telegrafen. Nachrichten können nun sehr schnell übermittelt werden.*

1867: *Nicolaus August Otto und Eugen Langen stellen den ersten Gasmotor her. Alfred Nobel erfindet das Dynamit.*

1879: *In Berlin fährt die von Werner Siemens konstruierte elektrische Straßenbahn.*

1883/85: *Gottlieb Daimler, Carl Benz und Wilhelm Maybach erfinden den Benzinmotor. 1885 fährt das erste Auto.*

1901: *Erste Flüge mit motorisierten Flugzeugen.*

2 Die Tabelle umfasst einen Zeitraum von knapp 150 Jahren, in denen sehr viele Erfindungen gemacht werden. Sprecht in der Klasse darüber, welche Veränderungen diese schnelle Entwicklung für das Leben der Menschen brachte. Welche Vorteile und welche Nachteile brachten sie mit sich?

3 Bildet Vierergruppen. Jede Gruppe sucht sich zwei Daten heraus, die sie interessieren. (Wichtig: Es sollen möglichst viele Aspekte bearbeitet werden!) Sucht nun im Internet, Büchern, Lexika nach weiteren Informationen zu den ausgewählten Ereignissen. Gestaltet zu jedem Ereignis ein DIN-A3- Blatt, das folgende Elemente enthalten soll:
- die wichtigsten Informationen
  (Wie heißt die Erfindung? Was kann man damit machen? Wer hat sie erfunden? Wo wurde sie erfunden? Welche Folgen hatte die Erfindung? …)
- eine bildliche Darstellung der Erfindung

Achtet darauf, dass das Blatt übersichtlich gestaltet und fehlerfrei ist. Tipps zur Präsentation findet ihr im Methodenkapitel.

4 Gestaltet aus euren Ergebnissen eine Wandzeitung zum Thema „Die wichtigsten Schritte der technischen Entwicklung (1764–1901)". Es bietet sich dabei an, die zeitliche Reihenfolge der Erfindungen zu berücksichtigen.

5 Unter einer Revolution versteht man eine totale Umgestaltung (meistens einer Gesellschaft). Diskutiert, ob der Begriff „industrielle Revolution" passend ist.

Die industrielle Revolution brachte aber nicht allen Menschen nur Vorteile. Auf den folgenden Seiten lernt ihr auch ihre Schattenseiten kennen.

Auszug aus der Fabrikordnung der Maschinenfabrik Esslingen von 1846

Artikel 2:
Die Arbeitszeit ist für das ganze Jahr folgende:
Von sechs Uhr morgens bis zwölf Uhr mittags, von ein Uhr mittags bis sieben Uhr abends […]

Artikel 3:
Tage, an denen nicht gearbeitet wird, sind folgende:
1. die Sonntage und üblichen Feiertage,
2. Fassnachtsdienstag

Artikel 6:
Für jede Versäumnisse der im Art. 2 bestimmten Arbeitszeit wird dem Arbeiter so viel von seinem Lohn abgezogen als der Verdienst der versäumten Arbeit betragen hätte. […]

Artikel 15:
Jeder Arbeiter ist für die ihm übergebenen Werkzeuge, Materialien, Pläne und Zeichnungen verantwortlich […]

Fabrik-Ordnung
für die Werkstätten der Maschinenfabrik
Eßlingen.

Stadtschultheißenamt:

Maschinenfabrik Eßlingen:
Der Direktor: Emil Keßler.

1 Rechne aus, wie viel ein Arbeiter pro Wochen arbeiten musste. Informiere dich, wie hoch heute die durchschnittliche Wochenarbeitszeit ist. Jeder Arbeitnehmer hat in Deutschland das Recht auf Urlaubstage. Informiere dich, wie viele das sind und vergleiche das mit denen der Arbeiter in der Maschinenfabrik Esslingen. Formuliere mit eigenen Worten, aus welchen Gründen den Arbeitern Lohn abgezogen werden durfte. Diskutiert in der Klasse, ob ihr das berechtigt findet.

2 Beschreibt das Bild. Achtet dabei besonders auf die Personen, ihren Gesichtsausdruck und auf die dargestellte Situation.

Thomas Scherr (um 1850)

Noch zählte ich acht Sommer kaum,
Musst´ ich verdienen gehen,
Musst´ dort in dem Maschinenhaus
Stets auf die Spindeln sehn,
Stand da gebannet Jahr und Tag,
Und Tag und Nächte gleich:
Drum welkten mir die Lippen blau
Und meine Wangen bleich.

3 Was für einen Eindruck hinterlässt das Gedicht bei dir?

4 Einiges wurde hier unterstrichen. Was könnte der Autor mit diesen Begriffen gemeint haben? Schreibe in deiner Sprache auf, wie du die Textstellen verstehst. Tausche dich anschließend mit deinem Nachbarn aus.

5 In dem Gedicht geht es um Kinderarbeit. Stelle schriftlich zusammen, welche Folgen hier beschrieben werden.

6 **Leseprofi:** Der Autor des Gedichtes, Thomas Scherr, ist heute kaum mehr bekannt. Diskutiert in der Klasse, weshalb das Gedicht trotzdem immer wieder in Schulbüchern abgedruckt wird.

Arbeit eines Arbeiterkindes *Adelheid Popp*

Wir zogen in die Stadt zu einem alten Ehepaar in eine kleine Kammer, wo in einem Bett das Ehepaar, im anderen meine Mutter und ich schliefen. Ich wurde in eine Werkstätte aufgenommen, wo ich Tücher häkeln lernte; bei zwölfstündiger fleißiger Arbeit verdiente ich 20 bis 25 Kreuzer am Tage. Wenn ich noch Arbeit für die Nacht nach Hause mitnahm, so wurden es einige Kreuzer mehr. Wenn ich frühmorgens um 6 Uhr in die Arbeit laufen musste, dann schliefen andere Kinder meines Alters noch. Und wenn ich um 8 Uhr abends nach Hause eilte, dann gingen die anderen gut genährt und gepflegt zu Bette. Während ich gebückt an meiner Arbeit saß und Masche an Masche reihte, spielten sie, gingen spazieren oder sie saßen in der Schule. Damals nahm ich mein Los als etwas Selbstverständliches hin, nur ein heißer Wunsch überkam mich immer wieder: *mich nur einmal ausschlafen zu können.* […]

Kreuzer
kleinste Münzeinheit, dem Cent vergleichbar

1 Was beeindruckt dich an dem Text am meisten? Weshalb?

2 Schreibe aus dem Text heraus, was Adelheid vermisst. Vergleiche die Ergebnisse mit deinem Nachbarn und ergänze deine Liste.

3 Schreibe den Ablauf eines deiner ganz normalen Tage auf und vergleiche ihn mit dem Tagesablauf von Adelheid Popp.

4 Adelheid schreibt viel von *anderen Kindern*. Wer könnte damit wohl gemeint sein?

5 Das Mädchen beneidet Kinder, die in die Schule gehen. Ihr seid verpflichtet, dorthin zu gehen. Sprecht darüber, welche Folgen es hat, wenn Kinder nicht zur Schule gehen können.

6 Stellt euch vor, jemand macht Adelheids Mutter Vorwürfe, dass sie ihr Kind den ganzen Tag arbeiten schickt. Verfasst einen Brief, in dem die Mutter auf die Vorwürfe reagiert.

7 Diskutiert in der Klasse, ob die industrielle Revolution mehr Nutzen oder mehr Schaden für die Menschen gebracht hat. Um zu einem vernünftigen Urteil zu kommen, solltet ihr vorher in Partnerarbeit die Vor- und Nachteile in einer Tabelle gegenüberstellen.

TIPPS

Mit dem Thema „Kinderarbeit" beschäftigt sich auch das **Kapitel „Kinderarbeit – Kinderrechte"** auf den Seiten 34–49.

Dem Täter auf der Spur ...

Es gibt wohl kaum jemanden, der kein Vergnügen an Kriminalgeschichten und -serien hat. In diesem Kapitel erfahrt ihr mehr über Krimis und bekannte Detektive, aber auch über die Arbeit der Polizei. Ihr könnt in einer Geschichte selbst als Ermittler tätig werden und den Täter überführen, könnt nach Bildern eine Kriminalgeschichte schreiben und zu einer anderen ein Hörspiel erstellen.

Kojak

Derric

NYPD Blu

24

Vorher solltet ihr euch aber die Bilder auf diesen beiden Seiten ansehen: Sicherlich kennt ihr einige der abgebildeten Detektive und die dazugehörigen Krimis. Kennt ihr noch andere? Sprecht in der Klasse darüber, welche Krimis ihr besonders mögt und was euch an ihnen gefällt.

Ergänzt das Cluster mit euren Aussagen. Was möchtet ihr noch über Krimis erfahren? Sammelt eure Fragen.

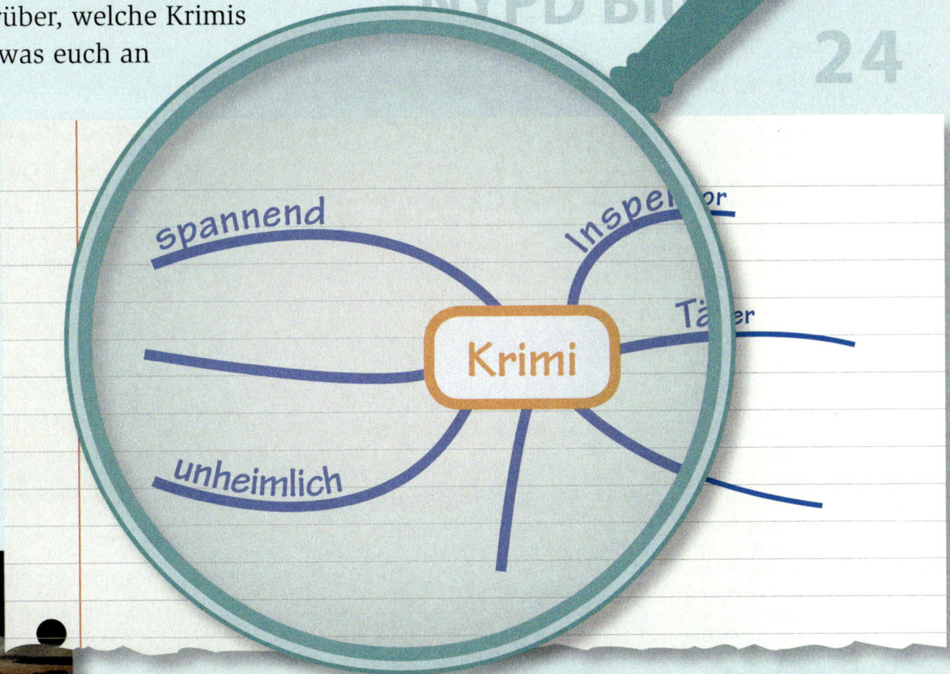

Crossing Jordan

atort

Numb3rs

Sherlock Holmes

Columbo

Der Alte

SOKO

Edgar Walla

...

Der Plan des Mister Campell *Wolfgang Ecke*

David Campell, Generalagent der Silver-Star-Versicherung, wohnhaft im Londoner Stadtteil Chelsea, plante sorgfältig. Sein Plan begann damit, dass er seine Frau Linda und die Zwillingstöchter Rita und Shelly aufs Land zu den Schwiegereltern schickte. Das war am Freitagabend.

Am Sonnabend nahm er die letzten 150 Pfund Sterling aus dem Wandsafe in seinem Büro und verließ das Haus. Als Campell gegen 18 Uhr vom Pferderennen zurückkehrte, waren auch diese 150£ verwettet. Mit einem Wort: David Campell war bankrott.

Seine Wettleidenschaft hatte ihn ruiniert!

Ungerührt begann er den für diesen Fall vorgesehenen zweiten Teil seines Planes zu verwirklichen. Mit Hilfe einer kleinen, genau abgewogenen Dynamitladung sprengte er den Wandsafe in seinem Büro auf. Dann leerte er den Inhalt sämtlicher Behältnisse wie Schubladen, Schränke und Fächer auf den Fußboden.

Er riss das Telefon aus der Anschlussdose und alle 25 Ordner aus den Regalen.

Als es draußen dunkel war, zog er ein Paar vorbereitete, drei Nummern zu große Gummistiefel mit tief eingeschnittenen Profilsohlen an, löschte sämtliche Lichter im Haus und betrat den Vorgarten. Fünf Minuten lang bemühte er sich, genügend Spuren zu hinterlassen, bevor er mit einem Stein eine Scheibe der rückwärtigen Küchentür zertrümmerte und mit schmutzbeladenen Stiefeln das Haus betrat. Sein Weg – stets auf deutliche Spuren bedacht – führte ihn geradewegs durch die Diele in das bereits verwüstete Büro, wo er noch einmal für ausreichend Schmutz und Abdrücke sorgte.

Er ging den Weg zurück, zog draußen die Stiefel aus, betrat das Haus in Strümpfen.

Mit einem scharfen Messer schnitt er die Gummistiefel in kleine Stücke und spülte sie die Toilette hinunter.

Um 23 Uhr stieg er in den ersten Stock hinauf, zog seinen Pyjama an, legte sich ins Bett, wälzte sich darin herum, erhob sich wieder, stand da, nachdenklich, längere Zeit. Zweifelte er an der Vollkommenheit seines Planes? Nein! Er fuhr fort!

Aus der Schublade seines Nachttisches entnahm er eine Pistole und begab sich barfuß in die Diele hinunter. Dreimal feuerte er auf die nach oben führende Treppe. 120 Sekunden später schoss er von der Treppe aus zweimal in die Diele.

Es war 23 Uhr 7.

David Campell begann, auf das gute Gehör seiner Nachbarschaft zu hoffen. Im Bad schmierte er sich eine dünne Schicht Fettcreme ins Gesicht und benetzte es David Campell begann, auf das gute Gehör seiner Nachbarschaft zu hoffen.

Im Bad schmierte er sich eine dünne Schicht Fettcreme ins Gesicht und benetzte es mit Wasser. Auch Vorder- und Rückseite der Pyjamajacke wurden angefeuchtet.
Endlich!
Um 23 Uhr 18 hörte er die Sirene des Streifenwagens. 23 Uhr 22 stürmten drei Beamte durch die Küchentür ins Haus.
23 Uhr 35 erschien Detektivsergeant Newton höchstpersönlich, und ein „schweißgebadeter", zitternder David Campell gab zu Protokoll:
„Ich kann nicht viel sagen. Ich bin von einem dumpfen Knall munter geworden. Dann habe ich Geräusche aus dem Untergeschoss gehört. Ich habe meine Pistole genommen und wollte nach unten schleichen. Auf der halben Treppe sah ich plötzlich einen Schatten. Ich rief: „Halt, oder ich schieße!" Da knallte es! Dreimal hat man auf mich geschossen. Und ich habe zweimal zurückgeschossen. Der Schatten verschwand in der Küche. Ich wollte telefonieren, aber der Anschluss war gestört. Aus meinem Safe wurden fünfzehntausend Pfund in bar und zehntausend Pfund in Wertpapieren gestohlen."
Als David Campell das Protokoll unterschrieb, kam Berry Hyde von der Spurensicherung und meldete Newton: „Die Sache ist klar, Jack. Der Bursche kam durch den Garten und die Küchentür. Wir haben zwei Gipsabdrücke von seinen Schuhen gemacht. Übrigens, jede Menge Fingerabdrücke. Ob auch vom Täter, muss sich noch herausstellen." Während Sergeant Newton mit Campell zum Büro ging, machte sich Hyde daran, die fünf Geschosse aus der Wand und der Holzverkleidung zu klauben.
Um 0 Uhr 40 verabschiedeten sich die Beamten von dem verzweifelten David Campell.
Stufe zwei des Planes war gelungen.
Am Sonntag, kurz vor 11 Uhr, erhielt der gleiche Campell zum zweiten Mal den Besuch vom gleichen Sergeant Newton. Nur war Letzterer diesmal gar nicht mehr mitfühlend und freundlich.
„Bitte, Sir, ziehen Sie sich an und packen Sie das Notwendigste ein. Wir werden uns sicher im Präsidium längere Zeit über den Tatbestand eines vorgetäuschten Verbrechens unterhalten müssen."
David Campell nickte und begann sich anzukleiden. Und so sehr er sich auch bemühte, er fand einfach nicht den Fehler, der in seinem Plan gewesen sein musste. Was war es nur ...?

1 Was war der Fehler in David Campells Plan? Ermittle selbst in dem Fall und suche aus der Geschichte Informationen zu Mister Campells Motiv für den Betrug und zu den verschiedenen Spuren, die am Tatort gefunden wurden. Durch welches Indiz kannst du ihn wohl überführen?

2 Schreibe die Geschichte weiter, indem du das Gespräch zwischen Campell und dem Kommissar auf dem Präsidium verfasst.

Typisch Detektiv

Ein Inspektor oder eine Kommissarin, wie man sie aus Filmen und Büchern kennt, hat besondere Eigenschaften. Er oder sie ist …

arrogant attraktiv brutal charmant cool einfühlsam geschickt
gut gekleidet intelligent mutig neugierig reaktionsschnell
rücksichtslos scharfsinnig sportlich stark tollpatschig trickreich
trinkfest ungepflegt unschlagbar verständnisvoll waffenkundig
wissenschaftlich gebildet witzig zerstreut zurückhaltend …

1 Welche Eigenschaften besitzen die Krimihelden, die ihr kennt? Sprecht über ihre Tricks und Methoden, ihre Stärken und Schwächen.

Krimihelden und -heldinnen unterscheiden sich in vielem, aber einige Fähigkeiten brauchen sie unbedingt. Sie sollten
- genau beobachten können,
- aus den Beobachtungen Schlüsse ziehen können,
- sich in einen Täter hineinversetzen können und
- Zusammenhänge herstellen, kombinieren können …

… wie Nick Knatterton, eine in den 50er- und 60er-Jahren des 20. Jahrhunderts sehr beliebte Comic-Detektivfigur.

Krimis

Im Mittelpunkt von ‚Krimis', sei es in Form von Romanen, Theaterstücken, Filmen, Fernsehserien oder auch Comics und Mangas, stehen ein Verbrechen und seine Aufklärung. Dabei wird der Verbrecher meist von einem Detektiv (von dem lateinischen Wort detegere = „aufdecken") überführt. Dieser kann entweder ein Angehöriger der Polizei sein, ein privater Ermittler, ein Geheimagent, oder, wie zum Beispiel die englische Hobby-Detektivin Miss Marple, auch jemand, der beruflich gar nichts mit Kriminalfällen zu tun hat.

In Fernsehserien stehen in letzter Zeit immer häufiger sogenannte „Profiler" (Kriminalpsychologen) und spezielle Polizeieinheiten im Mittelpunkt. Obwohl dabei neueste kriminologische Methoden aufgegriffen werden, haben diese Serien nicht immer besonders viel mit der Arbeit der realen Polizei zu tun. Bei den Zuschauern sind sie aber dennoch äußerst beliebt.

Bei der Suche nach dem Täter bedienen sich fast alle Ermittler ähnlicher Methoden: Sie sichern Spuren am Tatort, sammeln Indizien, befragen Verdächtige, überprüfen Alibis und suchen nach möglichen Motiven für das Verbrechen. Besonders spannend wird diese Art von Krimis dadurch, dass auch die Leser bzw. Zuschauer Vermutungen darüber anstellten können, wer der Täter sein könnte, dabei aber häufig, ebenso wie der Detektiv, auf falsche Fährten gelockt werden.

Dies ist jedoch nicht das einzige Mittel, mit dem Krimiautoren und -autorinnen Spannung erzeugen: So geschehen die Verbrechen häufig in einer scheinbar völlig friedlichen und idyllischen Umgebung und werden gerade von denen verübt, von denen man es am wenigsten erwartet hätte; auch die genaue Schilderung einer unheimlichen Szenerie oder die detaillierte Beschreibung angsteinflößender Personen kann die Spannung in einem Krimi steigern.

1 Nachdem Du diesen Sachtext gelesen hast, kannst du die folgenden Fragen beantworten:
- Was bedeutet das Wort ‚Detektiv'?
- Wie gehen die Ermittler bei der Aufklärung eines Verbrechens vor?
- Wodurch kann in Krimis Spannung erzeugt werden?

2 Erstelle aus dem Cluster vom Kapitelanfang eine *Mind Map*, die du mit Hilfe der Informationen aus diesem Artikel ergänzt.

3 + Was macht die Krimis, die du schon kennst, spannend?

Die folgende Kriminalgeschichte ist sicherlich in vielem anders als die Krimis, die du schon kennst. Du solltest sie selbstständig lesen. Die eingefügten Nachdenk- und Schreibaufgaben sollen dein Lesen unterstützen und dir helfen, den Text besser zu verstehen.

Die Wirtin *Roald Dahl*

Der siebzehnjährige Billy Weaver fährt mit dem Zug ins englische Städtchen Bath, weil er dort einen Job suchen und Karriere machen will. Als er abends ankommt, ist er unentschlossen, ob er lieber im örtlichen Gasthof ***The Bell and Dragon*** *oder in einer Pension wohnen soll. Im Vorübergehen fällt sein Blick auf das Schild „Zimmer mit Frühstück" in einem der Fenster. Er klingelt und sofort öffnet sich die Tür ...*

Sie mochte fünfundvierzig bis fünfzig Jahre alt sein und sie begrüßte ihn mit einem warmen Willkommenslächeln.

„Bitte treten Sie näher“, sagte sie freundlich. Sie hielt die Tür weit offen und Billy ertappte sich dabei, dass er automatisch vorwärtsgehen wollte. Der Drang oder vielmehr die Begierde, ihr in dieses Haus zu folgen, war außerordentlich stark.

„Ich habe das Schild im Fenster gesehen“, erklärte er, ohne die Schwelle zu überschreiten.

„Ja, ich weiß.“

„Ich suche ein Zimmer.“

„Alles ist für Sie bereit, mein Lieber“, antwortete sie. Ihr Gesicht war rund und rosig, der Blick ihrer blauen Augen sehr sanft.

„Ich war auf dem Weg zum Bell and Dragon“, berichtete Billy. „Aber dann sah ich zufällig dieses Schild in Ihrem Fenster.“

„Lieber Junge“, sagte sie, „warum stehen Sie denn in der Kälte? Kommen Sie doch herein.“

„Wie viel kostet das Zimmer?“

„Fünfeinhalb für die Nacht einschließlich Frühstück.“

Das war unglaublich billig. Weniger als die Hälfte des Betrages, mit dem er gerechnet hatte.

„Wenn es zu viel ist“, fügte sie hinzu, „kann ich‘s vielleicht auch ein bisschen billiger machen. Wollen Sie ein Ei zum Frühstück? Eier sind zurzeit teuer. Ohne Ei kostet es einen halben Shilling weniger.“

„Fünfeinhalb ist ganz gut“, erwiderte er. „Ich möchte gern hierbleiben.“

„Das habe ich mir gleich gedacht. Kommen Sie herein."
Sie schien wirklich sehr nett zu sein. Und sie sah genauso aus wie eine Mutter, die den besten Schulfreund ihres Sohnes für die Weihnachtstage in ihrem Hause willkommen heißt. Billy nahm den Hut ab und trat ein.
„Hängen Sie Ihre Sachen nur dorthin", sagte sie. „Warten Sie, ich helfe Ihnen aus dem Mantel."
Andere Hüte oder Mäntel waren in der Diele nicht zu sehen. Auch keine Schirme, keine Spazierstöcke – nichts.
„Wir haben hier alles für uns allein", bemerkte sie und lächelte ihm über die Schulter zu, während sie ihn die Treppe hinaufführte. „Wissen Sie, ich habe nicht sehr oft das Vergnügen, einen Gast in meinem kleinen Nest zu beherbergen."
Die Alte ist ein bisschen verdreht, dachte Billy. Aber für fünfeinhalb die Nacht kann man das schon in Kauf nehmen.
„Ich hätte geglaubt, Sie wären von Gästen überlaufen", sagte er höflich.
„Bin ich auch, mein Lieber, bin ich auch. Die Sache ist nur so, dass ich dazu neige, ein ganz klein wenig wählerisch und eigen zu sein – wenn Sie verstehen, was ich meine."
„O ja."
„Aber bereit bin ich immer. Ja, ich halte Tag und Nacht alles bereit für den Fall, dass einmal ein annehmbarer junger Mann erscheint. Und es ist eine große Freude, mein Lieber, eine sehr große Freude, wenn ich hie und da die Tür aufmache und jemand vor mir sehe, der genau richtig ist."
Sie hatte den Treppenabsatz erreicht, blieb stehen, die eine Hand auf dem Geländer, wandte den Kopf und lächelte mit blassen Lippen auf ihn herab.
„Wie Sie", setzte sie hinzu und der Blick ihrer blauen Augen glitt langsam von Billys Kopf bis zu seinen Füßen und dann wieder hinauf.
In der ersten Etage sagte sie zu ihm: „Hier wohne ich."
Sie stiegen noch eine Treppe höher. „Und dies ist Ihr Reich", fuhr sie fort. „Ich hoffe, Ihr Zimmer gefällt Ihnen."
Damit öffnete sie die Tür eines kleinen, aber sehr hübschen Vorderzimmers und knipste beim Eintreten das Licht an.
„Morgens scheint die Sonne direkt ins Fenster, Mr. Perkins. Sie heißen doch Mr. Perkins, nicht wahr?" „Nein", sagte er. „Weaver."
„Mr. Weaver. Wie hübsch. Ich habe eine Wärmflasche ins Bett getan, damit sich die Bezüge nicht so klamm anfühlen. In einem fremden Bett mit frischer Wäsche ist eine Wärmflasche sehr angenehm, finden Sie nicht? Und falls Sie frösteln, können Sie jederzeit den Gasofen anstecken."
„Danke", sagte Billy. „Haben Sie vielen Dank." Er bemerkte, dass die Überdecke bereits abgenommen und die Bettdecke an einer Seite zurückgeschlagen war – er brauchte nur noch hineinzuschlüpfen.
„Ich bin so froh, dass Sie gekommen sind", beteuerte sie und blickte ihm ernst ins Gesicht. „Ich hatte mir schon Gedanken gemacht."

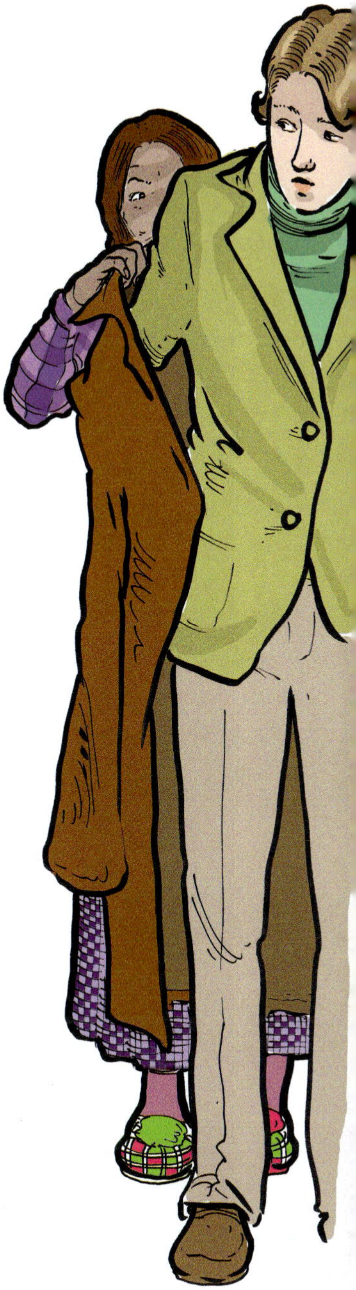

„Alles in Ordnung“, antwortete Billy munter. „Gar kein Grund zur Sorge.“ Er legte seinen Koffer auf den Stuhl und schickte sich an, ihn zu öffnen. „Und wie sieht's mit Abendbrot aus, mein Lieber? Haben Sie irgendwo etwas gegessen, bevor Sie herkamen?“

„Danke, ich bin wirklich nicht hungrig“, sagte er. „Ich glaube, ich werde so bald wie möglich schlafen gehen, weil ich morgen beizeiten aufstehen und mich im Büro melden muss.“

„Gut, dann will ich Sie jetzt allein lassen, damit Sie auspacken können. Aber ehe Sie sich hinlegen, seien Sie doch bitte so freundlich, unten im Salon ihre Personalien ins Buch einzutragen. Das muss jeder tun, denn es ist hierzulande Gesetz und in diesem Stadium wollen wir uns doch nach den Gesetzen richten, nicht wahr?“

Sie winkte leicht mit der Hand und verließ rasch das Zimmer.

Das absonderliche Benehmen seiner Wirtin beunruhigte Billy nicht im Geringsten. Die Frau war ja harmlos – darüber bestand wohl kein Zweifel – und zudem schien sie eine freundliche, freigebige Seele zu sein. Vermutlich hatte sie im Krieg einen Sohn verloren oder einen anderen Schicksalsschlag erlitten, über den sie nie hinweggekommen war.

1. Fasse kurz zusammen, was bis zu dieser Stelle geschieht.
2. Welchen Eindruck hast du bisher von Billy? Welchen von der Wirtin?
3. Überlege dir, was Billy im Verlauf der Geschichte wohl erleben wird.
4. Nachdem die Wirtin gegangen ist, schreibt Billy einen Brief an seine Eltern – was wird er ihnen über seine neue Unterkunft und die Wirtin schreiben?

Wenig später, nachdem er seinen Koffer ausgepackt und sich die Hände gewaschen hatte, ging er ins Erdgeschoss hinunter und betrat den Salon. Die Wirtin war nicht da, aber im Kamin brannte das Feuer und davor schlief noch immer der kleine Dackel. Das Zimmer war herrlich warm und gemütlich. Da habe ich Glück gehabt, dachte Billy und rieb sich die Hände. Besser hätte ich's gar nicht treffen können. Da das Gästebuch offen auf dem Klavier lag, zog er seinen Füllfederhalter heraus, um Namen und Adresse einzuschreiben. Auf der Seite standen bereits zwei Eintragungen und Billy las sie, wie man es bei Fremdenbüchern immer tut. Der eine Gast war ein gewisser Christopher Mulholland aus Cardiff, der andere hieß Gregory W. Temple und stammte aus Bristol.

Merkwürdig, dachte er plötzlich. Christopher Mulholland. Das klingt irgendwie bekannt. Wo in aller Welt hatte er diesen keineswegs alltäglichen Namen schon gehört? Ein Mitschüler? Nein. Vielleicht einer der vielen Verehrer seiner Schwester oder ein Freund seines Vaters? Nein, ganz gewiss nicht. Er blickte wieder in das Buch.

Christopher Mulholland, 231 Cathedral Road, Cardiff. Gregory W. Temple, 27 Sycamore Drive, Bristol.

Wenn er es recht bedachte, hatte der zweite Name einen fast ebenso vertrauten Klang wie der erste. „Gregory Temple“, sagte er laut vor sich hin, während er in seinem Gedächtnis suchte. „Christopher Mulholland ...“

„So reizende junge Leute“, hörte er eine Stimme hinter sich. Er fuhr herum und sah seine Wirtin ins Zimmer segeln. Sie trug ein großes silbernes Tablett, das sie weit von sich abhielt, ziemlich hoch, als hätte sie die Zügel eines lebhaften Pferdes in den Händen.

„Die Namen kommen mir so bekannt vor“, sagte er.

„Wirklich? Wie interessant.“

„Ich möchte schwören, dass ich sie irgendwoher kenne. Ist das nicht sonderbar? Vielleicht aus der Zeitung. Handelt es sich etwa um berühmte Persönlichkeiten? Kricketspieler, Fußballer oder dergleichen?“

„Berühmt ...“

Sie stellte das Teebrett auf den niedrigen Tisch vor dem Sofa.

„Ach nein, berühmt waren sie wohl nicht. Aber sie waren ungewöhnlich hübsch, alle beide, das kann ich Ihnen versichern. Groß, jung und hübsch, mein Lieber, genau wie Sie.“

Billy beugte sich von Neuem über das Buch.

„Nanu“, rief er, als sein Blick auf die Daten fiel.

„Die letzte Eintragung ist ja mehr als zwei Jahre alt.“

„So?“

„Tatsächlich. Und Christopher Mulholland hat sich fast ein Jahr früher eingeschrieben – also vor reichlich drei Jahren.“

„Du meine Güte“, sagte sie kopfschüttelnd mit einem gezierten kleinen Seufzer.

„Das hätte ich nie gedacht. Wie doch die Zeit verfliegt, nicht wahr, Mr. Wilkins?“

„Ich heiße Weaver“, verbesserte Billy. „W-e-a-v-e-r.“

„O ja, natürlich!“

Sie setzte sich auf das Sofa. „Wie dumm von mir. Entschuldigen Sie bitte. Zum einen Ohr hinein, zum anderen hinaus, so bin ich nun mal, Mr. Weaver.“

„Wissen Sie“, begann Billy von Neuem, „was bei alledem höchst merkwürdig ist?“

„Nein, was denn, mein Lieber?“

„Ja, sehen Sie, mit diesen beiden Namen - Mulholland und Temple – verbinde ich nicht nur die Vorstellung von zwei Menschen, die sozusagen unabhängig voneinander existieren, sondern mir scheint auch, dass sie auf irgendeine Art und Weise zusammengehören. Als wären sie beide auf demselben Gebiet bekannt, wenn Sie verstehen, was ich meine – etwa wie ... ja ... wie Dempsey und Tunney oder wie Churchill und Roosevelt.“

„Sehr amüsant“, sagte sie. „Aber kommen Sie, mein Lieber, setzen Sie sich zu mir aufs Sofa. Sie sollen eine Tasse Tee trinken und Ingwerkeks essen, bevor Sie zu Bett gehen.“

„Bemühen Sie sich doch nicht“, protestierte Billy. „Machen Sie bitte meinetwegen keine Umstände.“

Er lehnte am Klavier und sah zu, wie sie eifrig mit den Tassen und Untertassen hantierte. Sie hatte kleine, weiße, sehr bewegliche Hände mit roten Fingernägeln.

„Ich bin überzeugt, dass ich die Namen in der Zeitung gelesen habe“, fuhr Billy fort. „Gleich wird‘s mir einfallen. Ganz bestimmt.“

Es gibt nichts Quälenderes, als einer Erinnerung nachzujagen, die einem immer wieder entschlüpft. Er mochte nicht aufgeben.

„Warten Sie einen Moment“, murmelte er.

„Nur einen Moment. Mulholland … Christopher Mulholland … war das nicht der Etonschüler, der eine Wanderung durch Westengland machte und der dann plötzlich …“

„Milch?“, fragte sie. „Und Zucker?“

„Ja, bitte. Und der dann plötzlich …“

„Etonschüler?“, wiederholte sie. „Ach nein, mein Lieber, das kann nicht stimmen, denn mein Mr. Mulholland war kein Etonschüler. Er studierte in Cambridge. Na, wollen Sie denn nicht herkommen und sich an dem schönen Feuer wärmen? Nur zu, ich habe Ihnen schon Tee eingeschenkt.“

Sie klopfte leicht auf den Platz an ihrer Seite und schaute Billy erwartungsvoll lächelnd an.

5 Schreibe auf, wie sich das Verhältnis zwischen Billy und seiner Wirtin entwickelt.

6 Überlege dir, was es mit Christopher Mulholland und Gregory Temple wohl auf sich haben könnte. Woher könnte Billy die Namen kennen?

7 Stell dir vor, du könntest Billy sagen, wie er sich verhalten soll. Was würdest du ihm raten?

Er durchquerte langsam das Zimmer und setzte sich auf die Sofakante. Sie stellte die Teetasse vor ihn hin.

„So ist‘ s recht“, sagte sie. „Wie hübsch und gemütlich das ist, nicht wahr?“

Billy trank seinen Tee, und auch sie nahm ein paar kleine Schlucke. Eine Zeit lang sprachen die beiden kein Wort. Aber Billy wusste, dass sie ihn ansah. Sie hatte sich ihm halb zugewandt, und er spürte, wie sie ihn über den Tassenrand hinweg beobachtete. Hin und wieder streifte ihn wie ein Hauch ein eigenartiger Geruch, der unmittelbar von ihr auszugehen schien und der keineswegs unangenehm war. Ein Duft, der Billy an irgendetwas erinnerte – er konnte nur nicht sagen, an was. Eingemachte Walnüsse? Neues Leder? Oder die Korridore im Krankenhaus? Schließlich brach sie das Schweigen. „Mr. Mulholland war ein großer Teetrinker. Nie im Leben habe ich jemanden so viel Tee trinken sehen wie den lieben Mr. Mulholland." „Ich nehme an, er ist erst vor Kurzem ausgezogen", meinte Billy, der noch immer an den beiden Namen herumrätselte. Er war jetzt ganz sicher, dass er sie in der Zeitung gelesen hatte – in den Schlagzeilen.

„Ausgezogen?" Sie hob erstaunt die Brauen. „Aber nein, lieber Junge, er ist gar nicht ausgezogen. Er wohnt noch hier. Mr. Temple auch. Sie sind beide im dritten Stock untergebracht."

Billy stellte die Tasse vorsichtig auf den Tisch und starrte seine Wirtin an. Sie lächelte, streckte eine ihrer weißen Hände aus und klopfte ihm beruhigend aufs Knie.

„Wie alt sind Sie, mein Freund?"

„Siebzehn."

„Siebzehn!", rief sie. „Ach, das ist das schönste Alter! Mr. Mulholland war auch siebzehn. Aber ich glaube, er war ein wenig kleiner als Sie, ja, bestimmt war er kleiner, und seine Zähne waren nicht ganz so weiß wie Ihre. Sie haben wunderschöne Zähne, Mr. Weaver, wissen Sie das?"

„So gut, wie sie aussehen, sind sie gar nicht", sagte Billy. „Auf der Rückseite haben sie eine Menge Füllungen."

Sie überhörte seinen Einwurf.

„Mr. Temple war natürlich etwas älter", erzählte sie weiter. „Er war schon achtundzwanzig. Aber wenn er mir das nicht verraten hätte, wäre ich nie darauf gekommen, nie im Leben. Sein Körper war ganz ohne Makel."

„Ohne was?" fragte Billy.

„Er hatte eine Haut wie ein Baby. Genau wie ein Baby."

8 So ganz geheuer ist Billy die Wirtin mittlerweile nicht mehr. Finde Stellen im Text, an denen dies deutlich wird.

9 Billy reagiert erstaunt auf die Feststellung seiner Wirtin, dass Gregory Temples Körper ohne Makel gewesen sei. Stell dir vor, du bist Billy – welche Gefühle und Gedanken gehen dir durch den Kopf, als dir die Wirtin dies erzählt?

10 Die Wirtin sagt, dass Mr. Temple noch bei ihr wohne, trotzdem spricht sie in der Vergangenheit von ihm – wie kann das sein?

Es entstand eine Pause. Billy nahm seine Tasse, trank einen Schluck und setzte sie behutsam auf die Untertasse zurück. Er wartete auf irgendeine Bemerkung seiner Wirtin, aber sie hüllte sich in Schweigen. So saß er denn da, blickte unentwegt in die gegenüberliegende Zimmerecke und nagte an seiner Unterlippe.

„Der Papagei dort ...", sagte er schließlich, „Wissen Sie, als ich ihn zuerst durchs Fenster sah, bin ich tatsächlich darauf hereingefallen. Ich hätte schwören können, dass er lebt."

„Leider nicht mehr.“

„Eine ausgezeichnete Arbeit“, bemerkte Billy. „Wirklich, er sieht nicht im Geringsten tot aus. Wer hat ihn denn ausgestopft?“

„Ich.“

„Sie?“

„Natürlich“, bestätigte sie. „Haben Sie schon meinen kleinen Basil gesehen?“

Sie deutete mit einer Kopfbewegung auf den Dackel, der so behaglich zusammengerollt vor dem Kamin lag. Billy schaute hin und plötzlich wurde ihm klar, dass sich das Tier die ganze Zeit ebenso stumm und unbeweglich verhalten hatte wie der Papagei. Er streckte die Hand aus. Der Rücken des Hundes, den er vorsichtig berührte, war hart und kalt, und als er mit den Fingern das Haar beiseiteschob, sah er darunter die trockene, gut konservierte, schwarzgraue Haut.

„Du lieber Himmel“, rief er, „das ist ja fantastisch!“

Er wandte sich von dem Hund ab und blickte voller Bewunderung die kleine Frau an, die neben ihm auf dem Sofa saß.

„So etwas muss doch unglaublich schwierig sein.“

„Durchaus nicht“, erwiderte sie. „Ich stopfte alle meine kleinen Lieblinge aus, wenn sie von mir gehen. Möchten Sie noch eine Tasse Tee?“

„Nein, danke“, sagte Billy. Der Tee schmeckte ein wenig nach bitteren Mandeln und das mochte er nicht.

„Sie haben sich in das Buch eingetragen, nicht wahr?“

„Ja, gewiss.“

„Dann ist es gut. Weil ich später, falls ich Ihren Namen einmal vergessen sollte, immer herunterkommen und im Buch nachschlagen kann. Das tue ich fast täglich mit Mr. Mulholland und Mr. … Mr. …“

„Temple“, ergänzte Billy. „Gregory Temple. Entschuldigen Sie, aber haben Sie denn außer den beiden in den letzten zwei, drei Jahren gar keine anderen Gäste gehabt?“

Sie hielt die Tasse hoch in der Hand, neigte den Kopf leicht nach links, blickte aus den Augenwinkeln zu ihm auf, lächelte ihn freundlich an und sagte:

„Nein, lieber Freund. Nur Sie.“

11 Was wird mit Billy geschehen? Begründe deine Meinung mithilfe des Textes.

12 Diese Geschichte ist sicherlich kein ganz gewöhnlicher Krimi.

a) Welche Gemeinsamkeiten und Unterschiede gibt es zwischen dieser Geschichte und anderen Krimis, die du kennst?

b) Welche Art von Krimis gefällt dir besser und warum?

13 **Leseprofi:** Obwohl in dieser Geschichte gar kein Verbrechen direkt beschrieben wird, ist sie trotzdem spannend. Wodurch erzeugt der Autor Spannung?

14 + Formt einen Abschnitt der Geschichte in ein kleines Hörspiel um: Dazu solltet ihr euch zunächst eine geeignete Passage aussuchen, die ihr vertonen wollt. Achtet dabei darauf, dass bei einem Hörspiel alles nur über das Hören wahrgenommen wird: Personen stellen sich uns durch die Art und Weise vor, wie sie sprechen, ihre Gefühle können sie nur durch ihre Stimme ausdrücken. Geräusche oder auch Musik können die Handlung gestalten und die Stimmung unterstreichen.
Ein Hörspiel zum Anfang der Geschichte könnte etwa so aussehen:

Personen: Erzähler, Billy, Wirtin

(Man hört fröhliche Musik, die leiser wird und schließlich ganz verstummt)

Erzähler: Billy Weaver ist 17 Jahre alt und sucht in einer fremden Stadt nach einem Job. Auf der Suche nach einen Zimmer kommt er an einem Haus vorbei und sieht im Fenster ein Schild.

(Man hört Straßengeräusche – Autos, Schritte)

Billy: *(zu sich)* Zimmer frei? Na, das wäre doch was für mich. Sieht eigentlich ganz nett aus. Wie viel das hier wohl kosten mag?

(Zwei, drei Schritte eine kleine Treppe hinauf, ein Klingeln. Nach einer kurzen Pause das Geräusch einer sich öffnenden Tür)

Wirtin: *(sehr freundlich)* Ah, guten Tag, mein Lieber, bitte, treten Sie doch näher.
Billy: *(erfreut)*: Ich suche ein Zimmer und wollte fragen, wie viel bei ihnen das Zimmer kostet.
Wirtin: *(genauso freundlich wir zuvor)*: Ach, das Zimmer ist ganz billig, es kostet nur fünfeinhalb Schilling. Ich könnte es auch noch etwas billiger machen, wenn Sie zum Frühstück auf ein gekochtes Ei verzichten wollen.
Billy: *(antwortet schnell)* Nein, nein – fünfeinhalb Schilling ist in Ordnung. Ich würde das Zimmer gerne nehmen.
Wirtin: Das habe ich mir doch gedacht – na, dann kommen Sie doch bitte herein.
Billy: *(halblaut zu sich)* Na, da habe ich aber wirklich mal Glück gehabt. *(Schritte – eine Tür wird geschlossen, man hört das Klappern von Kleiderbügeln)*

Krimis lesen – Krimis sehen

Dass ein Krimi – egal ob als Roman, Geschichte oder Film – spannend sein sollte, versteht sich eigentlich von selbst. Da das Medium ‚Film' aber andere Möglichkeiten hat als die Literatur, kann Spannung dort auch auf andere Art erzeugt werden.

1 Tauscht euch darüber aus, mit welchen Mitteln in Filmen Spannung erzeugt werden kann – welche davon können auch in Kriminalgeschichten vorkommen, welche nur in Filmen?

2 Seht euch einen Kriminalfilm oder eine Folge einer Krimserie an. Macht euch Notizen dazu, an welchen Stellen die Spannung besonders hoch ist und mit welchen Mitteln dies erreicht wird. Achte dabei z. B. auf die Verwendung von Musik, aber auch auf die Kameraperspektive und die Kameraeinstellung.

Einige Fachbegriffe sollen euch dabei helfen, eure Beobachtungen möglichst genau festzuhalten. Diese Bezeichnungen müsst ihr allerdings zuvor noch der entsprechenden Darstellung zuordnen:

a) Kameraperspektiven:
- Vogelperspektive (von oben aus gesehen)
- Froschperspektive (von unten aus gesehen)
- Augenhöhe

b) Kameraeinstellungen:
- Totale
- Close-up/Gesicht
- Makro/Detail

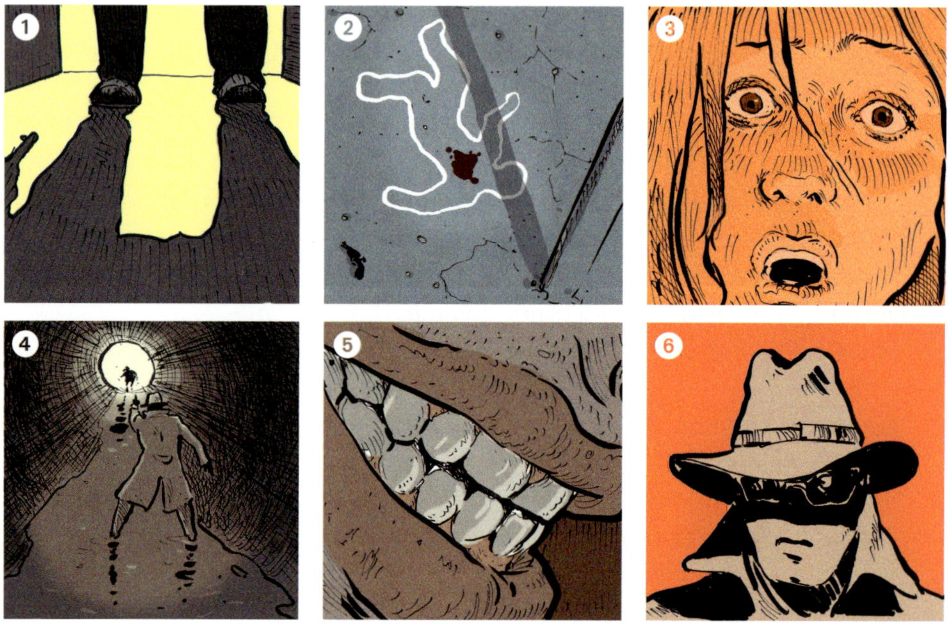

Was geschah auf Schloss Dartmoor?

Eine Kriminalgeschichte nach Bildern schreiben

Auf Schloss Dartmoor ist ein Verbrechen verübt worden! Vor dir liegen Bilder vom Tatort – aber was genau ist eigentlich passiert?

1 Schreibe auf der Grundlage dieser Bilder eine Kriminalgeschichte, in der du das Verbrechen und vielleicht auch seine Aufklärung beschreibst. Dazu kannst du auch eine Detektivfigur erfinden. Benutze zur Gestaltung deiner Geschichte die Merkmale von Krimis, die du in deiner *Mind Map* gesammelt hast. Hier findest du einige Anregungen, wie deine Geschichte anfangen könnte:

Es war schon nach Mitternacht, als ich auf Schloss Dartmoor ankam. Obwohl ich schon seit Jahren Inspektor bei der Polizei bin, hatte ich so etwas bislang noch nicht gesehen …

Lord Dartmoor saß noch spät am Abend in seinem Arbeitszimmer, als er hörte, wie die schwere Holztür langsam geöffnet wurde. Zuerst dachte er, es sei seine Frau, doch dann sah er voller Schrecken, dass …

Lesetipps:

Jürgen Banscherus: **Novemberschnee**

Australien – so heißt das Zauberwort, mit dem alles beginnt. Vom Ayers Rock, von weiten Ebenen und von der Sonne träumen Lina, Tom und Jurij. Doch stattdessen sitzen sie in einem alten Schuppen am Steinbruch und frieren. Eine Bank müsste man überfallen, überlegen sie im Scherz, dann hätten sie genug Geld für den Flug. Um der Langeweile ihrer Nachmittage zu entfliehen, spinnen die drei ihre Idee weiter – nur so als Spiel. Oder doch nicht? Plötzlich, durch einen dummen Zufall, wird aus ihrem Spiel Realität und die drei Freunde haben die Taschen voller Geld. Jetzt nur schnell weg! Doch gerade, als ihr Traum so greifbar wie nie scheint, beginnt sich alles zu verselbstständigen. Auf ihrer Flucht durch den Novemberschnee zerfließen die Grenzen zwischen Loyalität und Verrat, zwischen Liebe und Hass, zwischen Schuld und Unschuld.

Boris Koch: **Feuer im Blut**

Der Fußballer Mark, 16, würde für seinen drei Jahre jüngeren Stiefbruder Sandro durchs Feuer gehen. Zusammen mit dem Heavy-Metal-Fan „Bender" schreiben sie für die Schülerzeitung. Mark, Sandro und Bender stecken auf einmal mittendrin in Ermittlungen zur Brandstiftung an der Turnhalle ihres Gymnasiums. Ist sie ein Racheakt des gegnerischen Mittelfeldspielers Nr. 6? Oder steckt der Sprayer dahinter, der die Schulwände mit seltsamen Botschaften beschmiert? Als Mark bemerkt, dass Jörg Hafner, der beste Spieler seiner Mannschaft, illegale Muskelpräparate einnimmt, stehen die drei vor einem Rätsel.

Uschi Flacke: **Nebel über Kloster Thron**

Raubritter und andere finstere Gestalten bevölkern die Wälder und machen jedermann in der Gegend das Leben schwer. Eine Reihe grausamer Morde versetzen die Bewohner der Dörfer in helle Aufruhr. Franziska, die junge und unerschrockene Tochter des Ritters von Reifenberg, sucht auf eigene Faust nach den Übeltätern. Hat die blinde Nonne von Kloster Thron den teuflischen Plan ausgeheckt? Der tapfere Junker Daniel, ein roter Rubinring und ein kleines ledernes Buch mit geheimnisvollen Miniaturen helfen Franziska auf ihrer lebensgefährlichen Spurensuche ...

Klaus-Peter Wolf: **sklaven und herren**

Tim und seine Freunde sind besorgt: Im Schwimmbad häufen sich seltsame Vorfälle, die scheinbar nichts miteinander zu tun haben. Geht es um Geld oder Drogen? Als sie nachforschen, müssen die vier Freunde erkennen, dass die Wahrheit viel schlimmer ist, als sie vermutet haben. Und sie selbst werden immer tiefer in den Strudel der Ereignisse hineingezogen ...

Das Portrait:

Johann Wolfgang von Goethe

Goethe, ein weltberühmter deutscher Dichter

Johann Wolfgang von Goethe – wer hat nicht schon von ihm etwas gehört oder gelesen! Vor mehr als 250 Jahren hat er gelebt; er wurde geboren in Frankfurt 1749 und starb 1832 in Weimar. Straßen und Plätze wurden nach ihm benannt, Schulen tragen seinen Namen, Goethe-Institute gibt es selbst im Ausland.
In diesem Kapitel geht es darum, wie Goethe zu dieser Berühmtheit gekommen ist. Ihr sollt in diesem Kapitel besonders von seiner Kindheit, seiner Jugend und seinem ersten Verliebtsein erfahren. Möglicherweise könnt ihr dann auch feststellen:

Ein interessanter Typ, dieser Goethe.

Wer reitet so spät durch Nacht und Wind …

Goethe liest Goethe –

Schaffen wir das? Jetzt ist es amtlich: Guinness World Records Ltd. hat unseren Rekordversuch angenommen: Wir versuchen die erste pausenlose Lesung aller dramatischen und lyrischen Werke Goethes. Das dauert schätzungsweise ca. 50 Stunden. Wir haben uns verpflichtet, dass mindestens 1000 Schüler (auch ehemalige) und Lehrer lesen werden. Dazu benötigen wir jede Hilfe. Wenn ihr mitmachen wollt, schickt eine Mail an: goetheliestgoethe@web.de

Hat der alte Hexenmeister …

Zwei Dinge sollen Kinder von ihren Eltern bekommen: Wurzeln und Flügel.

Auch aus Steinen, die einem in den Weg gelegt werden, kann man Schönes bauen.

Nichts ist schrecklicher als ein Lehrer, der nicht mehr weiß als das, was die Schüler wissen sollen.

Arm der Mensch, bei dem der Kopf alles ist!

1 Tauscht euch darüber aus, was ihr schon einmal von Goethe gehört habt. Gibt es in eurer Stadt auch einen Hinweis auf Goethe?

2 Die beiden Balladen(anfänge) sollten euch bekannt vorkommen! Aus welchen Balladen stammen sie?

3 Wie steht ihr denn zu Goethes Sprüchen auf dieser Seite?

Kindheit und Jugend – Goethe und seine Zeit

Am 28. August 1749 wurde Johann Wolfgang von Goethe in Frankfurt am Main geboren. Ihr müsst euch die Stadt Frankfurt jener Zeit ganz anders vorstellen als heute. Die Stadt war damals noch von einer Stadtmauer umgeben. Hochhäuser, Unterführungen, Geschäftsstraßen und einen Bahnhof gab es noch nicht. Stellt euch dafür holprige Pflasterstraßen ohne Autos vor, dafür aber Pferdekutschen und Wagen, die von Pferden oder Ochsen gezogen wurden. Sie waren beladen mit Waren, die die Bauern in die Stadt brachten. Wie schmutzig die Straßen gewesen sein mussten, könnt ihr euch sicher denken.

Gekleidet waren viele Kinder wie die Erwachsenen, manche trugen sogar Perücken, die Frauen trugen lange, weite Röcke.

In einer Kutsche sollte Goethe später nach Italien reisen.

Aber nicht nur die Straßen sahen ganz anders aus als heute: Zu Goethes Lebzeiten gab es keine Elektrizität und elektrische Beleuchtung, noch keine Eisenbahn und damit keine technischen Errungenschaften, wie wir sie heute kennen. Natürlich auch keine Telefone (eine Nachricht von München nach Berlin musste per Pferd überbracht werden und brauchte so mehrere Tage). Die meisten Menschen lebten auf dem Lande; etwa ein Viertel der Bevölkerung konnte nicht einmal lesen und schreiben.

In dieser Stadt wurde Johann Wolfgang von Goethe geboren. Und bei seiner Geburt stand es nicht gut um Deutschlands berühmten Dichter. In seinen Lebenserinnerungen erzählt er später:

Am 28. August 1749, mittags mit dem Glockenschlag zwölf, kam ich in Frankfurt am Main auf die Welt. Durch Ungeschicklichkeit der Hebamme kam ich für tot auf die Welt, und nur durch vielfache Bemühungen brachte man es dahin, dass ich das Licht erblickte.

1 Goethes Zeit und unsere Zeit sind zwei verschieden Welten. Stellt euch vor, der Dichter stände plötzlich ungläubig vor euch und ihr würdet euch mit ihm unterhalten. Verfasst darüber einen Dialog.

Goethe: Sag mal, wie sieht es denn bei euch auf den Straßen in Hamburg aus?
Schüler: Wieso? Das sind doch nur ...
Goethe: Die vielen Aufschriften und Tafeln und Zeitungen, das kann doch keiner lesen!
Schüler: ...
Goethe: Wenn das die Leute in meiner Heimatstadt hören oder sehen würden.
...

Goethe – ein cleveres Kind

Schon sehr früh begann der Knabe, Gedichte zu schreiben.
Diese beiden Gedichte vermitteln uns ein erstes Bild des jungen Goethe:

Johann Wolfgang Goethe

Vom Vater hab' ich die Statur,
Des Lebens ernstes Führen.
Von Mütterchen die Frohnatur
Und Lust zu fabulieren.

Johann Wolfgang Goethe

Mädchenwünsche

O fände für mich
Ein Bräutigam sich!
Wie schön ist's nicht da!
Man nennt uns Mama;
Da braucht man zum Nähen,
Zur Schul' nicht zu gehen;
Da kann man befehlen,
hat Mägde, darf schmälen;
Man wählt sich die Kleider;
Nach Gusto den Schneider;
Da läßt man spazieren,
Auf Bälle sich führen,
Und fragt nicht erst lange
Papa und Mama.

1 Die beiden Jugendlichen auf dem Bild haben Goethes Gedichte gelesen. Beide schreiben dazu einen Kommentar an ihn. Schreibt selbst an Goethe einen kurzen Brief. Tauscht euch über die Ergebnisse aus.

Goethe und seine Schulzeit

1755 baute Goethes Vater das Haus um. Man kann es heute noch besichtigen. Johann Wolfgang und seine um ein Jahr jüngere Schwester Cornelia, mit der er sich gut verstand, hatten weitgehend Privatunterricht. Goethes Vater war Jurist und ein eher ernster und verstandesbetonter Mann. Die Mutter war von Natur lustiger und lebhafter. Die Kinder wohlhabender Eltern bekamen zu dieser Zeit natürlich auch einen ausgezeichneten, vielseitigen Privat-Unterricht. So wurde Johann Wolfgang auch im Zeichnen unterrichtet – er malte gerne und beherrschte dies auch gut – er bekam Klavierunterricht und besonders Sportunterricht. Man lehrte ihn das Fechten und Reiten und neben den Naturwissenschaften Fremdsprachen wie Französisch, Italienisch, Lateinisch, Griechisch und Hebräisch. Ein Musterschüler war er nicht, und sein Vater erschien ihm oft als ein zu strenger Lehrer, vor allem, wenn er nach Erkrankungen alles Versäumte schnell nachholen musste.

Über den Unterricht in der Schule äußerte sich der Schüler Goethe so:

Durch schnelles Ergreifen, Verarbeiten und Festhalten entwuchs ich sehr bald dem Unterricht, den mir mein Vater und die übrigen Lehrmeister geben konnten …
Die Grammatik missfiel mir, … die Regeln schienen mir lächerlich, weil sie durch so viele Ausnahmen aufgehoben wurden.[…]
Dieser gemeinsame Unterricht förderte mich nicht; die Lehrer gingen ihren Schlendrian, und die Unarten, ja manchmal die Bösartigkeiten meiner Gesellen brachten Unruh, Verdruss und Störung in die kärglichen Lehrstunden.
[…] Der Lehrer war eine Stunde nicht gekommen; solange wir Kinder alle beisammen waren, unterhielten wir uns recht artig: als aber die mir wohlwollenden … hinweggingen und ich mit drei misswollenden allein blieb, so dachten diese mich zu quälen. Sie hatten mich einen Augenblick im Zimmer verlassen und kamen mit Ruten zurück. […]
Sie fingen darauf unbarmherzig an, mir die Beine und Waden auf das Grausamste zu peitschen. Ich rührte mich nicht, fühlte aber bald, dass ich mich verrechnet hatte und dass ein solcher Schmerz die Minuten sehr verlängert. Mit der Duldung wuchs meine Wut, und mit dem ersten Stundenschlag fuhr ich dem einen, der sich's am wenigsten versah, mit der Hand in die Nackenhaare und stürzte ihn augenblicklich zu Boden, indem ich mit dem Knie seinen Rücken drückte; den anderen, einen Jüngeren und Schwächeren, der mich von hinten anfiel, zog ich bei dem Kopfe durch den Arm und erdrosselte ihn fast, indem ich ihn an mich presste. […]
In dem Vorteil, in dem ich mich befand, stieß ich sie wiederholt mit den Köpfen zusammen. Sie erhuben zuletzt ein entsetzliches Zetergeschrei und wir sahen uns bald von allen Hausgenossen umgeben.
Die umhergestreuten Ruten und meine Beine, die ich von den Strümpfen entblößte, zeugten bald für mich. Man behielt sich die Strafe vor und ließ mich aus dem Hause: ich erklärte aber, dass ich künftig bei der geringsten Beleidigung einem oder dem anderen die Augen auskratzen, die Ohren abreißen, wo nicht gar ihn erdrosseln würde.

1 Goethe, ein ganz normaler Schüler? Wie beurteilt ihr ihn?

2 Vergleicht euren Stundenplan mit Goethes und diskutiert darüber.

3 Klärt zuerst einmal, was sich im Klassenzimmer abspielt, in eurer Sprache. Was bedeutet z. B. „wohlwollende" (Z. 10)?

4 In der Beschreibung könnt ihr weitere Eigenschaften des jungen Goethe erkennen. Welche?

5 Was läuft in eurer Klasse ab, wenn ihr unbeaufsichtigt seid?

6 „Man behielt sich die Strafe vor", teilt Goethe mit. Wie ist eure Meinung dazu?

Der jugendliche Goethe – Die erste Liebe

Nach Goethes Genesung von einer schweren Krankheit begann für ihn eine gute Zeit: Mit 20 Jahren ging er nach Straßburg. Dort wollte er sein Studium der Rechtswissenschaft (Jura) beenden. Nach dem Willen seines Vaters sollte er Rechtsanwalt werden. Er genoss diese Stadt mit ihrem wunderschönen Münster, machte Wanderungen am Rhein entlang, durch das Elsass und lernte auf einem Ausflug die Familie des Pastors Brion im Dorf Sesenheim kennen. Deren Tochter Friederike hatte es ihm besonders angetan; er verbrachte viel Zeit mit ihr in Sesenheim und war total verliebt. So entstanden auch die Sesenheimer Lieder, die Liebesgedichte für Friederike wie das „Mailied", das „ Heidenröslein" und „Willkommen und Abschied".

Was dies bedeutet, verliebt zu sein, Feuer gefangen zu haben, könnt ihr euch sicherlich vorstellen: Herzklopfen, sich ungemein stark fühlen, alles in rosaroten Farben sehen, die ganze Welt umarmen.

Aber auch die Angst und Traurigkeit gehören zu diesen Gefühlen, Angst davor, verlassen zu werden oder die Angst davor, selbst „Schluss machen" zu müssen, dem anderen weh zu tun, wenn man ihn verlässt.

Im August 1771 legte Goethe sein Examen ab, das ihn zum Rechtsanwalt machte. Nun war sein Studium in Straßburg beendet und er hatte neue Pläne.

Zum letzten Mal ritt er nach Sesenheim und verabschiedete sich von Friederike – ohne ihr zu sagen, dass es ein endgültiger Abschied war. Wie traurig er Friederike damit gemacht hat, wird daraus ersichtlich, dass ihre Schwester alle Briefe Goethes an Friederike verbrannte.

In dem Gedicht „Willkommen und Abschied" hat Goethe seine Liebe und das Ende der Liebe verarbeitet.

1 Lest den Sachtext und stellt eurem Nachbarn Fragen darüber.
(„Was tat Goethe in Straßburg? Was hat es mit Sesenheim auf sich?")

2 Seht euch den Comic an und lest auf der folgenden Seite die erste Strophe des Gedichtes. Findet ihr darin Aussagen, die auch im Sachtext vorkommen? Welche zusätzliche Information gibt der Comic?

3 Sicherlich werdet ihr beim Lesen der ersten Strophe von „Willkommen und Abschied" nicht gleich alles verstehen. Deshalb hat die Schülerin Claudia diese Strophe für euch „ übersetzt":

Willkommen und Abschied

J.W. von Goethe

Lässt den Abend wie einen Menschen handeln ... – personifiziert den Abend

Wiederholt Wörter am Versanfang – Aufgeregt??

Bin total aufgeregt, hab' gar nicht mehr lange nachgedacht ...

Es schlug mein Herz, geschwind zu Pferde!
Es war getan fast eh gedacht.
Der Abend wiegte schon die Erde,
Und an den Bergen hing die Nacht:
Schon stand im Nebelkleid die Eiche,
Ein aufgetürmter Riese, da,
Wo Finsternis aus dem Gesträuche
Mit hundert schwarzen Augen sah.

Bildhafter Ausdruck, stellt sich das so vor

Vergleicht Eiche mit einem unheimlichen Riesen

Es wird schon dunkel, muss mich beeilen. Ganz schön unheimlich, die Eichen im Dunkeln!

Ich glaub, ich seh Gespenster, hab' ganz schön Angst!! Vor dem Wald, aber auch wegen Friederike!

Silben immer gleichmäßig:
unbetont-betont-unbetont-betont:
„Es schlug mein Herz geschwind zu Pferde" –
wie das Galoppieren beim Pferd

Auch die **Reime**
überkreuzen sich = Kreuzreime: abab
Sie sind gleichmäßig (wie das Galoppieren):
Pferde / gedacht
Erde / Nacht

1 Seht euch die Denkblasen und Randbemerkungen genau an. Ihr bekommt wichtige Informationen darüber, wie ein Dichter sein Gedicht gestaltet.

2 Nun solltet ihr die erste Strophe so lesen können, dass die Stimmung gut herauszuhören ist, in der sich der Reiter befindet. (Man nennt das ICH in einem Gedicht „das lyrische Ich").

Kopiert euch dazu das Gedicht und verseht es mit Randbemerkungen zum Geschehen.

Ihr könnt die folgenden Strophen auf die gleiche Weise erarbeiten.

3 Findet ähnliche sprachliche Bilder (Metaphern), mit denen der Dichter die Stimmung verdeutlicht.

4 Ein innerer Monolog (was dem Reiter durch den Kopf geht) könnte seine Gefühle gut wiedergeben: *Ganz schön unheimlich hier! Was ist das da hinten? Trotzdem … Ich muss zu ihr …*

Kommt auch in der ersten Strophe vor

Der Mond von einem Wolkenhügel
Sah kläglich aus dem Duft hervor,
Die Winde schwangen leise Flügel,
Umsausten schauerlich mein Ohr;
Die Nacht schuf tausend Ungeheuer,
Doch frisch und fröhlich war mein Mut:
In meinen Adern welches Feuer!
In meinem Herzen welche Glut!

Gut gemacht! Man kann sich das Unheimliche richtig vorstellen.

Wir sagen dazu …

Stimmung

Dich sah ich, und die milde Freude
Floß von dem süßen Blick auf mich;
Ganz war mein Herz an deiner Seite,
Und jeder Atemzug für dich.
Ein rosenfarbnes Frühlingswetter
Umgab das lieblich Gesicht,
Und Zärtlichkeit für mich, ihr Götter!
Ich hofft' es, ich verdient' es nicht!

Spricht sie direkt an

Hoffen? Und dann nicht verdient haben?

Doch ach, schon mit der Morgensonne
Verengt der Abschied mir das Herz:
In deinen Küssen welche Wonne!
In deinem Auge welcher Schmerz!
Ich ging, du standst und sahst zur Erden
Und sahst mir nach mit nassem Blick:
Und doch, welch Glück, geliebt zu werden!
Und lieben, Götter, welch ein Glück!

Stimmung

Wie auch in den Letzten beiden Versen der 2. Strophe

???

Er verlässt sie doch! Wieso dann „Glück“?

5 Lest das Liebesgedicht so vor, wie es der jeweiligen Stimmung in den Strophen entspricht (unheimlich, ängstlich, mutig, traurig, verzweifelt …).

6 **Leseprofi:** Ein Schüler stellt fest: „Irgendetwas ist nicht ganz logisch in der letzten Strophe.“ Er hat allerdings nicht eure Informationen über Goethes Straßburger Zeit. Klärt ihn über den Widerspruch in der letzten Strophe auf.

Die Leiden des jungen Werther – Goethes erster „Bestseller“

Mit dem Liebesroman „Die Leiden des jungen Werther“ wurde Goethe in kurzer Zeit berühmt. Die jungen Menschen waren damals so davon begeistert, dass sie sich so kleideten wie die Figuren in diesem Roman: blauer Frack, gelbe Weste, Stiefel mit braunen Stulpen. Da sich der junge Held im Roman aus enttäuschter Liebe mit einer Pistole umbrachte, begingen auch tatsächlich viele liebeskranke junge Männer Selbstmord.

Der junge Werther schrieb in dem Roman, der nur aus Briefen besteht, an seinen Freund Wilhelm, wie er sich in das Mädchen Lotte verliebte und was er dabei erlebte.

Dieser Roman ist nicht rein zufällig entstanden. 1772, also mit 23 Jahren, trat Goethe ein Praktikum am Reichskammergericht in Wetzlar an. Dort sollte er eines Abends eine junge Dame mit Namen Charlotte Buff zu einem Ball begleiten. In diese Frau verliebte er sich leidenschaftlich, sie war aber bereits mit einem anderen Mann, mit Albert, verlobt. Und damit begann das Unheil. Es wurden schlimme Tage für Goethe. Regelmäßig trafen sie sich, sprachen viel miteinander, aber mehr sollte es nicht werden. Wenig später verließ Goethe in seiner Verzweiflung fluchtartig Wetzlar. Zur selben Zeit erfuhr er von einer traurigen Geschichte in Wetzlar.

Diese beiden Erfahrungen verarbeitete Goethe in seinem Liebesroman „Die Leiden des jungen Werther“. Die Hauptpersonen in diesem Roman sind der junge Werther, die verlobte Lotte und sein Freund Wilhelm. Dieser las Werthers Briefe genau und versuchte immer wieder, den total verliebten Werther zur Vernunft zu bringen.

1 Beschreibt, was ihr auf dem Bild oben seht. Versetzt euch dabei in die dargestellten Figuren. Was sie wohl zueinander sagen?

2 Klärt im Gespräch miteinander, wie der Liebesroman entstanden ist. Betrachtet dazu auch den Comic. Was ist das Besondere an der Erzählweise? Welche Folgen zog der Liebesroman nach sich? Welchen Namen hat Goethe seiner weiblichen Hauptfigur gegeben?

3 + Goethe hat mit seinem Werther das Zeitgefühl und die Mode junger Menschen beeinflusst. Überlegt, wie euch Trends heutzutage beeinflussen (Mode, Sprache, Musik, Literatur …).

Die Leiden des jungen Werther *J. W. von Goethe*

Auszüge aus Goethes erstem Romanhit – so hören sie sich an:

16. Juni

... kurz und gut; ich habe eine Bekanntschaft gemacht, die mein Herz näher angeht. ... Einen Engel ... Und doch bin ich nicht im Stande, dir zu sagen, wie sie vollkommen ist; warum sie vollkommen ist; genug, sie hat allen meinen Sinn gefangen genommen...

„Sie werden ein schönes Frauenzimmer kennen lernen", sagte meine Gesellschafterin. ...Nehmen Sie sich in Acht, ... dass Sie sich nicht verlieben!" „Wieso?", sagte ich. „Sie ist schon vergeben an einen sehr braven Mann." Die Nachricht war mir ziemlich gleichgültig ... Mit welchem Reiz ... bewegte sie sich ... Nie ist mir`s so leicht vom Flecke gegangen. Ich war kein Mensch mehr. Das liebenswürdigste Geschöf in den Armen zu haben und mit ihr ... herumzufliegen, dass alles ringsumher verging ...

13. Juli

Nein, ich betrüge mich nicht. Ich lese in ihren schwarzen Augen wahre Teilnehmung an mir. ... Ja, ich fühle, ... dass sie ... mich liebt.

16. Juli

Ach, wie mir all das durch die Adern läuft, wenn mein Finger unversehens den ihrigen berührt, wenn unsere Füße sich unter dem Tisch begegnen! Ich ziehe mich zurück wie vom Feuer, und eine geheime Kraft zieht mich wieder vorwärts – mir wird`s schwindlig von allen Sinnen ... Wenn sie gar im Gespräch ihre Hand auf die meinige legt und ... näher zu mir rückt, dass der himmlische Atem ihres Mundes meine Lippen erreichen kann – ich glaube zu versinken...

30. Juli

Genug, Wilhelm, der Bräutigam ist da! Ein braver, lieber Mann. Glücklicherweise war ich nicht beim Empfange! Das hätte mir das Herz zerrissen.

21. August
Umsonst strecke ich meine Arme nach hier aus, morgens, wenn ich von schweren Träumen aufdämmere, vergebens suche ich sie nachts in meinem Bette … ich weine trostlos einer finsteren Zukunft entgegen.

12. September
Heute traf ich in ihre Stube, sie kam mir entgegen, und ich küsste ihre Hand mit tausend Freuden. Ein Kanarienvogel flog von dem Spiegel ihr auf die Schulter. ..Als sie dem Tierchen den Mund hinhielt, drückte es sich so lieblich in die süßen Lippen, als wenn es die Seligkeit hätte fühlen können, die es genoss …

1 Die Briefe sind in einem Deutsch verfasst, das euch sicherlich altertümlich vorkommt. Deshalb müsst ihr erst einmal die Briefe in eure Sprache „übersetzen".
Julia aus der Klasse 8c hat dies bereits begonnen:

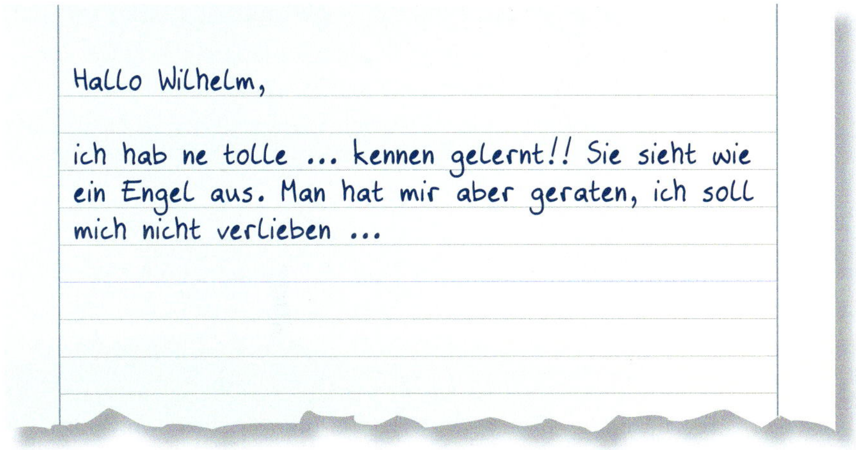

2 Der junge Werther wandert durch alle Gefühlswelten. Seht ihr diese Behauptung im Text bestätigt? Begründet eure Meinung.

3 Stellt euch vor, jemand ist heute in derselben Situation. Was würde diese Person schreiben?

Goethe und Schiller – zwei jugendliche Stürmer und Dränger

(1) Goethe ging es gut in seinem Leben. Er war versorgt, hatte schon mit 22 Jahren eine Anwaltspraxis in Frankfurt. Den meisten anderen Menschen ging es zu diesen Zeiten nicht gut. In den vielen Herzogtümern Deutschlands herrschten die Landesherren oft mit absoluter Macht und behandelten die Menschen als ihre Untertanen. Sie erhoben oft hohe Steuern und Bauern mussten Arbeitsdienste leisten. Hungersnöte waren an der Tagesordnung: Von 1770–73 gab es 150.000 Hungertote. Da die Menschen zum Gehorsam erzogen wurden, war es für sie selbstverständlich, Ungerechtigkeiten zu ertragen.

Burg Götz v. Berlichingen bei Neckarzimmern

Götz v. Berlichingen

(2) Aber es gab auch eine Gruppe von jungen Leuten, die diese Verhältnisse nicht so einfach hinnehmen wollten: Eine Gruppe von jungen Schriftstellern, die mehr Freiheiten für die Menschen forderten. Dabei verstießen sie absichtlich und gerne gegen Regeln und Gesetze der damaligen Gesellschaft. Ihre Bewegung nannte sich **STURM und DRANG**.

(3) Auch Goethe und sein Dichterfreund Friedrich Schiller ließen sich von dieser Bewegung anstecken. Die Helden in ihren Stücken waren richtige Kämpfer-Typen mit viel Kraft und Energie, sie nannten sie „Kraftgenies", die die Welt verändern wollten.

Und so ließen die Dichter ihre Figuren auch sprechen: Sie äußerten lautstark ihre Gefühle, manchmal sogar in derben Ausdrücken.
Sie wollten FREIHEIT haben, Freiheit von den vielen Zwängen, die es damals gab. Ein freies, ungebundenes Leben sollten die Menschen genießen.

(4) Auch Goethe ließ sich von den Ideen der Stürmer und Dränger anstecken. In Goethes Theaterstück „Götz von Berlichingen" fühlt sich Götz, der Ritter mit der eisernen Hand, durch den Bamberger Bischof benachteiligt und überfällt aus Rache reiche Kaufleute. Daraufhin wird er gejagt, und als er sich ergeben soll, sagt er folgende Worte: „Mich ergeben! Auf Gnad und Ungnad! Mit wem redet Ihr! Bin ich ein Räuber! Sag deinem Hauptmann: Vor Ihro Kaiserliche Majestät hab ich, wie immer, schuldigen Respekt. Er aber, sag's ihm, er kann mich im Arsche lecken!" Diese Ausdrucksweise war in der damaligen Zeit unvorstellbar.

1 „Ich hatte in meiner Jugendzeit dieselbe Sturm und Drang-Phase wie du!" (Eine Mutter zu ihrer 15-jährigen Tochter)
Könnt ihr euch die Situation vorstellen, in der die Mutter sich so äußert?

2 Erarbeitet den Sachtext. Findet dazu vier Zwischenüberschriften für die Abschnitte, markiert weitere wichtige Wörter (Schlüsselwörter) und erstellt einen Stichwortzettel.

3 Ihr könnt auch eine Mind-Map erstellen, um den Sachtext vorzustellen.

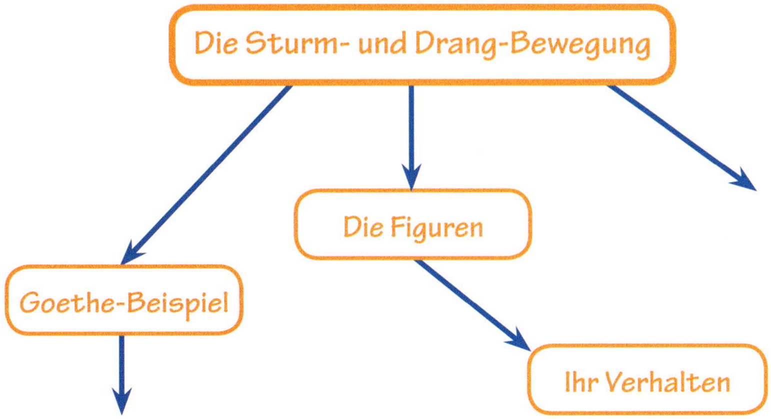

Die Räuber *Friedrich Schiller*

Ein weiterer typischer Sturm und Drang-Text (Aufführung 1782)

Darum geht es:
Der Graf von Moor hat zwei Söhne: den herrschsüchtigen Franz und den edlen, sozial denkenden Karl Moor. Durch eine hinterhältige Intrige gelingt es Franz, dass Karl enterbt wird. Die Wut über diese Ungerechtigkeit treibt Karl Moor dazu, sich einer Räuberbande anzuschließen. Er lässt sich sogar zum Hauptmann wählen.
Die Bandenmitglieder sind vollkommen verschieden: ein Teil möchte wie Robin Hood den Armen helfen, indem sie reichen Bürgern in den Wäldern auflauern und diese berauben. Zu ihnen gehört auch Karl Moor.
Dem anderen Teil geht es nur darum, zu rauben, Brandstiftung vorzunehmen und ein sorgenfreies Leben zu führen.

Und so reagierte das damalige Publikum auf die Aufführung:

Das Theater glich einem Irrenhaus, rollende Augen, geballte Fäuste, stampfende Füße, heißere Aufschreie im Zuschauerraum! Fremde Menschen fielen einander schluchzend in die Arme, Frauen wankten, einer Ohnmacht nahe, zur Tür.

Vielleicht versteht ihr die damaligen Zuschauer besser, wenn ihr den folgenden Ausschnitt aus den Räubern in eure Sprache „übersetzt". Gretas Randbemerkungen sollten euch dabei helfen:

Karl Moor liest ein Buch und legt es auf einmal angewidert weg. Dann spricht er mit seinen Kumpanen:

Das nervt mich ganz schön. Die schreiben alle nur was und machen nichts!

Moor: Mich ekelt vor diesem tintenklecksenden Säkulum. Der... Lichtfunke Prometheus ist ausgebrannt ... (Heutzutage gibt es nur noch) ... Theaterfeuer, das keine Pfeife Tabak anzündet ...

Prometheus, das war noch ein starker Typ!

Ein schwindsüchtiger Professor hält sich bei jedem Wort ein Fläschchen Salmiakgeist vor die Nase und liest ein Kollegium über die KRAFT.

Da faselt einer von Power, und was macht er!!!???)

Kerle, die in Ohnmacht fallen, wenn sie einen Buben gemacht haben, kritteln über die Taktik des Hannibal ... Pfui! Pfui über das schlappe Kastratenjahrhundert, zu nichts nütze, als die Taten der Vorzeit wiederzukäuen ... (und später) ...

Ganz schön heftig, die Sprüche!

Moor: Ich soll meinen Leib pressen in eine Schnürbrust und meinen Willen schnüren in Gesetze?

Ich stell' mir vor, wir Schüler würden uns überall an Gesetze halten! Oh Gott!!

...

Das Gesetz hat noch keinen großen Mann gebildet, aber die Freiheit brütet Kolosse aus.

Dominik in unserer Klasse ist genau so ein Typ. Immer eckt er an, aber er hat einfach was Tolles an sich!

Säculum Zeitalter

Prometheus Laut der Sage ein Gott, der es wagte, das göttliche Feuer zu rauben und den Menschen zu bringen. Dadurch verstieß er gegen das göttliche Gesetz. Dafür wurde er grausam bestraft: Er wurde an einen Felsen geschmiedet und ein Adler fraß jeden Tag Teile seiner Leber auf, die immer wieder nachwuchs.

Liest ein Kollegium hält Reden

kritteln herummäkeln, meckern

Hannibal berühmter Heerführer

Schnürbrust Soldatenuniform, die früher geschnürt wurde

Kolosse Starke Menschen

1 Versucht einmal, die Aussagen mithilfe von Metins Bemerkungen in heutige Sprache zu übersetzen:
Bin ganz schön genervt von vielen Leuten.
Da haben sie die tollsten Ideen, was man besser machen könnte, nur schreiben sie dies halt nur.
Der Prometheus, der hat's anders gemacht: Der nämlich ...

2 Gibt es auch heute Vorschriften, Regeln, die ihr am liebsten mal nicht befolgen würdet? Von denen ihr ganz und gar nicht überzeugt seid? Sprecht darüber.

3 **Leseprofi:** Der Auszug aus Schillers „Räuber" zeigt deutlich: Ein typischer „Sturm und Drang" -Text. Könnt ihr dies bestätigen? Seht euch dazu besonders die Zeilen 15–35 im Sachtext auf der Seite 146 an.

Und so ging es mit Goethe weiter:

Goethe hatte mir 37 Jahren eigentlich alles erreicht, was man sich nur wünschen kann: er war als Dichter weltberühmt und ein erfolgreicher Staatsmann am Hof des Herzogs zu Weimar. Er war vermögend und führte ein angenehmes Privatleben mit einigen Liebesaffairen. Dennoch war er unzufrieden mit sich selbst, er wollte weiter und noch mehr erleben. Von Italien hatte er viel gehört, dorthin zog es ihn. Am 3. September 1786 brach er heimlich, inkognito, als Johann Philippe oder Giovanni Filippo Möller reisend, in eine „andere Welt" auf. Gardasee, Verona, Venedig, Florenz, Rom ... keinen dieser berühmten Orte, die ihr vielleicht selber schon kennt, ließ Goethe aus auf seiner Reise. Diese war sehr viel beschwerlicher als heutzutage, denn die Wege waren teilweise unbefestigt und Gepäck konnte nur in sehr begrenzter Menge mitgenommen werden – ein echtes Abenteuer also.
Italien war für Goethe ein Land klassischer Schönheit. Seine Reise markiert einen Wendepunkt Goethes vom „Stürmer und Dränger" hin zum Dichter der Klassik. Denn in den Zeugnissen der klassischen griechisch-römischen Kultur, den Tempeln und Palästen, Skulpturen und Malereien alter Meister fand Goethe ein neues Ideal: das der Harmonie und der Ausgeglichenheit. Es bestimmte seine späteren Werke, seine Gedichte, Romane und Schauspiele. Harmonie zwischen den Menschen und zwischen Mensch und Gesellschaft sollte erreicht werden. Wie die Welt sein solle, wie eine ideale Welt aussehen würde, das versuchte Goethe in seinen späteren Werken zu vermitteln.

Kurzgefasster Lebenslauf Goethes und seine wichtigsten Werke

1749 Geburt am 28. 8. in Frankfurt am Main; Vater Johann Caspar Goethe (1710–1782), Mutter Katharina Elisabeth, geb. Textor (1731–1808)
1765–71 Studium der Rechte in Leipzig und Straßburg
1771–72 Kurze Anwaltspraxis in Frankfurt Schauspiel: *Götz von Berlichingen*
1774 Briefroman: *Die Leiden des jungen Werther*; Anfänge zu *Faust*
1776 Dienstantritt in Weimar bei Herzog Karl August
1781/82 Vorträge über Anatomie (Körperbau)
1786–88 Erste Italienreise
Schauspiele: *Iphigenie, Egmont, Tasso*
1788 Freundschaft mit Christiane Vulpius
1789 Sohn August wird geboren
1790 *Studien zur Farbenlehre*
1791 Leitung des Weimarer Hoftheaters
1793 Versepos: *Reineke Fuchs* Goethe Beobachter der Belagerung von Mainz
1795–1805 Freundschaft mit Friedrich Schiller
1796 *Wilhelm Meisters Lehrjahre* (Bildungsroman), *Hermann und Dorothea*
1798 Viele Balladen entstehen
1806 Goethe heiratet Christiane Vulpius
1806 *Faust I* abgeschlossen (das meistgespielte Theaterstück der Welt)
1811–13 *Dichtung und Wahrheit*
1815 Goethe wird Staatsminister
1816 Seine Frau Christiane stirbt Reisebeschreibung: *Italienische Reise*
1821 *Wilhelm Meisters Wanderjahre*
1830 Sohn August stirbt in Rom
1831 *Faust II* abgeschlossen
1832 Goethe stirbt am 22. März

Andere historische Ereignisse dieser Zeit

1749 Damenmode: Reifrock, Schnürmieder, Stöckelschuhe; Herrenmode: Zopf, Weste, Samtkniehosen, Schnallenschuhe, Stock und Degen
1752 Erfindung des Blitzableiters
1755 Erdbeben zerstört Lissabon
1756–63 Siebenjähriger Krieg zwischen Frankreich und Deutschland
1759 Geburt Friedrich Schillers
1769 James Watt erfindet die Dampfmaschine, Beginn der „Industriellen Revolution"
1772 Erste ausgebaute Alpenstraße über den Brenner
1771 James Cook entdeckt Ostaustralien
1775 Erstes gusseisernes Gleis in Deutschland
1779 Erste Kinderklinik in London
1780 Herstellung von Rübenzucker in Berlin
1784 Goethe macht Versuche mit einem Heißluftballon
1786 Erste Gasbeleuchtung für Innenräume in England und Deutschland
1789 Beginn der Französischen Revolution
1795 Beginn der Erforschung des inneren Afrikas
1796 Erste Pockenschutzimpfung
1804 Erste Straßendampfwagen in Amerika
1806 Deutschland hat 29 Millionen Einwohner
1806 Napoleon besiegt die preußische Armee bei Jena und Auerstedt
1810 Erstes Oktoberfest in München
1813 Der Walzer wird wichtigster Tanz
1813 Völkerschlacht bei Leipzig: Ende der Herrschaft Napoleons
1816 Die Kartoffel wird Volksnahrungsmittel
1820 Frauenmode: langer Rock, Schutenhüte
1822 Erster Rosenmontagszug in Köln
1825 Gasbeleuchtung der Straße „Unter den Linden" in Berlin
1827 Erfindung der Schwefelzündhölzer
1830 Erste Eisenbahn in England (45 km/h)

Kennst du dich mit Goethe aus?

A Was für einen Titel hatte Goethes Vorgesetzter in Weimar?
(S. 149) *4. Buchstabe*

B In welcher Stadt ist Goethe geboren?
(S. 136) *3. Buchstabe*

C Welches ist das meistgespielte Theaterstück der Welt? Es stammt von Goethe.
(S. 150) *3. Buchstabe*

D Woraus besteht Goethes Roman *Die Leiden des jungen Werther?*
(S. 143) *1. Buchstabe*

E Wie heißt das Mädchen, um das es geht?
(S. 143) *letzter Buchstabe*

F Was sollte Goethe (nach dem Wunsch seines Vaters) einmal werden?
(S. 140) *1. Buchstabe*

G Was sollten Kinder neben Wurzeln von ihren Eltern bekommen?
(S. 135) *2. und letzter Buchstabe*

H Das ... des späten Goethe war das der Harmonie und der Ausgeglichenheit.
(S. 149) *3. Buchstabe*

I Wie heißt der unglückliche Verliebte in Goethes bekanntestem Roman?
(S. 143) *5. Buchstabe*

J In welcher Stadt wurde Goethe Minister?
(S. 149) *letzter Buchstabe*

K Wie heißt Lottes Verlobter?
(S. 143) *2. Buchstabe*

Goethe zeichnete seine Frau ...

L Wie hieß Goethes Frau mit ihrem Familiennamen?
(S. 150) *5. Buchstabe*

M Wohin reiste Goethe im Jahre 1786?
(S. 149) *letzter Buchstabe*

N Wie hieß Goethes Sohn?
(S. 150) *3. Buchstabe*

... und seinen Sohn.

1 Schreibe die gesuchten Wörter auf. Die angeführten Buchstaben ergeben der Reihe nach den Titel einer der bekanntesten Balladen Goethes.

Einrichtung

Ludwig Fels

Du klebst die Waldtapete an die Wand
ich…
Du sprühst Tannennadelspray
ich…
Du schaltest das Tonband mit den Vogelrufen ein
ich…
Noch trauen wir uns nicht
…

1 Das Gedicht von Ludwig Fels ist noch unvollständig. Setze die Verse so fort, wie es dir sinnvoll erscheint.

Unterwegs nach Utopia II

Günter Kunert

Hermann Waldenburg (geb. 1940): Ausblick – Einblick (1983)

Auf der Flucht vor dem Beton geht es zu wie im Märchen: Wo du auch ankommst, er erwartet dich grau und gründlich. Auf der Flucht findest du vielleicht einen grünen Fleck am Ende und stürzest selig in …

2 „Utopia II" ist kein Gedicht. Überlege, wie es zu einem Gedicht werden könnte.

3 Versucht, ein Ende zu schreiben. Betrachtet das vollständige Gedicht auf Seite 163. Wodurch unterscheidet es sich von eurem?

Reime haben die Originaltexte, wie viele moderne Gedichte, nicht.

Sozusagen grundlos vergnügt *Mascha Kaléko*

Ich freu mich, daß am Himmel Wolken ziehen
Und daß es regnet, hagelt, friert und schneit.
Ich freu mich auch zur grünen Jahreszeit,
Wenn Heckenrosen und Holunder blühen.
Daß Amseln flöten und daß Immen summen,
Daß Mücken stechen und daß Brummer brummen.
Daß rote Luftballons ins Blaue steigen.
Daß Spatzen schwatzen. Und daß Fische schweigen.
[…]

1 Hier ist nur die erste Strophe eines Gedichts von Mascha Kaléko abgedruckt.
Welchen Eindruck hast du nach dem ersten Lesen gewonnen?

2 Welche Sinne (sehen, riechen, hören, fühlen …) wurden bei dir angesprochen? Belege am Text.

3 Versuche diese Eindrücke in Form eines Bildes umzusetzen. Dein Bild muss nicht perfekt sein. Tausche dich mit deinem Sitznachbarn über dein gemaltes Werk aus und stelle es in einer großen Runde vor.

Hier ist der Rest des Gedichts von Mascha Kaléko abgedruckt:

Ich freu mich, daß der Mond am Himmel steht
Und daß die Sonne täglich neu aufgeht.
Daß Herbst dem Sommer folgt und Lenz dem Winter,
Gefällt mir wohl. Da steckt ein Sinn dahinter,
Wenn auch die Neunmalklugen ihn nicht sehn.
Man kann nicht alles mit dem Kopf verstehn!

In mir ist alles aufgeräumt und heiter:
Die Diele blitzt. Das Feuer ist geschürt.
An solchen Tagen erklettert man die Leiter,
Die von der Erde in den Himmel führt.
Da kann der Mensch, wie es ihm vorgeschrieben,
– Weil er sich selber liebt – den Nächsten lieben.
Ich freu mich, daß ich mich an das Schöne
Und an das Wunder niemals ganz gewöhne.
Daß alles so erstaunlich bleibt, und neu!
Ich freue mich, daß ich … Daß ich mich freu.

Lenz: Frühling

Jede Jahreszeit hat etwas für sich. Nach dem dunklen Winter kommt die helle Sommerzeit.

Ich fühle mich gut und ich habe keine Probleme

lyrisches Ich: Der Autor eines Textes schlüpft in die Rolle eines Ich-Erzählers, der alles aus seiner Sicht erzählt.

1 In welcher Stimmung befindet sich das „lyrische Ich"? Begründe mit Beispielen aus dem Gedicht.

2 Schaut euch die folgenden Verse genauer an: Z. 13/14, Z. 23/24, Z. 25/26. Schreibe in die Gedankenblasen, was das lyrische Ich auszudrücken versucht.

3 Überlegt in der Klasse, was die Überschrift des Gedichts widerspiegelt.

4 **Leseprofi:** In diesem Gedicht gibt es viele Sprachbilder. Finde sie und beschreibe mit eigenen Worten, was sie ausdrücken.

Vom Abend des fünften Februar *Eva Strittmatter*

Ein klassischer Winterabend
Die Kälte zieht an. Der Wasserduft
Getauten Schnees gefriert in der Luft.
Jetzt ist es schon heller als im Dezember.
Gegen sechs Uhr ist noch Zwielicht zu sehn.
Klar sieht man im Westen die Abendröte.
Nach Süden sieht man den Mond aufgehn.
Vom ganz weißen Schnee steigt weißer Dunst.
Oder ist es die Dämmrung, die langsam aufsteigt?

Da ist die Stunde der Lebensgunst.
So sieht das Glück aus, wenn es sich zeigt.

1 Lies das Gedicht mehrfach.

2 Trage deinem Nachbarn das Gedicht vor.

3 Finde Stellen, die deutlich machen, was das lyrische Ich schön findet und was es glücklich macht.

4 Schreibe auf, wann du glücklich bist – das kann in unterschiedlichen Formen geschehen (Prosatext, Lyrik, Liste mit Stichworten ...)

Robert Gernhardt

Ein Schritt vom Wege
Zwei Schritte vom Wege
Drei Schritte vom Wege
Wo ist der Weg?

Vier Schritte vom Wege
Fünf Schritte vom Wege
Sechs Schritte vom Wege
Da ist kein Weg!

Sieben Schritte vom Wege
Acht Schritte vom Wege
Neun Schritte vom Wege
Ist da ein Weg?

Zehn Schritte vom Wege
Elf Schritte vom Wege
Zwölf Schritte vom Wege.

1 Kannst du dich in Situationen hineinversetzen, die in diesem Gedicht angesprochen werden? Beschreibe, worum es hier geht.

2 Die Überschrift und der letzte Vers sind getilgt. Nein, du sollst nicht erraten, was dort im Original steht! Das ist bei Dichtern, die immer für eine Überraschung gut sind, kaum möglich. Aber du kannst etwas aufschreiben, was dir selbst zu passen scheint.

3 Sicher ist es ganz spannend zu hören, was wohl die anderen in deiner Klasse geschrieben haben. Und dann ist es besonders interessant, wenn ihr das, was Robert Gernhardt geschrieben hat, mit euren eigenen Formulierungen vergleicht (S. 163). Zuletzt müsst ihr euch unbedingt darüber unterhalten, wie der Schluss bei ihm gemeint sein könnte, – aber auch darüber, was wohl die Überschrift bedeutet.

naturbeschreibung *Gerhard Rühm*

die wolken ziehen sich in falten
die blumen [redacted]
die wiesen [redacted]
die wege verkriechen sich
die steine [redacted]
die berge [redacted]
die täler erschauern
ein windstoß [redacted]
die flüsse [redacted]
die büsche raufen sich die blätter
die bäume schlagen die äste
über den wipfeln zusammen
die erde taumelt in die nacht

1 Auch in dem Gedicht von Gerhard Rühm müssen die Sätze beendet werden. Bevor du es ergänzt, solltest du überlegen, welche Stimmung es ausdrücken soll. Soll es eine angenehme Stimmung verbreiten, soll es traurig wirken oder witzig?

Die Erde erwärmt sich

Frühling, Sommer, Herbst und Winter – das war einmal.
Der gleichmäßige Kreislauf der wechselnden Jahreszeiten ist gestört.

Der neueste Klimabericht der Vereinten Nationen legt es offen:

Die Erde erwärmt sich. Und nicht nur die Menschen befinden sich in einem rasanten Wechsel von Trocken- und Regenzeit. Mit jedem Grad, um das sich die Erde erwärmt, verändert sich auch der Lebensraum der Tiere und Pflanzen. Während am Nordpol die Bären verzweifelt nach Eisschollen suchen, wurden im Mittelmeer tropische Fische gesichtet. ■

Klimawandel *Rebekka Bach*

Kein
Grund für die Menschen auf der Welt
Nachzudenken.
Alaska
ist weit weg.
Sie sehen
nicht
die schmelzenden Eisberge.

Die Menschen hängen
ihre Wäsche zum Trocknen auf.
Sie freuen sich,
Dass es immer wärmer wird.

1 Das Gedicht ist nach der obigen Zeitungsnachricht gestaltet. Vergleicht einmal die beiden Texte.

2 Versucht, ein eigenes Umweltgedicht nach einer Meldung zu schreiben.

3 Welche Form findet ihr aussagekräftiger? Begründet eure Meinung.

ebbe / flut *Ernst Jandl*

e b b e e b b e e b b e e b b e e b b e f l u t
e b b e e b b e e b b e e b b e e b b e e b b e
e b b e e b b e e b b e e b b e e b b e f l u t
e b b e e b b e e b b e e b b e f l u u u u u t
e b b e e b b e e b b e f l u u u u u u u u u t
e b b e e b b e f l u u u u u u u u u u u u u t
e b b e f l u u u u u u u u u u u u u u u u u t
f l u u u u u u u u u u u u u u u u u u u u u t
e b b e f l u u u u u u u u u u u u u u u u u t

laut und leise *Ernst Jandl*

laut **laut** **laut** **laut** **laut** **laut**
laut **laut** **laut** **laut** **laut** **laut**
laut **laut** **laut** leise **laut** **laut**
laut **laut** **laut** **laut** **laut** **laut**
laut **laut** **laut** **laut** **laut** **laut**

1 Schaut euch die Gedichte an und beschreibt, was euch auffällt.

schweigen *Eugen Gomringer*

schweigen schweigen schweigen
schweigen schweigen schweigen
schweigen   schweigen
schweigen schweigen schweigen
schweigen schweigen schweigen

1 Welchen Trick hat der Autor angewendet, um das „Schweigen“ zu verdeutlichen?
2 Schreibe zu dem Gedicht ein Parallelgedicht *(z. B. stottern, brüllen)*.
3 Sprecht über euer Vorgehen und eure Ergebnisse.
4 **Leseprofi:** Vergleicht eure Gedichte und die Gedichte auf dieser Seite mit anderen Gedichten des Kapitels. Inwiefern sind sie „konkreter“?

Rote Dächer *Arno Holz*

Rote Dächer!
Aus den Schornsteinen, hier und da, Rauch,
oben, hoch, in sonniger Luft, ab und zu, Tauben.
Es ist Nachmittag.
Aus Mohdrickers Garten her gackert eine Henne,
die ganze Stadt riecht nach Kaffee.

Ich bin ein kleiner, achtjähriger Junge
und liege, das Kinn in beide Fäuste,
platt auf dem Bauch
und kucke durch die Bodenluke.
Unter mir, steil, der Hof,
hinter mir, weggeworfen, ein Buch.
Franz Hoffmann. Die Sclavenjäger.

Wie still das ist!

Nur drüben in Knorrs Regenrinne
zwei Spatzen, die sich um einen Strohhalm zanken,
ein Mann, der sägt,
und dazwischen, deutlich von der Kirche her,
in kurzen Pausen, regelmäßig, hämmernd,
der Kupferschmied Thiel.

Wenn ich unten runtersehe,
sehe ich grade auf Mutters Blumenbrett:
ein Topf Goldlack, zwei Töpfe Levkoyen, eine Geranie
und mittendrin, zierlich in einem Cigarrenkistchen,
ein Hümpelchen Reseda.

Wie das riecht? Bis zu mir rauf!

Und die Farben!
Jetzt! Wie der Wind drüber weht!
Die wunder, wunderschönen Farben!

Ich schließe die Augen. Ich sehe sie noch immer.

Goldlack, Levkoyen, Geranie verschiedene Sorten Gartenblumen

Hümpelchen Häufchen

Draußen die Düne *Arno Holz*

Draußen die Düne.

Einsam das Haus,
eintönig,
ans Fenster,
der Regen.

Hinter mir,
tictac,
eine Uhr,
meine Stirn
gegen die Scheibe.

Nichts.

Alles vorbei.

Grau der Himmel,
grau die See
und grau
das Herz.

1 Diese beiden Gedichte sind schon über 100 Jahre alt. Arno Holz hat in dem ersten die Worte einem kleinen Jungen in den Mund gelegt. Der schaut aus dem Fenster und beschreibt sehr genau, was er da so alles sieht, hört, riecht und fühlt.
Sucht die Stellen heraus, in denen die einzelnen Sinne besonders angesprochen werden. Da werden auch, wie das in Gedichten sehr selten vorkommt, ganz konkrete Namen genannt.

2 Im zweiten Gedicht spricht jemand, der sicher schon etwas älter ist. Die Stimmung ist hier eine ganz andere.
Könnt ihr beschreiben, wie das, was hier beschrieben wird, sich auf die Stimmung auswirkt?

3 Du könntest ähnliche Beobachtungen, die du selbst machst, in der Form eines Gedichtes aufschreiben. Die sehen natürlich heute ganz anders aus als vor 100 Jahren und vieles ist heute geräuschvoller und betriebsamer. Aber so genau wie möglich sollte auch dein Gedicht eine Situation beschreiben.
Wenn du dazu einen Computer benutzt, kannst du deinen Text auch so „zentriert" schreiben, wie Arno Holz das gemacht hat.

♎♏❒ ♌♋◆❍

♏◆♑♏■ ❒□⧫♒

⌘◆ ♐⬈●●♏■ ♏♓■♏■ ⬧♍♒⬀■♏■ ♌♋◆❍

♌❒♋◆♍♒◆⬧ ♏♓■♏ ♒♋●♌♏ ⬧⧫◆■♎♏ 🙵♋◆❍

⌘◆ ⬥♋♍♒⬧♏■ ♌♓⬧ ❍♋■ ♓♒■ ♌♏⬥◆■♎♏❒⧫

♌❒♋◆♍♒⧫ ♏❒ ♌♏♎♏■🙵⧫ ♏⬧ ♏♓■ 🙰♋♒❒♒◆■♎♏❒⧫

1 Das ist ein Gedicht von Eugen Roth in der Computerschrift „Wingdings".
Auch wer keinen Computer hat, könnte versuchen, es zu „übersetzen".
Folgende Hinweise helfen euch dabei:
- Die Überschrift des Gedichtes lautet: Der Baum.
- In der zweiten Zeile steht der Name des Dichters: Eugen Roth.
- Das ganze Gedicht ist in kleinen buchstaben geschrieben.
- Alle Satzzeichen wurden weggelassen.

Durch die Überschrift und den Namen des Dichters habt ihr schon 12 von 23 Buchstaben des Gedichtes beisammen:

♎	♏	❒		♌	♋	◆	❍	
d	e	r		b	a	u	m	
♏	◆	♑	♏	■	❒	□	⧫	♒
e	u	g	e	n	r	o	t	h

Nun sollte es euch gelingen, auch die anderen Buchstaben herauszubekommen und das Gedicht aus seiner „Geheimschrift" zu übersetzen.

2 + Du kannst ganz leicht ein eigenes Gedicht in der Computerschrift „Wingdings" schreiben.
Verfasse ein eigenes kleines Gedicht an deinem Computer. Markiere mit der Maus das komplette Gedicht und setze dann die neue Schrift „Wingdings" ein. Lass deinem Partner dein Gedicht rückübersetzen.

Einrichtung *Ludwig Fels*

Du klebst die Waldtapete an die Wand
ich ahme den Brunstschrei der Hirsche nach.
Du sprühst Tannennadelspray
ich blase Mooskissen auf.
Du schaltest das Tonband mit den
Vogelrufen ein
ich gieße die Plastikblumen.

Noch trauen wir uns nicht
Ein Rehkitz auszustopfen.

naturbeschreibung

Gerhard Rühm

die wolken ziehen sich in falten
die blumen erbleichen
die wiesen wenden sich ab
die wege verkriechen sich
die steine starren vor sich hin
die berge versinken in schweigen
die täler erschauern
ein windstoß entringt sich den lüften
die flüsse treten aus den ufern
die büsche raufen sich die blätter
die bäume schlagen die äste
über den wipfeln zusammen
die erde taumelt in die nacht

Unterwegs nach Utopia II

Günter Kunert

Auf der Flucht
vor dem Beton
geht es zu
wie im Märchen: Wo du
auch ankommst
er erwartet dich
grau und gründlich.

Auf der Flucht findest du
vielleicht
einen grünen Fleck
am Ende

und stürzest selig
in die Halme
aus gefärbtem Glas.

Lösung:
Das Gedicht von Robert Gernhardt auf S. 156 hat den Titel „Pfadfinder“ und der letzte Satz lautet: „Das ist der Weg!“

Von Menschen erzählen – Anekdoten und andere kurzen Geschichten

Charly Chaplin

Schauspieler *Unbekannter Verfasser*

Ein junger, ehrgeiziger Schauspieler beklagte sich einmal bei dem berühmten Charly Chaplin, mit dem er im Team arbeitete, bitter darüber, dass die Kollegen sich so abweisend verhielten: „Sie haben einen furchtbaren Ton am Leibe!“ – „Da haben Sie vollkommen Recht“, bestätigte Charly Chaplin, indem er ihm mitleidig auf die Schulter klopfte. „Glauben Sie mir: Schauspieler sind ein entsetzliches Volk und furchtbare Burschen. Seien Sie froh, dass Sie keiner sind.“

Johann Sebastian Bach

Heinrich von Kleist

Bach *Heinrich von Kleist*

Bach, als seine Frau starb, sollte zum Begräbnis Anstalten machen. Der arme Mann war aber gewohnt, alles durch seine Frau besorgen zu lassen; dergestalt, dass da ein alter Bedienter kam, und ihm für Trauerflor, den er einkaufen sollte, Geld abforderte, er unter stillen Tränen, den Kopf auf einen Tisch gestützt, antwortete: „Sagt’s meiner Frau.“ –

Mark Twain

Galgenhumor *Volker Meid*

Mark Twain schwänzte als Samuel Clemens oft die Schule in Hannibal am Mississippi und wurde dann von seinem Vater gezüchtigt. Als dieser einmal sagte: „Du kannst mir glauben, wenn ich dich strafen muss, schmerzt es mich mindestens genauso wie dich“, entgegnete Samuel: „Aber nicht an der gleichen Stelle!“

Guter Rat *Volker Meid*

Bei dem Arzt Dr. James Hamilton in Manchester erschien 1808 ein Lebensmüder. Der Mann berichtete, dass ihm nichts mehr Freude mache und dass er seinem Leben ein Ende setzen wolle. Der Arzt riet ihm: „Gehen Sie heute in den Zirkus. Sehen Sie sich den Clown Grimaldi an, den lustigsten Mann der Welt."
Der Patient schüttelte traurig den Kopf und sagte:
„Ich bin Grimaldi."

Der Floh *Kurt Tucholsky*

Im Departement du Gard [...] im südlichen Frankreich – da saß in einem Postbüro ein älteres Fräulein als Beamtin, die hatte eine böse Angewohnheit: Sie machte ein bisschen die Briefe auf und las sie. Das wusste alle Welt. [...] Das Fräulein also las die Briefe und bereitete mit ihren Indiskretionen den Leuten manchen Kummer.
Im Departement wohnte auf einem schönen Schlosse ein kluger Graf. Grafen sind manchmal klug, in Frankreich. Und dieser Graf tat eines Tages Folgendes: Er bestellte sich einen Gerichtsvollzieher auf das Schloss und schrieb in seiner Gegenwart an einen Freund:

Lieber Freund,

da ich weiß, dass das Postfräulein Emilie Dupont dauernd unsere Briefe öffnet und sie liest, weil sie vor lauter Neugier platzt, so sende ich dir anliegend, um ihr einmal das Handwerk zu legen, einen lebendigen Floh.

Mit vielen schönen Grüßen Graf Koks.

Und diesen Brief verschloss er in Gegenwart des Gerichtsvollziehers. Er legte aber keinen Floh hinein. Als er ankam, war einer drin.

Kurt Tucholsky

1 Dies sind einige Anekdoten. Was haben sie eigentlich gemeinsam? Stellt einige Merkmale zusammen. Beachtet dabei die Länge und den Aufbau des Textes sowie die Personen und Ereignisse.

Anekdote

In wörtlicher Übersetzung aus dem Griechischen bedeutet Anekdote so viel wie: etwas, das nicht öffentlich bekannt werden sollte. Anekdoten berichten nämlich oftmals etwas Indiskretes aus dem Leben einer Person, das tatsächlich geschehen ist, aber besser ein Geheimnis bleiben sollte, z.B. dass Goethe mit der Kommasetzung große Schwierigkeiten hatte. Das hätte, wäre es öffentlich bekannt geworden, ihn sicher verärgert.

Früher war die Anekdote daher eine rein mündliche Form des Erzählens; und auch heute noch werden bei Klassenfesten, Geburtstags- oder Beerdigungsfeiern Dinge über zumeist nicht anwesende Personen erzählt, die sich wirklich zugetragen haben. Man möchte mit solchen Anekdoten etwas Charakteristisches oder eine Schwachstelle über die Person aussagen. Vor allem aber möchte man aber andere damit unterhalten; denn Anekdoten sind in der Regel witzig und haben eine Pointe.

Die Anekdote ist aber auch zu einer Kunstform geworden, die Schriftsteller über andere (zumeist berühmte) Personen geschrieben haben. Dabei geht es immer darum, ein Schlaglicht auf eine Person zu werfen und damit die Leser zum Nachdenken anzuregen oder zum Lachen zu bringen. Immer geht es um ein besonderes Ereignis oder eine menschliche Eigenschaft wie Geistesgegenwart, Schlagfertigkeit, Geiz, Neugier, Neid, Gerissenheit, Abhängigkeit, Tollpatschigkeit oder der Humor des Menschen, von dem die Anekdote erzählt.

1 Setze die Aussagen oben über die Anekdote in Beziehung zu den Anekdoten auf den Seiten 164/165. Schreibe auf, um welche Eigenschaften der Personen es in welchen Anekdoten geht. Benutze dabei Bezeichnungen, wie sie im letzten Absatz genannt werden:
- Bei der Anekdote über Brecht geht es um …
- Bei der von Kleist über Bach geht es um …
- …

2 Erzählt euch gegenseitig Anekdoten über Personen, die ihr kennt: über Mitschüler, Lehrerinnen oder Lehrer, über eine Person aus der Nachbarschaft, …

Zeitungsnachricht und Anekdote

1 Aus einer Zeitungsnachricht hat der bekannte Dichter Johann Peter Hebel, kurz nachdem sie erschienen ist, eine Anekdote geschrieben. Vergleicht die beiden Texte.

Zeitungsnachricht vom 20. 1. 1808

> Kürzlich kam ein ① unaufgefordert zu einem französischen Kommandanten in den preußischen Staaten und wollte ② verraten, wo man einen Stapel Bauholz versteckt habe. Der Kommandant wies ihn aber ab und sagte: „Lassen Sie Ihrem König ③, damit er später einmal Galgen bauen kann, um ④, daran aufzuhängen."

Schlechter Lohn *Johann Peter Hebel*

Als im letzten preußischen Krieg der Franzos nach Berlin kam, in die Residenzstadt des Königs von Preußen, da wurde unter anderm viel königliches Eigentum weggenommen und fortgeführt oder verkauft. Denn der Krieg bringt nichts, er holt. Was noch so gut verborgen war, wurde entdeckt und manches davon zur Beute gemacht, doch nicht alles. Ein großer Vorrat von königlichem Bauholz blieb lange unverraten und unversehrt. Doch kam zuletzt noch ⑤, dachte, da ist ein gutes Trinkgeld zu verdienen, und zeigte dem französischen Kommandanten ⑥ an, was für ein schönes Quantum von eichenen und tannenen Baumstämmen noch da und da beisammenliege, woraus manch tausend Gulden zu lösen wäre. Aber der brave Kommandant gab schlechten Dank für die Verräterei und sagte: „Lasst Ihr ⑦ nur liegen, wo sie sind. Man muss dem Feind nicht sein Notwendigstes nehmen. Denn wenn Euer König wieder ins Land kommt, so braucht er Holz zu neuen Galgen für ⑧."

2 Welche Ergänzungen rechts am Rand gehören in die Zeitungsnachricht, welche in die Anekdote? Setzt sie beim Vorlesen ein:

in ① oder ⑤: ein Spitzbube von des Königs eigenen Untertanen – jemand
in ② oder ⑥: ihm – mit schmunzlicher Miene und spitzbübischen Augen
in ③ oder ⑦: die schönen Baumstämme – dieses Holz
in ④ oder ⑧: solche Verräter, wie Sie sind – so ehrliche Untertanen, wie Ihr einer seid

Begründet eure Entscheidungen mit Hilfe der Kennzeichen einer Anekdote.

3 Beantwortet gemeinsam folgende Fragen:

- Wer sind die beiden Personen, die in der Zeitungsnachricht und der Anekdote vorkommen?
- Warum will die eine Person verraten, wo das Bauholz versteckt ist, und warum ist die andere Person nicht froh über diesen Verrat?
- Was bedeutet die Überschrift „Schlechter Lohn"?

Die schlechte Zensur *Herbert Ihering*

Brecht, der schwach im Französischen war, und ein Freund, der schlechte Zensuren im Lateinischen hatte, konnten Ostern nur schwer versetzt werden, wenn sie nicht noch eine gute Abschlussarbeit schrieben. Aber die lateinische Arbeit des einen fiel ebenso mäßig aus wie die französische des anderen. Darauf radierte der Freund mit einem Federmesser einige Fehler in der Lateinarbeit aus und meinte, der Professor habe sich wohl verzählt. Der aber hielt das Heft gegen das Licht, entdeckte die radierten Stellen, und eine Ohrfeige tat das Übrige.

Brecht, der nun wusste, so geht das nicht, nahm rote Tinte und...

1 Wie diese Anekdote ausgeht, müsst ihr euch selbst ausdenken.
Es gibt mehrere Möglichkeiten:
- Entweder wird Brecht als einer charakterisiert, der sich als Junge für ganz raffiniert hielt, dann reingefallen ist und seine Lehre daraus zog;
- oder als einer, der es verstand, einen Lehrer so richtig reinzulegen;
- oder ...?

In die Falle geraten

Bernsburg. Ein bereits von der Polizei vielfach verdächtigter Einbrecher, dem jedoch bisher noch nichts nachgewiesen werden konnte, ging am gestrigen Freitag der Polizei zufällig in die Falle. Der 35jährige hatte einen VW gestohlen, um damit auf nächtliche Diebestour zu gehen. Bei der Fahrt über die Autobahn übersah er, dass der Tank des gestohlenen Fahrzeugs leer gefahren war. An der Tankstelle Hohes Moor fiel er der Funkstreife dadurch auf, dass er bei Truckern um Benzin bettelte. Bei der zunächst routinemäßigen Überprüfung des Fahrzeugs fand die Polizei Schmuck im Werte von mehreren tausend Euro, zu dem der Mann keine Angaben machen wollte. Er versuchte zu flüchten, wurde aber von der Polizei gestellt. Bei der Hausdurchsuchung stellte sich heraus, dass es sich um den seit langem gesuchten Einbrecher Egon S. handelte.

1 Forme diesen Zeitungsbericht in eine Anekdote um. Dabei musst du natürlich die wichtigsten Merkmale einer Anekdote verwenden:
- dass es sich bei dem Dieb um einen berüchtigten Einbrecher handelt, der einen Namen hat und der der Polizei schon vielfach durch die Lappen gegangen ist;
- dass dem Dieb eine Charaktereigenschaft zugeschrieben werden muss, die zu seiner Festnahme geführt hat;
- dass die Anekdote eine witzige Erzählform ist;
- dass die Anekdote eine Pointe hat, die erst am Ende verraten werden darf.

Deine Anekdote könnte vielleicht so beginnen:
Der berüchtigte Einbrecher Egon Diamanti wollte wieder einmal einen Bruch begehen. Er hatte ihn gut vorbereitet und an fast alles gedacht. Aber eben nur fast. …

2 Vielleicht findet ihr weitere Zeitungsmeldungen, aus denen Anekdoten entstehen könnten.

Familiendrama

A

Zu St. Omer im nördlichen Frankreich ereignete sich im Jahre 1803 ein merkwürdiger Vorfall.

B

Ein tollwütiger Hund fiel die beiden Kinder der Familie R., den siebenjährigen René und die achtjährige Yvonne, an, die friedlich vor ihrem Haus spielten.

C

Eben zerreißt er das jüngste, das sich, unter seinen Klauen, im Blute wälzt; da erscheint, aus einer Nebenstraße, mit einem Eimer Wasser, den sie auf dem Kopfe trägt, die Mutter.

D

Diese, während der Hund die Kinder loslässt und auf sie zuspringt, setzt den Eimer neben sich nieder; und, außer-stand zu fliehen, entschlossen, das Un-tier mindestens mit sich zu verderben, umklammert sie, mit Gliedern, gestählt von Wut und Rache, den Hund:

E

Die Frau begrub noch ihre Kinder und ward, in wenig Tagen, da sie an der Tollwut starb, selbst zu ihnen ins Grab gelegt.

F

Die Kinder waren so schwer verletzt worden, dass sie an ihren Wunden starben.

Mutterliebe

G

In der nordfranzösischen Kleinstadt St. Omer hat sich vorige Woche ein entsetzliches Familiendrama abgespielt.

H

Daselbst fiel ein großer toller Hund, der schon mehrere Menschen beschädigt hatte, über zwei, unter einer Haustüre spielende Kinder her.

I

Frau R., die Mutter, versuchte in einem dramatischen Kampf, ihre Kinder den Klauen des Untiers zu entreißen. Dabei wurde sie jedoch von den Bissen des Hundes schwer verletzt.

J

Es gelang ihr, das tollwütige Tier zu erdrosseln, dabei wurde sie aber von der Tollwut selbst angesteckt.

K

Sie erdrosselt ihn und fällt, von grimmigen Bissen zerfleischt, ohnmächtig neben ihm nieder.

L

Die tapfere Frau konnte noch an der Beerdigung der Kleinen teilnehmen, erlag aber später selbst der Tollwut.

1 Schreckgeschichten über tolle oder bissige Hunde gab es zu allen Zeiten. Die Anekdote von Heinrich von Kleist ist beinahe 200 Jahre alt. Doch Ähnliches findet sich in den Zeitungen auch unserer Zeit. – Die beiden Texte sind in ihre Abschnitte zerlegt und verwürfelt worden. Setzt sie zusammen. Welchen Titel gab wohl Kleist seiner Anekdote? Begründet!

2 Schreibe die Kleist-Anekdote auf.

Der Hausierer und der Kaufmann

Diese Anekdote stammt von dem Schriftsteller Sigismund Radecki. Sie erzählt, wie ein Hausierer in St. Louis einmal einen Kaufmann der Stadt hereingelegt hat, und zwar auf folgende Weise:

Ein Hausierer bietet einem Kaufmann sechs Rasiermesser für drei Dollar zum Kauf an. Der Kaufmann lehnt das Geschäft ab. Der Hausierer schlägt daraufhin dem Kaufmann eine Wette vor: Er wette um drei Dollar, dass er doch noch einige Messer an ihn verkaufen werde. Der Kaufmann ist sich seiner Sache sicher und geht auf die Wette ein. Ein Nachbar ist Zeuge und übernimmt von jedem die drei Dollar Wettgeld.

Der Kaufmann bietet nun dem Hausierer für seine Rasiermesser zwei Cent an. Zu seiner Überraschung erhält er die Messer für das wenige Geld. Doch auf diese Weise hat der Kaufmann die Wette verloren. Der Hausierer erhält die drei Dollar Wettgeld vom Kaufmann – und der Kaufmann die Rasiermesser.

Das ärgert ihn. Da bietet der Hausierer an, den Kauf rückgängig zu machen. Der Kaufmann geht erleichtert darauf ein, gibt die Rasiermesser zurück und erhält seine zwei Cent dafür. Als er sich darüber beschwert, dass er nicht auch die drei Dollar Wettgeld zurückbekommt, sagt der Hausierer, er habe zwar den Kauf rückgängig gemacht, nicht aber die Wette. Auf diese Weise hat der Hausierer drei Dollar gewonnen – für nichts und wieder nichts.

1 Schreibe nach dieser Inhaltsangabe eine Anekdote. Achte dabei auf folgende Merkmale der Anekdote:
- Anekdoten spielen in einer bestimmten Situation. Beschreibe sie genau.
- Gestalte den Text anschaulich, denn Anekdoten sind unterhaltsame Texte.
- Verwende wörtliche Reden, damit der Inhalt lebendig wird.
- Schreibe in der Vergangenheitsform (Präteritum und Perfekt), denn Anekdoten erzählen von einem Geschehen, das schon zurückliegt.
- Du kannst auch hin und wieder eigene Gedanken als Kommentare einfügen.
- Anekdoten sind spannend. Spannung erzielst du, indem du hin und wieder etwas andeutest, aber noch nicht genau sagst, wie es ausgeht.
- Anekdoten haben einen überraschenden Schluss. Erzähle also so, dass du die Pointe erst ganz am Schluss verrätst.
- Gib der Anekdote eine Überschrift, die Spannung erzeugt.

Schnell gelebt *Kurt Kusenberg*

Schon als Kind erregte er Verwunderung. Er wuchs wie aus der Pistole geschossen und gab das Wachsen ebenso plötzlich wieder auf. Beim Sprechen verhaspelte er sich, weil die Gedanken den Worten entliefen; er war blitzschnell in seinen Bewegungen und wurde oft gleichzeitig an verschiedenen Orten gesehen. Alljährlich übersprang er eine Schulklasse; am liebsten hätte er sämtliche Klassen übersprungen. Aus der Schule entlassen, nahm er eine Stellung als Laufbursche an. Er war der einzige Laufbursche, der je gelaufen ist. Von seinen Botengängen kehrte er so rasch wieder zurück, dass man nicht annehmen konnte, er habe sie wirklich ausgeführt, und ihn deshalb entließ. Er warf sich auf die Kurzschrift und schrieb bald fünfhundert Silben in der Minute. Trotzdem mochte kein Büro ihn behalten; denn er datierte die Post um Wochen vor und gähnte gelangweilt, wenn seine Vorgesetzten zu langsam diktierten.

Nach kurzem Suchen, das ihn endlos dünkte, stellte man ihn als Omnibusfahrer ein. Mit Schaudern dachte er später an diese Tätigkeit zurück, die darin bestand, einen fahrenden Wagen fortwährend anzuhalten. Vor ihm winkten Straßenfluchten, die zu durcheilen genussvoll gewesen wäre. An den Haltestellen aber winkten Leute, die einsteigen wollten, und ihnen musste er folgen. Eines Tages aber achtete er der Winkenden nicht, sondern entführte den Omnibus in rasender Gangart weit über das Weichbild der Stadt; so fand auch diese Betätigung ein Ende. Der Fall kam in die Zeitungen und erregte die Aufmerksamkeit sportlicher Kreise. Seine Laufbahn vom Sechstagefahrer bis zum Rennfahrer war ein einziger Triumphzug. Große Firmen rissen sich um seine Gunst: die geldkräftigste obsiegte, sie machte ihn zum Teilhaber. In leitender Stellung bewährte er sich und war ein gefürchteter Verhandlungsführer, der seine Gegner verwirrte und überrannte.

Wenige Stunden nach dem Entschluß, einen Hausstand zu gründen, hielt er um die Olympiasiegerin im Hundertmeterlauf an, jagte mit ihr vom Stadion in das Standesamt und erzwang eine Notheirat. Gleiche Neigungen verbanden sich zu einzigartigen Leistungen. Die junge Frau setzte alles daran, hinter ihm nicht zurückzustehen …

1 Schaut euch diese Geschichte daraufhin an, mit welchen Übertreibungen hier gearbeitet wird, und nennt einige. Gebt dabei die Zeilenzahl an.

2 Am Ende heiratet der „Schnellleber“ eine ebenso schnelle Hundertmeterläuferin. Schreibt den Text weiter, indem ihr euch Ausschnitte aus dem Leben der beiden schnellen Menschen ausmalt, womöglich bis hin zum Tod, auf den sie ja wahrscheinlich auch sehr schnell zusteuern.

3 Als Alternative könnt ihr euch auch eine Übertreibungs-Geschichte über das Gegenteil ausdenken: „Langsam gelebt“ – mit allen Problemen, die sich daraus ergeben.

Hilferuf und Aufschrei *Robert Gernhardt*

Denken wir uns eine alte, aber herzensgute Frau, die vor dem Fernseher sitzt und das Programm des Bayerischen Rundfunks eingeschaltet hat. Zur Zeit läuft die Sendung „Tiere suchen ein Zuhause“, soeben wird der Hilferuf des Tierheims Regen übermittelt, ein Zuschauer möge die Patenschaft für den zwölfjährigen, nicht mehr vermittelbaren Neufundländer Emir übernehmen, damit der weiterhin beköstigt werden könne. Er liebe es, auf der Couch zu ruhen und sollte trotz seiner altersbedingten Bequemlichkeit die Chance erhalten, seinen Lebensabend im Heim zu verbringen, da es doch nicht angehe, ihn einfach einzuschläfern: Wer hat ein Herz für Emir?

Zwei Tage später ging folgender Brief beim Sender ein:

Sehr geehrtes Fernsehen!

Ich bin eine betagte, aber trotz verschiedener kleiner Behinderungen an Auge und Gehör begeisterte Zuschauerin Ihrer Sendungen. Glauben Sie mir, ich habe schon viel in meinem Leben erlebt und auch im Fernsehen miterlebt, aber noch niemals hat mich eine Sendung derart erschüttert, wie die letzte Folge von „Viele suchen ein Zuhause.“ Ist es denn so weit mit uns gekommen, dass der zwölfjährige Bub Emil aus den neuen Bundesländern eingeschläfert werden muss, wenn er hier keine Patentante findet?

Ich habe das Kind nicht richtig erkennen können, da ich meine Brille vor der Sendung verlegt hatte, aber man kann doch nicht jemanden umbringen, nur weil er nicht so lebhaft ist und auf der Couch liegt! Was der Bub braucht, sind Anregungen und Spielkameraden, dann wird er schon die Bewegung im Freien dem Liegen auf der Couch vorziehen.

Und wieso muss er im Regen leben? Ist sein Kinderheim denn derart heruntergekommen?

Ich habe mein Leben lang gearbeitet und dabei nie viel zurücklegen können. Aber was ich erübrigen kann, lege ich diesem Brief bei. Hoffentlich reicht der Betrag dazu aus, dass der Emil nicht nur nicht eingeschläfert werden muss, sondern auch auf eine Schule geschickt werden kann.

Wann soll der Bub denn etwas lernen, wenn nicht jetzt?

Als vor Jahren die Mauer fiel, da haben sich die Menschen von Ost und West umarmt. Dass jetzt Kinder aus dem Osten hier im Westen umgebracht werden, wenn sie keinen Paten haben, das hat es nicht einmal unter Hitler gegeben!

Hochachtungsvoll
Ihre Therese Biermoser

1 Was hat diese Frau im Einzelnen verwechselt? Schaut euch die Wörter in der Sendung aus dem Tierheim der Stadt Regen genau an und vergleicht sie mit denjenigen, die die Frau in ihrem Brief verwendet:

Tierheim – ... Tiere suchen ein Zuhause – ... Neufundländer Emir – ...

Manche Wörter deutet die Frau auch ganz anders, als sie in der Sendung gemeint sind:

Patenschaft: ... Regen: ...

2 Worin besteht eigentlich die Komik dieser Geschichte? Darin ...

a) dass die Frau etwas dumm oder naiv ist;
b) dass die Frau schon sehr alt ist und schlecht hört und sieht;
c) dass sie den Anfang der Sendung gar nicht mitbekommen hat;
d) dass sie, wie vielleicht der Name vermuten lässt, zu viel Bier getrunken hat;
e) dass der Fernseher zu alt ist;
f) dass die Frau nicht alles glaubt, was im Fernsehen gesendet wird;
g) dass sie dem Fernsehen die unwahrscheinlichsten Dinge zutraut;
h) dass sich die Frau nicht alles vom Fernsehen gefallen lässt;
i) dass sie den Fernsehmachern absichtlich etwas vorspielt, um ihre Sendung auf die Schippe zu nehmen?

Sprecht über die verschiedenen Möglichkeiten und begründet sie am Text.

Herrn Morphs Konsequenz *Johanna und Günter Braun*

Als Herr Morph am Abend die dreitausendfünfhundert Mark vermisste, die er am Tag zuvor geholt und in seinen Schreibtisch gelegt hatte, fragte er seine Frau, ob sie das Geld woanders hingelegt habe. Sie hatte es nicht, und daraus schlussfolgerte Morph, dass ihm das Geld gestohlen war. Er fragte Frau Morph, ob sie Wilfried Naumann, seinen Freund, der, als Morph noch nicht von der Arbeit zurück war, ein Buch zurückgebracht hatte, einen Augenblick allein gelassen habe.

Ja, sagte sie, um ihm einen Kaffee zu bereiten.

Dann hat er das Geld gestohlen, sagte Morph.

Das kannst du nicht ohne weiteres behaupten.

Es ergibt sich logisch, sagte Morph.

Vielleicht war es ein Einbrecher, sagte sie.

Wir waren die Nacht zu Hause, und es war alles verschlossen. Es gibt nicht die geringsten Spuren eines Einbruchs. Es bleibt nur Freund Naumannn übrig.

Unmöglich, er ist unser Freund, sagte Frau Morph.

Es hat sich gezeigt, dass er nicht unser Freund ist, sagte Morph. Ich fahre jetzt zu ihm und hole das Geld. Naumann war empört, als Morph ihm unterstellte, das Geld genommen zu haben. Er versicherte, es nicht genommen zu haben, er beschwor es. Und argumentierte damit, dass er einen Freund nicht bestehlen werde. Das behaupten falsche Freunde oft, sagte ungerührt Morph, gib das Geld heraus. Ich habe es nicht, sagte der Freund.

Es wäre wenigstens ein kleiner Freundschaftsdienst, ein Rest von Freundschaft, wenn du es mir jetzt geben würdest.

Ich kann nicht geben, was ich nicht habe.

Damit erkläre ich unsere Freundschaft für beendet, sagte Morph und verließ den Freund. Dann fand Morph in seinem Schreibtisch das Geld. Er hatte es zu gut versteckt, zwischen die Seiten seines Tagebuchs siebenmal einen Fünfhundertmarkschein gelegt, sodass es nicht auffiel …

1. So etwas kann jedem passieren: Man findet etwas nicht – und verdächtigt einen anderen, es weggelegt oder sogar weggenommen zu haben. Aber Herr Morph scheint ein ganz besonders argwöhnischer Mensch zu sein. Womit könnt ihr das belegen?
2. Herrn Morphs Frau ist von anderer Art. Was versucht sie? Und was hätte sie vielleicht darüber hinaus noch tun können?
3. Schreibt diese Geschichte zu Ende. Beachtet dabei, dass die wörtlichen Reden darin nicht mit Anführungszeichen gekennzeichnet sind. Lasst sie ebenfalls weg, wenn ihr welche verwendet. Das gehört zu den Eigenheiten der Geschichte.
4. Vergleicht eure Textschlüsse und sprecht darüber.
5. Lest dann erst den Originalschluss auf Seite 179 und die Aufgaben dazu.

Die Geschichte mit dem Hammer *Paul Watzlawick*

Ein Mann will ein Bild aufhängen. Den Nagel hat er, nicht aber den Hammer. Der Nachbar hat einen. Also beschließt unser Mann, hinüberzugehen und ihn auszuborgen. Doch da kommt ihm ein Zweifel: Was, wenn der Nachbar mir den Hammer nicht leihen will? Gestern schon grüßte er mich nur so flüchtig. Vielleicht war er in Eile. Aber vielleicht war die Eile nur vorgeschützt, und er hat etwas gegen mich. Und was? Ich habe ihm nichts getan; der bildet sich da etwas ein. Wenn jemand von mir ein Werkzeug borgen wollte, ich gäbe es ihm sofort. Und warum er nicht? Wie kann man einem Mitmenschen einen so einfachen Gefallen abschlagen? Leute wie dieser Kerl vergiften einem das Leben. Und dann bildet er sich noch ein, ich sei auf ihn angewiesen. Bloß weil er einen Hammer hat. Jetzt reicht's mir wirklich. – Und so stürmt er hinüber, läutet, der Nachbar öffnet, doch bevor er „Guten Tag“ sagen kann, schreit ihn unser Mann an: „Behalten Sie sich ihren Hammer, Sie Rüpel!“

1. Diese Geschichte stammt aus einem Buch mit dem Titel: „Anleitung zum Unglücklichsein“. Was hat dieser Titel mit der Geschichte zu tun?
2. Wie beginnt diese Geschichte? An welcher Stelle beginnt sie zu „kippen“? Und wie geht sie am Ende aus? Gebt den Verlauf in eigenen Worten wieder.
3. In dieser Geschichte gibt es einen Konflikt. Worin besteht er und wo spielt er sich ab? Beschreibe diesen Konflikt schriftlich in wenigen Sätzen. Vergleicht eure Aussagen.
4. Weite Teile dieser Geschichte bestehen aus Gedankenreden. An welchen Stellen findet ihr sie? Und worüber geben sie Auskunft? Gebt die Zeilen an.
5. Welche Ähnlichkeiten findet ihr zwischen dieser Geschichte und „Herrn Morphs Konsequenz“?
6. Welche eigenen Erfahrungen habt ihr schon einmal mit einem solchen Verhalten gemacht: bei euch selbst oder bei anderen? Und wie erklärt ihr sie euch?

Anekdoten schreiben – Anekdoten präsentieren

1 Denke dir selbst eine Anekdote aus:
- Erfinde einen berühmten Schauspieler, einen Fußballer, einen Sängerstar oder eine ähnliche Person und gib ihr einen Namen.
- Versetze sie in eine interessante oder aufregende Situation hinein: in eine Polizeikontrolle, in eine Begegnung mit einem Straßenmusikanten oder Bettler, in ein Streitgespräch mit einem Fahrgast in der U-Bahn, …
- Lass die Personen miteinander reden.
- Denke dir eine Überraschung, einen Reinfall oder eine schlagfertige Antwort für das Ende der Anekdote aus.

2 Gib den ersten Entwurf deines Textes einem anderen oder der Tischgruppe zum Durchlesen. Lass dir Fragen dazu stellen und Verbesserungsvorschläge machen.

3 Überarbeite dann deinen Text und schreibe ihn auf dem PC noch einmal möglichst fehlerfrei auf. Es könnte ja eine Anekdotensammlung der Klasse daraus entstehen.

4 Bereite den Text für das Vorlesen in der Klasse vor. Markiere vor allem die Sprechpausen; denn Pausen sind eines der besten Mittel, einen Text spannend vorzulesen.

5 Lies dann deine Anekdote den anderen vor. Es sollte ihnen Vergnügen bereiten, zuzuhören.

„Die schlechte Zensur“:
Brecht, der nun wusste, so geht das nicht, nahm rote Tinte und strich sich noch einige Fehler mehr an. Dann ging er zum Professor und fragte ihn, was hier falsch sei. Der Lehrer musste bestürzt zugeben, dass diese Worte richtig seien und er zu viele Fehler angestrichen habe. „Dann“, sagte Brecht, „muss ich doch eine bessere Zensur haben.“ Der Professor änderte die Zensur und Brecht wurde versetzt.

Zeitungsnachricht und Anekdote:
In die Zeitungsnachricht gehören die Ergänzungen ⑤, ②, ⑦, ④.
In die Anekdote gehören die Ergänzungen ①, ⑥, ③, ⑧.

Familiendrama – Mutterliebe:
Die Zeitungsnachricht *Familiendrama* besteht aus den Abschnitten **G**, **B**, **J**, **K**, **F**, **L**.

Kleists Anekdote *Mutterliebe* sieht folgendermaßen aus:

Mutterliebe *Heinrich von Kleist*

Zu St. Omer im nördlichen Frankreich ereignete sich im Jahre 1803 ein merkwürdiger Vorfall. Daselbst fiel ein großer toller Hund, der schon mehrere Menschen beschädigt hatte, über zwei, unter einer Haustür spielende Kinder her. Eben zerreißt er das jüngste, das sich, unter seinen Klauen, im Blute wälzt; da erscheint, aus einer Nebenstraße, mit einem Eimer Wasser, den sie auf dem Kopf trägt, die Mutter. Diese, während der Hund die Kinder loslässt und auf sie zuspringt, setzt den Eimer neben sich nieder, und außerstand zu fliehen, entschlossen, das Untier mindestens mit sich zu verderben, umklammert sie, mit Gliedern, gestählt von Wut und Rache, den Hund: Sie erdrosselt ihn und fällt, von grimmigen Bissen zerfleischt, ohnmächtig neben ihm nieder. Die Frau begrub noch ihre Kinder und ward, in wenig Tagen, da sie an der Tollwut starb, selbst zu ihnen ins Grab gelegt.

Der Schluss der Geschichte „Schnell gelebt“
Sie erledigte ihre häuslichen Pflichten mit dem Zeitraffer, trug im Winter schon Sommerkleidung und gebar vor der Zeit, nämlich mit fünf Monaten, ein Fünfmonatskind, das schon in der Wiege fließend sprach und das Laufen noch vor dem Gehen erlernte. Sie erfand neue Schnellgerichte, die man im Flug einnahm und sogleich verdaute. Die Dienstboten wechselten täglich, später stündlich; endlich geriet sie an einen Speisewagenkoch und zwei Flugkellner, die das Zeitmaß begriffen und blieben. Sie waren ihrem Gatten in jeder Hinsicht eine Stütze.

Der fuhr fort, sein Leben zu beschleunigen. Da er viel schneller schlief als andere Leute, benötigte er weniger Schlaf. Wenn er sich ins Bett warf, träumte er schon, und bevor ihn der Traum recht umfangen hatte, war er bereits wieder wach. Er frühstückte in der Badewanne und las beim Anziehen die Zeitung. Eine eigens erbaute Rutschbahn beförderte ihn aus der Wohnung in das Auto, das mit angelassenem Motor vor der Haustür hielt und sofort davonschoss. Er sprach so knapp, als telegrafierte er, und wurde von langsamen Menschen selten verstanden. Er versäumte keine sportliche Veranstaltung, bei der es um Schnelligkeit ging, und setzte Preise für Höchstleistungen aus; sie kamen nie zur Verteilung, weil die Bedingungen unerfüllbar waren. Einen Teil seines schnell erworbenen Vermögens steckte er in den Raketenbau. Die erste bemannte Rakete, die abgeschossen wurde, enthielt ihn. Es war die schönste Fahrt seines Lebens.
Die Folgen eines so hastigen Daseins blieben nicht aus. Er alterte bedeutend rascher als seine Umwelt, war mit fünfundzwanzig Jahren silbergrau und mit dreißig ein gebrechlicher Greis. Ehe die Wissenschaft sich des seltsamen Falles annehmen konnte, starb er und zerfiel, da er die Verbrennung nicht abwarten wollte, im gleichen Augenblick zu Asche. Es blieb ihm erspart, die Enttäuschung zu erleben, dass die Nachrufe einen Tag zu spät in den Zeitungen erschienen.

Herrn Morphs Konsequenz:
Das Ende der Geschichte lautet:
Kurz darauf brachte der Sohn des Freundes einen Umschlag mit dreitausendfünfhundert Mark. Unserer Freundschaft zuliebe, schrieb der Freund, damit sie erhalten bleibt, schicke ich dir das Geld, auch wenn ich, was ich hiermit noch einmal beschwöre, es nicht genommen habe.
Morph schickte das Geld zurück und schrieb dazu: Es bleibt dabei, unsere Freundschaft ist beendet. Ich habe das Geld gefunden. Damit ist bewiesen, dass ich der Freundschaft nicht wert bin.

1 Lest jetzt die ganze Geschichte noch einmal mit diesem Schluss, der euch wahrscheinlich überrascht hat.

2 Was haltet ihr von der „Konsequenz" des Herrn Morph?
Warum mag er sich so verhalten haben?
Was muss das für ein Mensch sein?
Was aber könnte am Ende der letzte Satz bedeuten?

So ein Theater ...

... will gekonnt sein!

Und bevor ihr die große Liebestragödie, Kriminalstory oder Prominentenshow auf die Bühne bringt, fangt erst mal etwas kleiner an, z. B. mit den Einspielübungen auf den nächsten Seiten ...

Der Koffer ist stehengeblieben

Da steht mutterseelenallein ein Koffer auf dem Bahnsteig.
Eine Person geht vorbei, bleibt stehen, schaut zurück, schaut sich vorsichtig nach allen Seiten um, geht zurück zum Koffer, hebt ihn an – er ist sehr schwer (oder ganz leicht). Der Passant schaut sich noch mal um, trägt ihn dann wie selbstverständlich weg, ... öffnet ihn neugierig und vorsichtig an einem Ort, an dem er sich unbeobachtet fühlt. ... Was da zum Vorschein kommt, hätte er nie erwartet!

Spielt die Szene nach und weiter.

Sich begrüßen

Begrüßt euch wie

- Schüler, die sich nicht mögen
- Schülerinnen, die sich nicht mögen
- Landstreicher
- Gewichtheber
- Aufgebrezelte Sekretärinnen
- Übertrieben Höfliche
- Uralte
- Gewissenhafte Beamte
- Lässig-coole Typen
- Schusselige
- Aufgeregte
- Spaßvögel
- Chatpartner beim blind date

Ihr steht euch in zwei Reihen gegenüber. Je zwei Spieler gehen auf Ansage des Spielleiters aufeinander zu, begrüßen sich auf die angesagte Weise und gehen aneinander vorbei zur anderen Seite des Raumes. Sie drehen sich. Es folgt eine neue Ansage des Spielleiters. Die sich gegenüberstehenden Spieler gehen wieder aufeinander zu und begrüßen sich auf die angesagte Weise usw.

Sätze schießen

Jeder zieht beim Spielleiter einen vorbereiteten Zettel mit einem Satz, den er sich einprägen muss. Auf dem Zettel könnte z. B. stehen:

- „Es ist Nacht und keiner sieht uns hier."
- „Früher ja, aber alle haben es vergessen."
- „Nein, Sie müssen sich irren."
- „Das wird ein schönes Erlebnis."
- „Die Fremde birgt Geheimnisse."
- „Wann kann ich endlich bei dir sein?"
- „Lügen! In meiner Gegenwart!"
- „Wie sehr doch Träume Träume sind."
- „Hoffentlich passiert das nicht öfter."
- „Ich habe dir noch einiges zu sagen!"
- „Du weißt alles!"
- „Ich habe alle Sachen bei mir."
- „Natürlich habe ich das geahnt."

Ihr geht frei im Raum umher und habt euren Satz im Kopf. Einer von euch, der vorher bestimmt worden ist, spricht mit seinem Satz jemanden an. Der Angesprochene gibt seinen eigenen Satz im Weitergehen an eine andere Person weiter – und so fort.

Dieselben Sätze werden nun auf Ansage eines Spielleiters ganz unterschiedlich gesprochen:

- aggressiv
- wie eine Liebeserklärung
- todtraurig
- ungeduldig
- ironisch
- gelangweilt
- begeistert
- empört
- …

Bildet nun kleine Gruppen. Wählt als Gruppe einen Satz aus. Begegnet euch nun als Gruppen im Raum. Sprecht den Satz chorisch. Sprecht anschließend darüber, wie sich die Wirkung der Begegnung und des Sprechens auf diese Weise verändert.

Die geheimnisvolle Truhe
Da steht eine Truhe. Einer von euch beiden öffnet den Deckel, beugt sich über den Truhenrand, greift tief in die Truhe – der andere kommt neugierig näher. Aus der Truhe werden nacheinander verschiedene Dinge genommen, vielleicht Tücher, ein langer Stab, Jonglierbälle, Keulen, Ringe, ...
Probiert zu zweit ein Zusammenspiel!

Der Stock
Mit einfachen Requisiten, wie Hüten, Tüchern, Stühlen, Stöcken, ... lassen sich Theaterszenen gestalten. Probiert einmal folgende Spielvorschläge mit Stöcken aus. Sie können euch dann für die Inszenierung des Textes „Die Kaninchen, die an allem schuld waren" auf Ideen bringen.

- Agiert zu zweit mit einem Stock oder zwei Stöcken. Es entwickeln sich Kämpfe, aber auch ganz ruhige Handlungen: ihr angelt gemeinsam, spielt Golf, jongliert, benutzt den Stock als Fernrohr, ...
- Bildet kleine Gruppen. Auf Zuruf des Spielleiters oder einiger Schüler, die zunächst zuschauen, baut ihr Standbilder, z. B. *Zaun, Baum, Wald, Gitter, Brücke, Tor, Barriere, Schutzhütte,* ...
- Erfindet in Zweiergruppen mit dem Stock Posen für *Macht* und *Ohnmacht*.
- Bildet nun noch einmal Kleingruppen (ca. 6 Personen) und probiert mit den Stöcken verschiedene Verhaltensweisen aus. Die Hälfte der Spieler findet eine Pose für Macht und Gewalt, die andere Hälfte reagiert darauf mit *Widerstand, Flucht, Ohnmacht.*

Statuentheater
Eine Gruppe präsentiert ihr Standbild. Dieses *Realbild* sollen die Zuschauer in ein *Idealbild* verwandeln. Sie betrachten das Bild von allen Seiten. Ohne darüber zu sprechen, darf jeder es behutsam etwas verändern, bis gemeinsam ein Bild gefunden ist, in dem Macht und Ohnmacht abgeschwächt oder sogar aufgelöst sind. Ein Zuschauer, der meint, nun soll das Bild nicht mehr verändert werden, gibt ein Zeichen. Alle treten zurück und sprechen darüber, was das Bild jetzt ausdrückt. – Es kann sich ergeben, dass doch noch weiter verändert wird. Dann stellt die nächste Gruppe ihr Bild vor. Es wird in der gleichen Weise weitergearbeitet.

Die Kaninchen, die an allem schuld waren

James Thurber

Es war einmal – selbst die jüngeren Kinder erinnern sich noch daran – eine Kaninchenfamilie, die unweit von einem Rudel Wölfe lebte. Die Wölfe erklärten immer wieder, dass ihnen die Lebensweise der Kaninchen ganz und gar nicht gefalle. (Von ihrer eigenen Lebensweise waren die Wölfe begeistert, denn das war die einzig richtige). Eines Nachts fanden mehrere Wölfe bei einem Erdbeben den Tod, und die Schuld daran wurde den Kaninchen zugeschoben, die ja, wie jedermann weiß, mit ihren Hinterbeinen auf den Erdboden hämmern und dadurch Erdbeben verursachen. In einer anderen Nacht wurde einer der Wölfe vom Blitz erschlagen, und schuld daran waren wieder die Kaninchen, die ja, wie jedermann weiß, Salatfresser sind und dadurch Blitze verursachen. Die Wölfe drohten, die Kaninchen zu zivilisieren, wenn sie sich nicht anständig benähmen, und die Kaninchen beschlossen, auf eine einsame Insel zu flüchten.

Die anderen Tiere aber, die weit entfernt wohnten, redeten den Kaninchen ins Gewissen. Sie sagten: „Ihr müsste eure Tapferkeit beweisen, indem ihr bleibt, wo ihr seid. Dies ist keine Welt für Ausreißer. Wenn die Wölfe euch angreifen, werden wir euch zur Hilfe eilen – höchstwahrscheinlich jedenfalls."

So lebten denn die Kaninchen weiterhin in der Nachbarschaft der Wölfe. Eines Tages kam eine schreckliche Überschwemmung, und viele Wölfe ertranken. Daran waren die Kaninchen schuld, die ja, wie jedermann weiß, Mohrrübenknabberer mit langen Ohren sind und dadurch Überschwemmungen verursachen. Die Wölfe fielen über die Kaninchen her – natürlich um ihnen zu helfen – und sperrten sie in eine finstere Höhle – natürlich um sie zu schützen.

Wochenlang höre man nichts von den Kaninchen, und schließlich fragten die anderen Tiere bei den Wölfen an, was mit ihren Nachbarn geschehen sei. Die Wölfe erwiderten, die Kaninchen seien gefressen worden, und da sie gefressen worden seien, handele es sich um eine rein innere Angelegenheit. Die anderen Tiere drohten jedoch, sich unter Umständen gegen die Wölfe zusammenzuschließen, wenn die Vernichtung der Kaninchen nicht irgendwie begründet würde. Also gaben die Wölfe einen Grund an.

„Sie versuchten auszureißen", sagten die Wölfe, „und wie ihr wisst, ist dies keine Welt für Ausreißer."

Moral: Laufe – *nein, galoppiere* schnurstracks zur nächsten einsamen Insel.

In dieser Fabel geht es um drei Gruppen von Tieren und um ihr Verhalten: eine Kaninchenfamilie, ein Rudel Wölfe und die anderen Tiere. Wie diese Tiergruppen sich zueinander verhalten, könnte ihr mit einer szenischen Darstellung gut herausarbeiten. Hier findet ihr einige Inszenierungsanregungen für ein Sprech- und Bewegungstheater in sechs Szenen, die ihr noch ausgestalten könnt. Ergänzt die entsprechenden Textstellen in den Dialogen.

I. Szene:
Zwei Gruppen stehen unweit voneinander entfernt, die Kaninchen und die Wölfe *(chorisches Sprechen)*:

Wölfe: Eure Lebensweise gefällt uns ganz und gar nicht! *(Stöcke als gestische Verstärkung)*. Unsere Lebensweise ist die einzig richtige!
Kaninchen: Reaktion mit Stöcken zum Schutz und zur Abwehr

II.Szene:
Erbeben, unheimliche Geräusche, mehrere Wölfe fallen tot um.

Die überlebenden Wölfe: Ihr seid schuld … *(Drohen mit Stücken)*. Jedermann weiß, dass …

III.Szene:
Gewitter, Donnergeräusch, Blitz, ein Wolf fällt tot um.

Wölfe *(chorisch)*: Die Kaninchen sind schuld. (…) Wir werden euch zivilisieren, … *(Stöcke als gestische Verstärkung)*
Die anderen Tiere *(reden ihnen ins Gewissen)*: …

IV. Szene:
Überschwemmung, Wassergeräusch

Eine Riesenwelle kann durch eine Gruppe dargestellt werden: Die Spieler stellen sich als Reihe in zwei Gruppen gegenüber. Sie stellen sich vor, dass sie als Reihe jeweils eine Woge sind. Eine Reihe beginnt. Sie bewegt sich wie eine Woge auf die andere z. B.. Die andere bewegt sich dagegen. So entwickelt sich die Bewegung im Wechsel auf und ab. Die Wellen finden ihren eigenen Rhythmus, auf und ab. Die Schüler spielen mit dieser Idee. Wellen kommen unerwartet mit Gewalt, flauen wieder ab. Auf diese Weise entsteht in der Bewegung eine Spannung. Viele Wölfe ertrinken.

Wölfe *(chorisch)*: Ihr seid schuld, … *(Die Wölfe fallen über die Kaninchen her und sperren sie …/Einsatz der Stäbe)*

V. Szene:
Die anderen Tiere:
Die Wölfe:
Die anderen Tiere *(drohend, Stöcke als gestische Verstärkung)*: …
Die Wölfe: …

VI. Schlussbild mit Stäben:
Die Tiere erheben drohend ihre Stäbe. Die anderen Kaninchen nähern sich im Zeitlupentempo.

Sprecht anschließend über eure Inszenierung:
- Worauf habt ihr euch bei der Darstellung konzentiert?
- Was habt ihr weggelassen?
- Was lässt sich vielleicht gar nicht darstellen?
- Wie habt ihr Textaussagen verstärkt?
- Habt ihr Textaussagen verändert?

Vorstadtstraße *Spielszene mit Backgroundmusik*

Eine einsame Straße in der Vorstadt bei Nacht. Die Dunkelheit ist nur von Straßenlaternen matt erhellt, die Lichtkegel auf den Asphalt werfen. Die Einfamilienhäuser liegen im Dunkel.
Zwei Radfahrer kommen langsam die Straße herauf. Die Dynamos summen. Die beiden lehnen ihre Räder an eine Straßenlaterne – ein Mädchen, ein junger Mann. Beide tragen Regenjacken. Das Mädchen zeigt auf die Häuser. Dann schließt sie ihr Fahrrad an dem Laternenpfahl an. Mit einer Kette.
Die beiden gehen in den Torweg hinein. Einige Schritte vor dem Haus bleiben sie stehen. Dann nähern sie sich auf Zehenspitzen der Tür. Sie bleiben davor stehen. Sie wühlt in ihren Manteltaschen. Er steht daneben und sieht sie fragend an. Sie zuckt mit den Schultern. Er zieht aus der Tasche seiner Jacke einen Schlüsselbund und probiert einige Schlüssel im Türschloss aus. Er schüttelt den Kopf. Ratlosigkeit. Die beiden schauen sich an. Er fasst sie an den Schultern. Sie schaut an der Hauswand hinauf.
Er weist hinauf zu einem niedrigen Balkon. Sie nickt. Er flüstert ihr etwas ins Ohr. Dann gehen sie auf die Hauswand zu. Der Mann hebt das Mädchen in die Höhe. Sie fasst das Geländer des Balkons, zieht sich hoch. Er stützt ihre Füße. Sie hangelt sich über das Balkongeländer. Sie öffnet die angelehnte Balkontür, verschwindet im Haus. Der Mann blickt ihr nach. Winkt. Dann geht er zurück zu seinem Fahrrad und wartet. Schaut zum Haus zurück. Plötzlich erlischt die Straßenlaterne.

Eine rätselhafte Szene! Kein Wort wird gesprochen. Wie geht sie aus? Wie ist sie zu deuten? – Spielt diese Szene zunächst einmal stumm durch.
Es ist die Musik, die ihr Bedeutung geben kann – eine jeweils etwas andere, je nachdem, welche Backgroundmusik ihr dazu vom Kassettenrekorder spielt: heiter und lustig, romantisch, geheimnisvoll, cool und distanziert, rockig, aufregend und dramatisch …

Mit heiterer, lustiger Musik kann diese Szene den Eindruck erwecken, als handle es sich um eine witzige Geschichte, in der ein junger Mann seine Freundin nach Hause bringt; das Mädchen hat den Hausschlüssel vergessen und gelangt durch einen guten Einfall in das Haus.

Mit romantischer Musik wird daraus ein kleines Liebesdrama: Ein Kerl ist hinter einem Mädchen her. Sie will aber eigentlich nichts von ihm wissen. Sie tut so, als käme sie nicht ins Haus, weil sie angeblich den Schlüssel vergessen hat. Er hebt sie auf den Balkon, sie verschwindet im Haus, er ist abgeblitzt.

Oder zu geheimnisvollen Klängen: Es handelt sich um ein Einbrecherpärchen. Sie wird dann sicher am Ende der Szene (was aber nicht mehr gezeigt wird) die Tür von innen öffnen und die beiden …

Die Szene lässt sich auch zu jeweils unterschiedlicher Musik als **Körperschattenspiel** gestalten. Dazu braucht ihr eine Leinwand oder transparente Folie, die ihr möglichst von Wand zu Wand befestigt.

Ihr beleuchtet die Leinwand mit dem Tageslichtprojektor, auf den ihr „Kulissen“ legt. Sie sind sehr einfach herzustellen: Häuserfassaden mit Fenstern werden aus Papier oder besser aus durchsichtiger Farbfolie ausgeschnitten und erscheinen dann stark vergrößert auf der Leinwand. Ebenso einfach lassen sich die Formen der Straßenlaternen und des Torwegs ausschneiden. Vor dieser Kulisse könnt ihr euch nun mit den Fahrrädern bewegen.

Die Requisiten Fahrradkette und Schlüsselbund erscheinen deutlich sichtbar auf der Leinwand. Auch der Balkon ist kein Problem: Ihr müsst nur einen Tisch vor die Leinwand stellen, auf den das Mädchen gehoben wird. Habt ihr nun noch eine Idee, wie sich das Balkongeländer darstellen lässt?

Noch ein Tipp für die Einbruchszene: Zwei 200-Watt-Birnen, jeweils wie ein Lampion an einer Bambusstange befestigt und neben dem Tageslichtprojektor leicht bewegt, führen dazu, dass die Spieler geheimnisvoll zuckende Schatten werfen.

Auf dem Bahnhof
Bildet zwei Gruppen: *Spieler und Zuschauer.*

Die Spieler befinden sich auf dem Bahnhof. Es ist abends. Einige warten auf ihren Zug. Jemand wartet darauf, abgeholt zu werden. Einer weiß noch nicht, wo er an diesem Abend bleiben wird. Eine Flasche Wein steht neben ihm …

Jeder Spieler denkt sich in seine Rolle hinein und stellt sie mit Körpersprache und Mimik darf. Die *Zuschauer* beobachten eine Weile die Szene. Wenn jemand meint, er könne sich in das Geschehen einfügen, spielt er einfach mit. Jeder Zuschauer hat jederzeit die Möglichkeit, in das Geschehen einzugreifen, indem er die Handlung weiterführt oder ihr eine unerwartete Wendung gibt. Jeder Spieler hat wiederum die Freiheit, aus dem Spiel herauszugehen und den weiteren Spielverlauf als Zuschauer zu beobachten.

Und so könnte sich das Geschehen entwickeln und verändern:

- Die Wartenden laufen ungeduldig aneinander vorbei. Es ist kalt, stürmisch, beginnt zu regnen. Jemand verliert etwas, als er zum einfahrenden Zug läuft …
- Der Zug kommt nicht. Einige Wartende beginnen, wütend zu werden …
- Plötzlich erscheinen ein paar Jugendliche, die randalieren. Die Polizei greift ein …
- Einige Personen sitzen auf einer Bank und kommen miteinander ins Gespräch. Da beobachtet einer einen Taschendieb …

Und nun probiert das Spiel an andere Orten, z. B. in der U-Bahn oder im Bus.
Spielergruppe: Menschen sitzen sich gegenüber. Einer schläft. Einer liest. Einer kramt in der Tasche. Einige beobachten ihn.
Neue Fahrgäste steigen ein. Sie drängeln. Einer tritt jemandem auf die Füße …
Der Fahrer bremst so scharf, dass alle durcheinander fliegen. Jemand nutzt die Situation, um …

Probiert das Improvisationsspiel ohne und mit Sprache.
Sprecht anschließend darüber, was jeweils anders ist.
Was lässt sich besser mit Sprache, was lässt sich besser mit Körpersprache ausdrücken?

Ihr habt in dieser Werkstatt gelernt, Spielideen zu Situationsspielen auszugestalten. Hier könnt ihr jetzt ein Situationsspiel weiterentwickeln und nach einer kleinen Geschichte eine Klang-Pantomime entstehen lassen.

Wirklichkeit und Traum eines Hotelportiers

Ein Hotelportier soll Koffer in unterschiedlicher Größe, die auf einen Gepäckwagen geladen sind, zum Zug bringen. Er ist rechzeitig da, hat sogar noch Zeit, bis der Zug kommt. Da er ein neugieriger Portier ist, geht ihm so durch den Kopf: Was mag wohl in den Koffern drin sein? Ob er wohl noch einen öffnen kann – nur mal reinschaun und ihn dann schnell wieder schließen. Er fährt den Wagen ans Ende des Bahnsteigs, schaut sich um. Beobachtet ihn auch keiner? – Er zieht einen Koffer vom fahrbaren Träger und öffnet die Schnallverschlüsse – sieht sich um. Sieht ihn wirklich niemand? Hastig öffnet er den Kofferdeckel ein Stück – ein Aufschrei der Begeisterung – er öffnet den Deckel ganz und nimmt ein Instrument heraus. Er muss probieren, es zu spielen. Dann legt er es zurück, schließt den Deckel. – Der nächste Koffer fasziniert ihn. Was entdeckt er? Was probiert er? So geht es weiter. Er ist glücklich. – Aber was passiert? Der Zug ist abgefahren. Nun steht er da mit all den Koffern! Pflichtbewusst setzt er seine Dienstmütze auf, benutzt sogar die Trillerpfeife – eigentlich ist er doch ein pflichtbewusster Beamter! – Aber plötzlich gefällt ihm das alles nicht mehr … Er setzt sich auf die Bank am Bahnhofsgebäude … und schläft schließlich ein.

Da hat er einen Traum: Er ist der Zeremonienmeister in einer lustigen Varietevorstellung. Da gibt es Jongleure, Artisten, Komödianten, Musikanten, Steptänzer … Sie machen mit den Instrumenten und den anderen Dingen aus den Koffern eine gekonnte, amüsante Show auf einer Theaterbühne.

Das Publikum ist begeistert.

Aber da passiert ein kleines Missgeschick …

Erschrocken wacht der Hotelportier auf. Sein Chef rüttelt ihn an der Schulter: „Sagen Sie mal, haben Sie Ihre Dienstverpflichtungen ganz vergessen?“

Bereitet dieses Spiel in kleinen Gruppen vor.

Was ihr beachten solltet:
Die Geschichte enthält viele Stellen, die sich pantomimisch darstellen lassen, auch Leerstellen, die ihr entsprechend ausgestalten könnt. Ihr dürft im Ausdruck ruhig übertreiben.
Zieht euch an ungestörte Orte zurück und probiert unterschiedliche Instrumente aus.
Überlegt, was noch aus den Koffern zum Vorschein kommt. Vielleicht gibt es jemanden unter euch, der jonglieren und Einrad fahren kann oder etwas ganz anderes. Danach solltet ihr die Dinge auswählen.
Zu der Vorstellung gehören natürlich auch Kostüme und lustig geschminkte Gesichter.
Nun müsst ihr noch überlegen, wie ihr deutlich macht, dass der Hotelportier träumt. Eine Möglichkeit ist, ihn doppelt zu besetzen. Dann bleibt er auf der Bank schlafen sitzen, während ein zweiter Spieler, der vorher nicht zu sehen war, hinter der Bank hervortritt und sich in das bunte Treiben einmischt. Überlegt euch auch noch andere Möglichkeiten

Berühmte Leute *Nach einer Idee von Cecily O'Neill*

Treffen berühmter Leute in Drosdorf

Stars vom Dorfe aus aller Welt

Was sich da am letzten Wochenende in Drosdorf abgespielt hat, war ein Aufsehen erregendes Ereignis.
Der Anlass: das 300-jährige Bestehen dieser Gemeinde. Zusammengekommen war eine Anzahl von ehemaligen Bewohnern des Dorfes, die es, wie man so sagt, „zu etwas gebracht haben". Abseits vom Star-Rummel trafen sie sich im Gemeindehaus von Drosdorf. Und es ist schon beachtlich, wie viele kleinere und größere Stars aus diesem Siebenhundertseelendorf hervorgegangen sind. Einige von ihnen sind durch Funk und Fernsehen berühmt geworden wie Kitty Schulze, die heute mit Künstlernamen Joana heißt, – wer kennt nicht die Rocksängerin! Dann der bekannte Libero, der heute bei Inter Mailand spielt: Thorsten Mangold oder „Tottore", wie man ihn in Italien nennt. Weiter waren erschienen …

Zu diesem Bericht aus dem Regionalteil einer Tageszeitung könnt ihr Spielszenen entwickeln.

Stellt euch folgende Situation vor:

Im Gasthaus zur Krone sitzen an mehreren Tischen Dorfbewohner zusammen und unterhalten sich darüber, wie unterschiedlich ihr Werdegang seit dem Ende der Schulzeit verlaufen ist.

1. Der Auftritt der Berühmtheiten

Die Einheimischen sind mitten im Gespräch, als die Tür aufgeht und ein berühmt gewordener ehemaliger Drosdorfer eintritt: Begrüßung, Rätselraten, wer das sein könnte, Wiedererkennen.
Nach und nach kommen die im Text genannten und weitere Berühmtheiten herein: ein Model, eine Schauspielerin, eine Tänzerin, ein Tennisstar, ein Leichtathlet …

Die Einheimischen reagieren darauf immer etwas anders, z. B. so:

- „Manchmal hab' ich dich im Fernsehen gesehen und gedacht: Das ist doch unsere Kitty …"
- „Nein, wenn ich mir vorstelle, dass wir früher mal zusammen Mathe geschwänzt haben, und jetzt umgibst du dich mit solchen Leuten!"

2. Gespräch mit den Dorfbewohnern

(Die Berühmtheiten geben nun ganz kurz Auskunft über ihren Beruf, was sie geworden sind: Bundesligafußballer, Rockstar, Modeschöpferin, Tänzerin, Tennisstar, Schauspielerin, Leichtathlet usw.; wo sie heute leben, wodurch sie berühmt geworden sind, wie ihr Leben aussieht: Tourneen, Auftritte, Training …)

Die Dorfbewohnerin stellen weitere Fragen
Bringt ein solcher Ruhm nicht auch gewisse Probleme mit sich? Ist es nicht manchmal auch lästig, berühmt zu sein? Ich meine: Man wird überall auf der Straße wiedererkannt, man wird von den Medienleuten verfolgt, man hat doch eigentlich gar kein Privatleben mehr.

(Einige der berühmten Leute äußern sich zu diesen Fragen: dass es einem Freude mache, überall erkannt zu werden; dass man reich geworden sei und in einer Villa am Meer wohne; dass man gern oder ungern Interviews gebe; dass man privat gut zurechtkomme; dass es nichts Schöneres gebe, als berühmt zu sein – oder dass einem das durchaus manchmal sehr lästig sei usw.)

Einige Dorfbewohner wollen auch etwas aus dem Privatleben herausbekommen. Sie sind so neugierig, dass die Berühmtheiten zunehmend widerwillig Auskunft geben.

Einige stehen jetzt von ihren Plätzen an den Tischen auf und gehen zur Bar. Da sind sie unter sich und sprechen nun über dieses Treffen, vielleicht so:

Joana *(die bekannte Rocksängerin)*: Wäre ich bloß nicht gekommen! Wenn ich diese zurückgebliebenen Typen hier sehe – also mir wird ganz anders. Ein Glück, dass ich aus diesem Dorf ausgebrochen bin!

3. Die Stars in ihrem Element

Die Fragerei wird einigen der Anwesenden immer lästiger. Um das zu beenden, macht ein Einheimischer den Vorschlag, ein Star solle etwas darstellen oder vorsingen ...

Findet auf diese Weise heraus, welche „Talente“ unter euch sind und gestaltet eine weitere Szene als Show oder Playbackshow.

Gedanken eines Verwaltungsbeamten

Spiel mit Stimmen hinter einer Tür. Ein Spieler spielt sichtbar vor der Gruppe, der andere ist nur zu hören.

Was ist mit denen, deren Träume nicht in Erfüllung gegangen sind?

Büroraum am Montag Morgen nach dem Klassentreffen. Der Verwaltungsbeamte XY betritt den Raum. Er stellt seine Aktentasche ab, legt seinen Mantel ab und die Ärmelschoner an, entstaubt seinen Arbeitsplatz, setzt sich hin, spitzt Bleistifte usw. Er nimmt die oberste Akte vom Stapel und beginnt sie mit gespitztem Bleistift durchzusehen.

Nach einige Sekunden stützt er seinen Kopf in die Hände und beginnt leise, mit ironischem Unterton, zu sprechen:

Beamter: Das Treffen mit meinen „berühmten" Klassenkameraden – fantastisch, was sie alle geworden sind. Beneidenswert, wirklich beneidenswert! Und wie wichtig sie sich alle vorkamen – unglaublich!

Er steht auf und mimt den Rockstar, den Tennisspieler, das Model usw. ... setzt sich wieder hin.

Beamter: Nein, berühmt wollte ich nicht werden – aber vom Fliegen habe ich immer geträumt. Und jetzt sitze ich seit 15 Jahren in diesem Büro! Fliegen wollte ich schon, als ich noch ganz klein war. Damals habe ich versucht, mir eine Flugmaschine zu bauen. Großvater hat mich verstanden. Warum ist eigentlich nichts daraus geworden?

Er schaut ins Leere und erinnert sich an eine Szene aus seiner Kindheit. Dialog mit der Stimme des Vaters hinter der Tür:

Vater: Morgen gehen wir zusammen ins Schwimmbad. Du zeigst mir, wie du vom Dreier springst.

Sohn: Ich habe mich aber schon verabredet.

Vater: Unsinn, das kannst du rückgängig machen. Ich will, dass mein Sohn mir zeigt, wie er vom Dreimeterbrett springt!

Sohn: Ich ... Könnte ich dir das nicht auch noch später zeigen?

Vater: Nein, keine Widerrede!

Beamter: Ich musste vom Dreimeterbrett springen, obwohl es mir überhaupt keinen Spaß machte ... *(Hier kann der Erinnerungsdialog weitergeführt werden.)*

Ein Lehrling betritt den Raum und bringt neue Akten. Der Verwaltungsbeamte blättert, macht Notizen, stempelt wie wild. Dann sitzt er wieder mit leerem Blick da. Stimme des Vaters hinter der Tür:

Vater: Ich habe einen Brief aus der Schule bekommen.

Sohn: Wieso denn? Das...das verstehe ich gar nicht, es ist doch alles in Ordnung!

Vater: Von wegen in Ordnung. Ich werde in die Schule bestellt, weil mein Herr Sohn schwänzt! Aber dem peinlichen Gespräch setze ich mich gar nicht erst aus, hörst du!

Sohn: Aber das kann doch nicht so schlimm sein, das war doch nur ein paar Mal. Ich konnte doch schon alles. Da dachte ich, ich könnte ruhig ein bisschen weniger hingehen ...

Vater: Unglaublich! Du warst so gut, dass ich dich jetzt von der Schule nehme. Du fängst Montag eine Lehre bei der Firma Meier an. Da wirst du lernen, was Pünktlichkeit und regelmäßiges Arbeiten heißt!

(Von hier an kann das Stück weitergespielt werden.)

Wo das Theater herkommt

Eberhard Spangenberg

Die ersten Theater entstanden vor 2 500 Jahren in Griechenland. Man suchte sich dafür Plätze aus, die von Natur aus gut zum Theaterspielen geeignet waren. Zum Beispiel so zwischen Hügel eingebettet, dass sich daraus ganz natürlich die Zuschauerplätze ergaben. Die Sitzreihen brauchten nur aus dem Hügel herausgegraben zu werden. Als Bühne diente eine runde, aus Lehm gestampfte Fläche in der Mitte. Schon im 6. Jahrhundert vor Christi (zwischen 536 und 533) hat der griechische Tragödiendichter und Schauspieler Thespis in Athen die erste Tragödie aufgeführt.

Später begannen die Griechen mit dem Bau von Theatern. Die Zuschauerplätze waren Felsblöcke zwischen Stützmauern und waren im Halbrund um die Bühne (Orchestra) gefügt. Im Hintergrund stand ein Zelt oder Gebäude aus Holz (Skene), in dem die Schauspieler ihre Kostüme aufbewahrten.

Die Römer machten es den Griechen nach: Nach dem griechischen Grundriss bauten sie einen halbrunden oder runden Zuschauerraum. Mit dem Untergang des römischen Reiches ging auch das römische Theater zugrunde.

Erst viele hundert Jahre später, im Mittelalter, begann man wieder, Theater zu spielen. Zuerst in den Kirchen, wo man Geschichten aus der Bibel zum Gottesdienst nachspielte, und später außerhalb der Kirchen auf den Plätzen der Dörfer und Städte. Dort spielte man, auf verschiedene Spielpodeste verteilt, auch weltliche Themen.

In Italien entstand daraus die Commedia dell' Arte. Wandernde Komödianten zogen von Ort zu Ort. Sie hatten keinen festen Text, sondern hinter der Kulisse einen Zettel, auf dem die Handlung und die Auftritte festgelegt waren.

Als Wandertheater musste sich die Commedia dell' Arte mit einfachen Mitteln begnügen. Die Bretterbühne war klein, der Hintergrund auf Stoff gemalt. In den Stegreifstücken kamen immer wieder die gleichen Typen vor, die durch ihre Herkunft aus den verschiedenen italienischen Provinzen charakterisiert waren. So entstanden festgelegte Figuren mit typischen Masken und Namen wie Pantalone (der reiche und sehr geizige Kaufmann), Dottore (der pedantische und rechthaberische Jurist), Balanzone (der alte und ungeschickte Gelehrte), Pulcinella (der immer hungrige Diener) und Arlechino (der Harlekin).

Bei der Commedia dell' Arte wurden die weiblichen Rollen erstmals in der Theatergeschichte nicht von Männern, sondern von Frauen gespielt. Alle Komödianten bis auf die Frauen und die Darsteller der Liebenden trugen Masken aus Leder oder Holz.

Im Jahr 1576 wurde bei London das erste feste Theaterhaus Englands eröffnet. Es war nach dem Vorbild der Wirtshaushöfe gebaut, in denen man bisher gespielt hatte. In einem offenen Hof stand die Bühne mit einem vieleckigen Grundriss. Um den erhoben sich überdachte Galerien und Balkone. Darauf und um die Bühne herum saßen die Zuschauer. Mit Balkonen, Nischen, Vorhängen und Falltüren schuf man sich einen vielseitigen Spielraum. Es war das Theater William Shakespeares (1564–1616).

Im 18. und 19. Jahrhundert setzten sich die festen Theaterhäuser durch. Und mit ihnen die „Guckkastenbühne“. Die Bühne ist dabei wie ein Zimmer, in dem eine Wand weggelassen ist. Durch den Vorhang, der diesen Einblick eröffnet oder verschließt, wird dieser Effekt des „Guckkastens“ noch verstärkt.

Erst im 20. Jahrhundert hat man damit begonnen, auf diese festgefahrene Theaterform zu verzichten und den Theaterbau zu verändern. In kargen, modernen Theaterräumen erproben Schauspieler und Regisseure neue Stücke und neue Ausdrucksmöglichkeiten. Sie setzen sich mit den Problemen unserer Zeit auseinander. Und viele gehen, um Theater zu machen, wieder auf die Straße unter den freien Himmel, wo das Theater herkommt.

Mysterienspiel im Mittelalter

Commedia dell' Arte

Modernes Theater

1 Anhand dieses Textes könnt ihr folgende Fragen beantworten:
- Wie hieß ein antiker griechischer Tragödiendichter?
- Wann entstanden die ersten Theater in Griechenland?
- Wie sah die Bühne des antiken griechischen Theaters aus?
- Was bedeuten Orchestra und Skene?
- Wo spielte man im Mittelalter Theater?
- Welche Merkmale haben die Personen der Commedie dell' Arte?
- Wann wurde das erste feste Theaterhaus Englands eröffnet?
- Wie sah es aus?
- Gibt es andere Möglichkeiten, Theater zu spielen, als auf der „Guckkastenbühne"?

2 Beschäftigt euch nun noch mehr mit der Geschichte des Theater, mit unterschiedlichen Ausdrucksformen und Spielmöglichkeiten. Ihr könnte das außerhalb der Schule tun. Hier findet ihr einige Vorschläge:
- Geht in Gruppen in die Schul- und Stadtbücherei und sucht nach weiteren Büchern zu den hier im Text kurz vorgestellten Schwerpunkten: Antikes griechisches und römisches Theater, Theater im Mittelalter, Commedia dell' Arte, Shakespeare-Theater, zeitgenössisches Theater, Straßentheater. Informiert die Klasse durch kurze Vorträge, Text- und Bildbeispiele.
- Nehmt Kontakt mit dem Theater in eurem Wohnort oder mit dem nächsten Stadttheater auf. Informiert euch über den Spielplan.
- Organisiert mit Unterstützung eures Lehrers eine Führung durch die Räume hinter den Kulissen und die Teilnahme an einer Probe oder an einem Theaterworkshop.
- Steht ein Jugendstück auf dem Spielplan? Besucht es gemeinsam und diskutiert darüber. Probiert, eine Szene daraus anzuspielen oder ganz anders zu spielen.

Die Zeitung

Lest ihr Zeitung? Wenn ja, was?
Sportberichte, Anzeigen, Lokalnachrichten oder Berichte aus aller Welt?

In diesem Kapitel werden typische Zeitungstexte vorgestellt und es gibt Tipps fürs Lesen und Schreiben. Am Ende sollt ihr selbst eine Klassenzeitung oder ein Extrablatt entwerfen und schreiben, die ihr dann in der Klasse aufhängen könnt. Daneben könnt ihr noch viele andere interessante Dinge zum Thema Zeitung unternehmen, z. B.

- einen Redakteur in die Schule einladen
- eine Zeitungsredaktion besichtigen
- euch von Zeitungen Informationsmaterial schicken lassen
- an einem Projekt Zeitung & Schule teilnehmen, das viele Zeitungen anbieten

Vielleicht habt ihr noch andere Ideen …

So macht man

SCHLAGZEILEN

Mit dem Auto durch den Supermarkt

Lehrerin schlägt Schüler

Heiße Scheibe setzt Disko in Brand

Der Bericht

Lebenshilfe im Fernsehen:

Neue Staffel „Teenager außer Kontrolle“

ha] Hamburg – Wer mittwochabends einen der großen Privatfernsehsender guckt, kann lernen, die Kontrolle über das Kinderzimmer zu behalten, so wie es andere Erziehungsserien vormachen

Wer zu Hause schwer erziehbare Jugendliche hat, kann von diesem Mittwoch (20.15 Uhr) an in einem Pilotfilm und in weiteren acht Folgen verfolgen, wie sich solche Probleme bewältigen lassen.

In der zweiten Staffel der Dokusoap „Teenager außer Kontrolle – Letzter Ausweg Wilder Westen“ betreut die Therapeutin Annegret Noble acht verhaltensauffällige, schwer erziehbare Jugendliche bei einer Therapie in der Natur: Im US-Bundesstaat Oregon bekommen die Teenager eine Chance auf eine neue Zukunft. Die Teenager sind Serieneinbrecher Andreas E. (15), Drogenkonsument David P. (17), Schlägerbraut Dzeneta B. (15) Gang-Mitglied Kevin O. (15), Neo-Nazi Kurt Z. (16), Dealer Pascal S. (17), Schulabbrecherin Stacy G. (17) und Ausreißerin Vivien T. (16).

Im Wildnis-Therapieprogramm der Organisation Catherine Freer unter der Leitung von Cheftherapeutin Annegret Noble unterziehen sich die Jugendlichen einer „erlebnispädagogischen Verhaltenstherapie in der freien Natur“, wie der Sender mitteilt. Dabei sollen sie „alte Verhaltensmuster ablegen, ein neues Selbstwertgefühl und eine positive Lebensperspektive“ gewinnen. In der Wildnis Oregons lernen die Jugendlichen, wie man in der Natur überlebt. Gleichzeitig lernen sie sich selbst besser kennen.

Die Expedition dauert acht Wochen und gliedert sich in zwei Phasen. In der ersten Phase sollen sich die Jugendlichen viel mit sich selbst beschäftigen. Sie haben während der Wanderung Zeit, über ihre Probleme, ihr Leben und die Ratschläge ihrer Therapeuten nachzudenken. In Phase zwei liegt der Fokus auf der gesamten Gruppe. Hier bestreitet die Gruppe jede Woche bestimmte Aufgaben in der Natur wie Wildwasserfahrten, Klettern oder die Arbeit mit Pferden. Außerdem arbeiten die Teenager mit den Therapeuten an einem Zielplan für ihre Zukunft. **(dpa)**

Info
Der Artikel, den du gerade gelesen hast, ist ein typischer **Bericht**. Er ist aktuell und informativ, nüchtern und sachlich. Ein Bericht muss klar sagen, worum es geht. Man findet – nach der Einleitung – die wichtigsten Informationen am Anfang. Es folgen Hintergrundinformationen zu den näheren Umständen und zur Vorgeschichte des Projekts. Eigene Meinungen und Bewertungen des Journalisten sind im Bericht nicht gestattet.

1 Lies den Infokasten über die typischen Merkmale eines Berichts. Überprüfe am Text des Berichts, ob er diese Merkmale aufweist.

Info
Im Bericht werden die **journalistischen W-Fragen** beantwortet: **Was** ist **wann** und **wo** geschehen? **Wer** war beteiligt? **Wie** ist es geschehen und **warum**? **Woher** hat die Zeitung die Information? Die Reihenfolge ist nicht festgelegt. Sie richtet sich nach der Wichtigkeit.

2 Lies den Infokasten über die journalistischen W-Fragen. Überprüfe, ob der Zeitungsartikel alle W-Fragen beantwortet. Schreibe hinter jede W-Frage die Antwort in einem Stichwort. Verwende eine Folie oder übertrage die Tabelle in dein Heft.

Wer?	Wie?
Was?	Warum?
Wann?	Woher?
Wo?	

3 **Leseprofi:** Welche W-Fragen sind im Text des Berichts von größerer, welche von geringerer Bedeutung? Nenne Gründe dafür.

Info
Eine **Nachricht** ist eigentlich bloß ein kurzer Bericht. In der Zeitung ist sie oft nur zehn bis zwanzig Zeilen lang. Sie liefert kurz und knapp die reinen Informationen ohne Hintergrund und Vorgeschichte.

1 Formuliere den Bericht über „Teenager außer Kontrolle" in eine Nachricht um. Orientiere dich dabei am Infokasten über die Merkmale einer Nachricht.
2 Überprüfe, ob der Zeitungsartikel mit absteigender Wichtigkeit berichtet.
3 **Leseprofi:** An welcher Stelle des Berichts beginnen die Hintergrundinformationen?

Zeitungsleser können sich durch Schlagzeile, Unterzeile und Vorspann schnell einen Überblick über den Inhalt eines Berichts verschaffen und feststellen, ob der Artikel sie weiter interessiert.

Schlagzeile ....

Mein Handy und ich

Unterzeile ....

Handys als Statussymbol bei Jugendlichen

Herkunft/Ort ....
Vorspann ....

■ Hamburg. 92 Prozent der 12- bis 19-Jährigen haben ein eigenes Handy. Der Medienwissenschaftler Sven Bartels warnt nun in einer Studie vor den problematischen Folgen.

Nachrichtenkörper ....

Handys sind für Jugendliche ein wichtiges Statussymbol, sie vermitteln ihnen Selbstbewusstsein und das Gefühl, erwachsen zu sein. Bartels weist darauf hin, dass Handys wegen dieser besonderen Bedeutung Probleme mit sich bringen.
Wie bei anderen Markenartikeln werden Teenager von ihren Mitschülern gehänselt oder sogar gemobbt, wenn sie gar kein Handy oder nur ein veraltetes oder billiges Modell besitzen. Außerdem geben viele Jugendliche für ihr Handy mehr Geld aus, als sie sich leisten können. Sie müssen daher jobben und vernachlässigen die Schule. Eine Prepaid-Karte, so meint Bartels, ist der erste Schritt zu einer besseren Kontrolle.

Die **Schlagzeile** ist ein starker Blickfang. Sie gibt einen Hinweis auf den Inhalt des Artikels. Sie soll anregend sein und zum Lesen anreizen.

Schlagzeilen –
Die sprachlichen Tricks der Medienmacher

witzig LEHRER BLEIBT SITZEN

reißerisch **Killerbienen überfallen Eisdiele**

sachlich **Schulkonferenz vertagt**

Wortspiel **Der neue Hausmeister:**
Maus heißt er

Alliteration ***Rektor rügt Randalierer***

1 Sammelt Schlagzeilen aus Zeitungen und unterhaltet euch über die sprachlichen Merkmale.

2 Formuliere zu einem Ereignis aus deiner Schule oder deiner näheren Umgebung drei Schlagzeilen, die deine Freunde ansprechen.
Du kannst dich an den Beispielen orientieren.
Beachte dabei:
- Die Schlagzeile soll kurz sein und nur das Wichtigste enthalten.
- Du kannst die Schlagzeile sachlich, witzig oder reißerisch formulieren.

3 Stellt eure Schlagzeilen der Klasse vor.

4 + Schneidet Unterzeilen aus Zeitungen aus, tauscht sie untereinander und formuliert dazu griffige, reißerische Schlagzeilen.

Auf der Strandpromenade. Ein Zeitungsjunge schreit: „Riesenbetrug, Riesenbetrug, schon 120 Opfer!“
„Gib mal eine her!, sagt ein neugieriger Passant und drückt ihm das Geld in die Hand.
„Nanu!“ schimpft er nach näherem Hinsehen, „das ist ja eine Zeitung von letzter Woche!“
„Riesenbetrug!“ hört er den Zeitungsjungen von Weitem rufen, „Riesenbetrug, schon 121 Opfer!!!“

Der Kommentar

Im folgenden Kommentar sagt ein Journalist seine Meinung zum Bericht „Lebenshilfe: Neue Staffel ‚Teenager außer Kontrolle'".

1 Bevor ihr den Text lest, tauscht euch darüber aus, wie ihr das Therapieprojekt findet und was ihr von der Idee haltet, eine Dokusoap darüber zu senden.

Frischlufttherapie

Endlich wird das Thema Erlebnispädagogik vor einem breiten Publikum behandelt. Ich gebe gerne zu, dass die Dokusoap über Erziehungstherapie in freier Natur oberflächlich gemacht ist. Trotzdem bin ich für diese Art von Sendung. Denn man sieht mit eigenen Augen, wie es dort zugeht, und kann sich eine eigene Meinung bilden. Außerdem ist die Staffel unterhaltsam. Wäre sie das nicht, würde niemand zuschauen. Im Fernsehen wollen die Leute nämlich nicht belehrt, sondern unterhalten werden! Deshalb halte ich die Dokusoap „Teenager außer Kontrolle" für eine gute Sache. Allerdings dürfen die Jugendlichen nicht als missratene Gesellschaftsmitglieder vorgeführt werden. Keinesfalls sollte der Sender sie zur Unterhaltung des Zuschauers ausbeuten. Wenn das gelingt, ist gegen diese Art von Erziehungsserien nichts einzuwenden.

Johannes Köster

Beim **Kommentar** geht es um Meinungen. Und zwar um den persönlichen Standpunkt des Verfassers. Er soll seine Meinung so einfach und klar wie möglich sagen und begründen. Die Nachricht, die kommentiert wird, sollte aber nicht im Kommentar stehen. Zwar muss das Thema im Kommentar natürlich genannt werden, die Informationen sollten aber in einem Bericht oder einer kurzen Meldung vorkommen.

Der Journalist schreibt einen Kommentar zu dem Bericht über eine Fernseh-Dokusoap. Er gibt seine persönliche Meinung wieder und steht dazu mit seinem Namen.

2 Was unterscheidet den Kommentar von dem vorangegangenen Bericht?

3 An welchen Stellen des Kommentars wird deutlich, dass der Journalist seine Meinung sagt?

4 Versetze dich in die Lage eines Gegners der Dokusoap und schreibe einen eigenen Kommentar.

Die Reportage

Rap 2.0

Scheitern und hoffen in vier Minuten: Wie ein Berliner Jugendzentrum mit Internet-Radio Jugendliche von der Straße holen will. Ein Pionierprojekt

Von FOCUS-Redakteurin Carin Pawlak

Als Saro irgendwann in der Straßenbahn sitzt und aus dem Fenster sieht, hinter dem Hochhäuser und breite Straßen vorbeiziehen, hört er eines seiner Lieder. Es klingt aus dem MP3-Player eines Jungen neben ihm. „Das war schon cool", sagt er. Und vermutlich war er auch stolz, aber so etwas würde er nicht sagen. Dazu ist er zu stolz.

Lebensgeschichten in vier Minuten

Ein tadelloses Himmelblau spannt sich über 20 Stockwerke hohe Plattenbauten in Berlin-Lichtenberg. Es ist Mittwoch und 32 Grad heiß. Wari, Rebin und Sico haben Milchdrinks dabei und Schoko-Bonbons. Saro fehlt an diesem Tag, er feiert seinen 20. Geburtstag. Die drei 18-Jährigen, die aus dem Irak stammen, werden vier Stunden in einem Zimmer verbringen, den Sommer hinter dem kleinen Fenster vergessen und von ihrem Leben erzählen. Es ist ein Leben, das vom Fremdsein handelt. Vom Scheitern und Hoffen. Und von der Liebe oder was sie dafür halten. Sie werden Gefühle zu Refrains verdichten und Lebensgeschichten in vier Minuten verstauen.

Das schmale Zimmer, das Aufnahme- und Tonstudio ist, haben die Jugendlichen selbst ausgebaut. Die Wände gestrichen und mit Schaumstoff belegt, um den Schall zu dämpfen. Dort experimentieren sie mit Beats, nehmen auf, schneiden und mischen. „Das ist anstrengend. Volle Konzentration", sagt Wari. Ist ein Song fertig, läuft er im Internet-Radio. Die Lieder laden sich ihre Fans dann aufs Handy. Das ist Web 2.0. Das ist Rap 2.0. Und es ist der Versuch, Sozialarbeit anders anzugehen.

Das Haus Magdalena steht im Grünen. Alte Bäume und große Büsche sperren die Plattenbauten und ein Industriegelände aus. Vor der Wende war hier ein Betriebskindergarten, schon lange bröckelt und bröselt es am grauen Gebäude, und doch ist die Berliner Caritas froh, hier ihr Kinder- und Jugendzentrum untergebracht zu haben.

Tobias Postulka hat das Internet-Radio für das Haus Magdalena gegründet. Er zeigt den jungen Radiomachern, wie sie die Schnitt-Software am Computer bedienen, den Klang verbessern und Effekte herstellen.

Dreimal in der Woche, immer nachmittags ab viertel vor fünf arbeiten Wari, Saro, Rebin und Sico an ihrer Musik. Manchmal, wenn die Technik im Jugendzentrum nicht mehr ausreicht, organisiert der Projektleiter ein professionelles Studio. Andere Techniken lassen sich nicht so leicht erlernen. Tobias Postulka müht sich auch um Etikette, meist auf bescheidenem Niveau. Selbst einfache Benimmregeln lernen manche, die ins Magdalena kommen, nicht im Elternhaus. Ein schlichtes „Bitte“. Ein „Guten Tag“ zur Begrüßung. „So viel Zeit muss sein“, lächelt der Sozialarbeiter freundlich.

Info

In einer **Reportage** schildert der Reporter ein selbst erlebtes Ereignis. Sie ist eine Art „Erlebnisbericht“. Geschildert werden nicht nur Fakten, sondern auch Gefühle und Erlebnisse, sodass beim Leser der Eindruck entsteht, live dabei zu sein.

1. Wie schafft es der Verfasser von Rap 2.0, dass man den Eindruck hat, live dabei zu sein?
2. Bei einer gut geschriebenen Reportage hat der Leser oft das Gefühl, dass ein Film in seinem Kopf abläuft. An welchen Stellen und auf welche Weise wird in der Reportage „Rap 2.0“ dieser Filmeffekt erreicht? Tauscht euch darüber aus.
3. Schreibt die Reportage in eine Nachricht um. Orientiert euch dabei an den W-Fragen und der Infobox über die Nachricht (S. 202).
4. Lest die Reportage laut vor. Was fällt euch im Vergleich zu den von euch verfassten Nachrichten auf? Versucht, die Unterschiede zu benennen.

Das Interview

Carlo Wagner, Redakteur einer Schülerzeitung, befragt Straßenpassanten zur Internetnutzung ihrer Kinder.

Kinder und Internet

Carlo: *Guten Tag. Ich führe für eine Schülerzeitung Interviews durch. Darf ich Ihnen ein paar Fragen stellen?*

Passantin: Worum geht's denn?

Carlo: *Wissen Sie, welche Seiten Ihre Kinder im Internet aufsuchen? Wie oft und wie lange sie im Internet sind?*

Passantin: Nee, keine Ahnung.

Carlo: *Meinen Sie nicht, dass es Seiten gibt, die nichts für Jugendliche sind?*

Passantin: Hör'n Sie mal, ich habe andere Sorgen. Was soll denn so schlimm sein am Internet? Im Fernsehen gibt es auch jede Menge Scheußliches. Darüber redet doch gar keiner. Ich muss jetzt weiter.

Carlo: *Vielen Dank, dass Sie sich die Zeit genommen haben.*

…

Passant: Ich weiß sicherlich nicht alles über die Netz-Aktivitäten meines Sohnes. Er ist 14. Ich rede mit ihm darüber und hoffe, dass er sich an unsere Absprachen hält.

Carlo: *Was für Absprachen sind das?*

Passant: Internetnutzung höchstens 10 Stunden pro Woche. Ich kenne Schüler, die kaum noch Freunde haben, weil sie nur vor dem PC sitzen. Und die schulischen Leistungen gehen in den Keller. Die gehen ja fast gar nicht mehr aus dem Haus.

Carlo: *Sind bestimme Internetseiten tabu?*

Passant: Verboten habe ich keine. Mein Sohn weiß, dass ich bestimmte Seiten ablehne. Solche Seiten verstoßen gegen die einfachsten Regeln des Umgangs miteinander. Sie senken die Hemmschwelle. Ich glaube nicht, dass er sich so was anguckt.

Carlo: *Haben Sie schon mal überlegt zu kontrollieren, was Ihr Sohn sich anschaut?*

Passant: Manchmal setze ich mich zu ihm, und wir schauen uns gemeinsam an, was er spannend findet. Kontrolle ist das aber nicht. Letztlich ist es eine Sache des Vertrauens.

…

(Ehepaar)

Sie: Selbstverständlich wissen wir alles, was unser Kind im Internet guckt.

Er: Das wäre ja sonst unverantwortlich, bei all den Gefahren, die da lauern.

Carlo: *Wie können Sie so sicher sein, dass Sie über jede Netz-Aktivität ihres Kindes Bescheid wissen?*

Er: Kontrolle. Der Computer steht imDachzimmer. Den Schlüssel habe ich. So weiß ich genau, wie lange und wie oft Naomi herumsurft. Sie ist erst 12.

Carlo: *Damit wissen Sie aber noch nicht, auf welchen Seiten sie surft.*

Sie: Ab und zu gehe ich rein zu ihr. Außerdem muss Naomi über neu besuchte Seiten eine Liste führen. Die gehen wir gemeinsam am Abend durch.

Info
Im **Interview** befragt der Journalist jemanden zu einem Thema. In Zeitungen erscheint es meistens als Wortlaut-Interview: die Meinung des Befragten (z. B. eines Künstlers, Politikers, Sportlers oder Straßenpassanten) wird direkt und ausführlich wiedergegeben. Spontane Kurzinterviews wie im Fernsehen oder im Hörfunk kommen in der Zeitung selten vor.

1 Tauscht euch über die Antworten der Passanten aus. Welche gefallen euch am besten? Begründet eure Meinung.

2 Wie ist das Interview mit der ersten Passantin aufgebaut? Untersucht es in Gruppenarbeit.

3 **Leseprofi:** Wie schafft es der Interviewer, dass die Eltern ihm Informationen geben und dass sie nicht bloß mit ja oder nein antworten?

4 + Worauf müsst ihr achten, wenn ihr ein Interview plant und führen wollt? Schreibt sechs Tipps auf, z. B.: Vorher anmelden, sich vorstellen und sagen, worum es geht. Gebt auch Tipps dazu, wie man Fragen so stellt, dass man möglichst viele Informationen erhält.

Geschichte des Zeitungswesens in Deutschland

LZ LIPPISCHE LANDES ZEITUNG

MAIN POST

Das Wort Zeitung kommt von **zīdunge.** Dieser Ausdruck tauchte zum ersten Mal in Köln um 1300 auf und bedeutet „Nachricht“, „Botschaft“. Noch heute erinnern Titelbestandteile in Zeitungsnamen wie „Kurier“, „Bote“ und „Merkur“ (Rheinischer Merkur, Münchner Merkur) an diese ursprüngliche Bedeutung.

Ohne Johannes Gutenberg gäbe es keine Zeitungen. Er schuf in Mainz um 1450 mit der Erfindung des Buchdrucks die technischen Voraussetzungen für die Zeitungen im heutigen Sinne. Während die Buchstaben vorher sehr umständlich aus Holz geschnitten waren, stellte Gutenberg völlig gleiche, auswechselbare Metallbuchstaben her. Dazu konstruierte er eine Druckerpresse, mit der unterschiedliche Texte leicht vervielfältigt werden konnten. Die Technik der Druckerpresse gab der Mediengattung „Presse“ ihren Namen.

Das deutsche Sprachgebiet gilt als Musterland des europäischen Zeitungswesens. 1650 erschien die erste Tageszeitung in Leipzig. 50 Jahre später gab es in Deutschland bereits 60 verschiedene Zeitungen. Damals kannte man noch keine Trennung der Meldungen in Ressorts. Die Blätter brachten eine ungeordnete Zusammenstellung von Nachrichten über politische und militärische Ereignisse, Unglücksfälle und Naturkatastrophen. Sie bestanden selten aus mehr als vier Seiten.

Ressorts sind die Sachgebiete Politik, Wirtschaft, Kultur, Sport, Lokalteil, „Panorama“ oder „Aus aller Welt“

OSTSEE ANZEIGER DER RÜGANER

Von Anfang an unterlag die Presse staatlicher Zensur: der Staat kontrollierte, was in den Zeitungen gedruckt wurde. Viele Zeitungen, die den Staat kritisierten, wurden verboten und die Redakteure bestraft. Damit wollten die Herrscher verhindern, dass ihre Untertanen mehr Rechte verlangten. Daher gab es lange Zeit nur wenige Zeitungstitel.

Zensur ist die staatliche Überwachung und Unterdrückung von Veröffentlichungen in Druck, Bild und Funk.

Heute garantiert in den demokratischen Rechtsstaaten die Pressefreiheit den freien Austausch von Informationen und Meinungen. In Deutschland ist die Pressefreiheit seit 1949 in Artikel 5 Absatz 1 des Grundgesetzes garantiert. Seitdem gibt es in Deutschland mit 334 Tageszeitungen eine vielfältige regionale und lokale Presse.

OV Oldenburgische Volkszeitung

Süddeutsche Zeitung

Seit 1995 haben die meisten Zeitungen neben ihrer Druckausgabe ein eigenes Online-Angebot eingerichtet. Der große Vorteil gegenüber der gedruckten Zeitung besteht darin, dass der Zugang gratis ist und die Berichterstattung ständig aktualisiert wird. Auch ein Archiv gehört zum Angebot vieler Online-Zeitungen. Die Nutzung des Archivs ist meistens kostenpflichtig.

1 Welche Aussagen zum Text sind zutreffend? Berichtige die falschen Aussagen. Belege deine Antworten mit den entsprechenden Textstellen.
- Der Ausdruck „Presse" leitet sich von der Technik der Druckerpresse ab.
- Mit der Pressezensur wollten die Herrscher Papier sparen.
- Die Garantie der Pressefreiheit untersagt jede Zensur.
- Der einzige Vorteil der Online-Zeitungen liegt darin, dass sie mehr Farbe haben als die gedruckte Zeitung.
- Deutschland spielte eine herausragende Rolle bei der Entstehung der Zeitung.

2 Was kann man am Namen vieler Regionalzeitungen erkennen? Schau dir dazu die Logos an.

3 + Suche im Internet den Artikel 5 Absatz 1 des Grundgesetzes zur Pressefreiheit heraus. Erkläre ihn mit deinen Worten.

Der Aufbau einer Titelseite

So könnte die Titelseite eurer Klassenzeitung aussehen:

Ihr habt in diesem Kapitel die wichtigsten journalistischen Darstellungsformen und den Aufbau einer Titelseite kennen gelernt. Ihr könnt nun euer Wissen anwenden, indem ihr eine eigene Klassenzeitung verfasst und gestaltet. Schreibt in allen Artikeltypen, die ihr in diesem Kapitel kennen gelernt habt.
Ihr seid nun die Redakteure!

1 Thema finden

Die Klassenzeitung kann verschiedene Themen behandeln. Teilt euch in Gruppen auf und überlegt, über welches Thema ihr etwas schreiben wollt. Jede Gruppe einigt sich durch Abstimmung auf ein Thema. Notiert das Thema möglichst knapp mit großer Schrift auf einem DIN-A5-Bogen und hängt ihn gut sichtbar auf. Wenn jede Gruppe ein Thema vorgeschlagen und auf dem Bogen notiert hat, entscheidet ihr euch durch Abstimmung.
Mögliche Themen: Klassenfahrt, Schulfest, Verkehrssituation vor der Schule; wer macht was in der Freizeit; was gerade „in und out" ist in der Mode, in der Musik usw.; ihr könnt auch eigene Gedichte, Geschichten, Bilder zum Thema beisteuern.

2 Thema bearbeiten und journalistische Darstellungsformen verteilen

Unternehmt jeweils zu zweit oder zu dritt folgende Arbeitsschritte:
- In Büchereien, lokalen Zeitungen, Archiven und im Internet recherchieren. Leute fragen, die sich auskennen: Lehrer, Eltern, Fachleute, Behörden (Polizei, Rathaus).
- Texte schreiben: Wer übernimmt welche Darstellungsform (Nachricht/Bericht, Reportage, Kommentar, Interview)?
- Fotos, Grafiken, Tabellen und Zeichnungen selbst erstellen oder in Zeitungen, Zeitschriften und im Internet suchen.
- Kurze, treffende Schlagzeilen und Überschriften finden.
- Schreibt eure Texte direkt mit dem Computer.

3 Texte überarbeiten

Führt im Redaktionsteam eine Schreibkonferenz durch, um eure Texte zu überarbeiten. Tauscht die Texte untereinander aus und lest sie sorgfältig durch. Notiert am Rand, was ihr gut findet, was unklar ist. Unterstreicht, worüber ihr noch sprechen wollt. Tauscht euch anschließend über eure Anmerkungen aus.

4 Seiten gestalten

Legt gemeinsam das Layout (grafische Gestaltung) fest. Hierbei geht es um
- Gestaltung der Titelseite und des Zeitungskopfes
- Anzahl der Textspalten
- Schriftart, Schriftgröße, Zeilenabstand und Hervorhebungen (fett oder kursiv) für Text und Überschriften.
- Bestimmt die Anordnung und Verteilung der Texte auf einer Seite. Ordnet ihnen Fotos, Illustrationen und Grafiken zu.

5 Schlusskonferenz

Bildet die Schlusskonferenz aus jeweils einem Mitglied der Redaktionsteams. Hier wird nun die Klassenzeitung fertig gestellt.
Außerdem muss noch bestimmt werden:
- Titel der Klassenzeitung
- Auflage (wie viele Exemplare?)
- Seitenzahl
- Leser und Zielgruppe

Tipp
Wenn die Zeit nicht reicht, könnt ihr auch ein Extrablatt erstellen. Jede Gruppe entwirft dann zu einem anderen Thema ein Extrablatt.

Referate vorbereiten, halten und diskutieren

Oft müsst ihr im Unterricht etwas vortragen. Dabei geht es darum, wie ihr das Thema präsentiert, damit ihr Interesse bei den Zuhörern weckt und sie euch zuhören.

Wie ihr das macht, steht in diesem Kapitel.

Überblick

Station 1: Material suchen

Zuerst müsst ihr euch für ein Thema entscheiden. Dann müsst ihr euch Informationen zu eurem Thema beschaffen. Diese findet ihr im Lexikon, im Schulbuch oder im Internet. Spezielle Suchmaschinen helfen euch, die zahlreichen Ergebnisse einzuschränken.

Station 2: Material sichten und beurteilen

Mit der 5-Schritt-Lesemethode (s. S. 218) findet ihr schnell heraus, ob in einem Text wichtige Informationen stehen. Ein Stichwortzettel hilft euch, die wichtigsten Aussagen festzuhalten.

Station 3: Material strukturieren

Einen ersten Überblick schafft ihr euch durch eine Sammlung der wichtigsten Aussagen mithilfe eines Stichwortzettels oder einer Mindmap.
Mit der Gliederung strukturiert ihr das Referat. Sie ist wie ein Geländer, an dem ihr euch orientieren könnt und das bei schwierigen Abschnitten Unterstützung bietet.

Station 4: Material überarbeiten

Wichtig ist auch, den Text zu überarbeiten. Fragen zu Inhalt, Sprache und Rechtschreibung helfen euch, den Text noch einmal unter die Lupe zu nehmen.

Station 5: Material darstellen
Es gibt verschiedene Möglichkeiten, wie ihr das Referat präsentieren könnt: Mit einem Plakat, einer Collage oder einer Powerpoint-Präsentation.

Station 6: Das Vortragen üben
Mit verschiedenen Übungen (z. B. Achtung Aufnahme, Zeitungsmeldung) bereitet ihr euch sicher auf euern Vortrag vor.

Station 7: Die Präsentation
Die Präsentation soll euch Freude bereiten, aber auch den Zuhörern. Mit den richtigen Tricks könnt ihr die Aufmerksamkeit der Zuhörer gewinnen.

Station 8: Referate diskutieren
Ein Referat muss nicht mit der Präsentation beendet sein. Manchmal beschäftigt euch eine strittige Aussage, die ihr mit anderen besprechen wollt. Dies könnt ihr mit einem Partner, in einer Kleingruppe oder mit der ganzen Klasse diskutieren.

Referate vorbereiten und halten

Station 1: Material suchen

Ob vorgegeben oder frei zu wählen, ihr müsst euer Thema eingrenzen und euch auf einen Aspekt konzentrieren (Beispiel: Kinderarbeit, Aspekt: Kinderarbeit in den armen Ländern).

Dann geht es ans Sammeln der Informationen. Schul- und Stadtbibliotheken bieten eine Menge von nützlichen Büchern: Lexika, Schulbücher oder Fachbücher. Im Internet lassen sich ebenso Informationen finden. Damit ihr gezielt suchen könnt, müsst ihr die Unterschiede zwischen allgemeinen und speziellen Suchmaschinen kennen. Bei allgemeinen Suchmaschinen sind die Trefferlisten sehr lang. Durch Detailsuchen lassen sich mehrere Suchwörter verbinden. Spezielle Suchmaschinen für Kinder und Jugendliche haben die Ergebnisse schon vorsortiert und helfen euch so bei der Recherche (z. B. fragfinn.de, geolino.de, blinde-kuh.de).

Station 2: Material sichten und beurteilen

Habt ihr das gesammelte Material vor euch liegen, sichtet ihr das Material. Dies geschieht mit der 5-Schritt-Lesemethode.

Die 5-Schritt-Lesemethode

1. **Stufe:** *Fragen*: was möchte ich wissen?
2. **Stufe:** *Klären:* Was verstehe ich nicht?
3. **Stufe:** *Markieren:* Welche Schlüsselwörter und Schlüsselaussagen enthält der Text?
4. **Stufe:** *Gliedern:* Welche Sinnabschnitte lassen sich unterscheiden?
5. **Stufe:** *Festhalten:* Wie kann ich das Gelesene behalten? (Stichwortzettel, Mindmap, anderen vortragen)

Das Internet bietet euch einen schnellen Zugriff auf zahlreiche Informationen. Gleichzeitig kann man sich in der virtuellen Welt leicht verlieren. Probiert verschiedene Möglichkeiten aus:

1 Ihr sollt für eine Hausaufgabe über Kinderarbeit in Brasilien recherchieren.
a) Was passiert, wenn ihr nur „Kinderarbeit" in die Suchmaske eingebt? Verbindet einmal die Wörter „Kinderarbeit + Brasilien". Was fällt euch auf?
b) Wie kommt ihr an die wichtigen Informationen?
c) Präsentiert eure Ergebnisse.

2 Wendet die 5-Schritt-Lesemethode bei dem Text „ Sucht- mit und ohne Drogen" (Kap. Fluchtwege-Suchtwege, S. 70/71) an. Schreibt dann die wichtigsten Aussagen in Stichworten auf und stellt sie den anderen vor.

Station 3: Material strukturieren

- Auf einem **Stichwortzettel** notiert ihr die wichtigsten Aussagen der ausgewählten Texte. Hiermit könnt ihr Karteikarten oder eine **Mindmap** erstellen. Eine Mindmap gibt einen guten Überblick über die gesammelten Informationen und schafft durch die Ober- (auf den „Zweigen") bzw. Unterbegriffe (auf den „Ästen") eine erste Strukturierung.
- **Karteikarten** helfen euch, die Übersicht zu behalten. Sie sollten das Format Din A6 haben und aus starkem Papier sein. Sie sollten durchnummeriert sein.
- Diese Darstellungsmöglichkeiten sind die Grundlage für die **Gliederung**. Die Gliederung strukturiert das Referat. Sie ist wie ein Geländer, an dem ihr euch orientieren könnt und das bei schwierigen Abschnitten Unterstützung bietet. Auch für eure Zuhörer ist ein gegliederter Vortrag wichtig: Sie können dem Vortrag folgen, bleiben weiter neugierig und können die Aussagen leichter behalten. Manchmal reicht ein mündlicher Vortrag, z.B. anhand von Karteikarten, nicht aus und ihr müsst euren Vortrag verschriftlichen. Auch dafür ist eine Gliederung wichtig.

Eine **Gliederung** besteht aus verschiedenen Teilen:

1. Einleitung
1.1. ...

2. Hauptteil
2.1 ...
2.2 ...

3. Schluss

In der **Einleitung** wird der erste Kontakt zu den Zuhörern geknüpft und der Ablauf des Referats dargestellt.

Im **Hauptteil** erläutert ihr euer Thema genauer. Der Hauptteil ist der längste Abschnitt. Durch interessante Beispiele und eine verständliche Sprache weckt ihr die Aufmerksamkeit der Zuhörer und motiviert sie zum Zuhören.

Im **Schlussteil** fasst ihr die wichtigsten Informationen des Referats noch einmal zusammen und erläutert den Zuhörern eure eigene Meinung. Anschließend kann das Thema diskutiert werden.

1 Ordnet die folgenden Aussagen den einzelnen Teilen (Einleitung, Hauptteil, Schluss) zu:

Aus diesem Grund, ... Im Jahre XXX wurde ... Zunächst werde ich ..., dann gehe ich auf X ein, zum Abschluss ...

Befasst man sich näher mit ... , dann ... Aus diesem Grund ..., hinzu kommt ..., das bedeutet ... Lasst uns darüber diskutieren ... Abschließend möchte ich sagen ... Besonders wichtig finde ich ...

Insgesamt habe ich gelernt ... Am meisten hat mich beeindruckt / überrascht ... Meiner Meinung nach ... Begonnen hat alles mit ... , Was ihr vor euch liegen habt, ...

Station 4: **Material überarbeiten**
Oft müsst ihr euer Referat oder andere Texte inhaltlich und sprachlich überarbeiten. Mit verschiedenen Methoden kann jeder seinen Text selbstständig überarbeiten oder ihr könnt euch gegenseitig helfen. (s. S. 226)

Station 5: **Material darstellen**

Durch eine anschauliche Darstellung weckt ihr das Interesse der Zuhörer und verschafft ihnen eine Orientierung.

- **Plakat**
  - Achtet auf eine klare Einteilung: auf der einen Seite das Thema, auf der anderen Seite die visuelle Veranschaulichung (Bilder, Fotos, Skizzen).
  - Vermeidet helle Farben zum Beschriften.
  - Weniger ist mehr!

- **Collage**
  Eine Collage ist eine Kombination aus unterschiedlichen Materialien (Papier, Stoff, Fotos). Als Hintergrund bietet sich ein großes Bild (passend zum Thema) an. Auf diesen Hintergrund können einzelne Informationsboxen geklebt werden.

- **Overheadprojektor (OHP)**
  - Schreibt auf die Folie groß und deutlich.
  - Vermeidet helle Farbe zum Beschriften.
  - Setzt den Text in Absätze für eine bessere Übersicht.

- **Powerpoint**
  Folien werden per Beamer an die Wand projiziert. Anders als bei dem OHP lassen sich am Computer Folien mit verschiedenen Schriftarten, Bildern, Tönen und Effekten miteinander verbinden. Setzt akustische und optische Effekte sparsam ein. Bei zu vielen Reizen schalten die Zuhörer ab. Gestaltet die Folien übersichtlich (s. OHP).

TIPPS

Ihr könnt auch besondere Zitate auf eine Folie schreiben und bei Bedarf präsentieren.

Station 6: Das Vortragen üben

Mit verschiedenen Übungen bereitet ihr euch optimal auf euren Vortrag vor.

Übung 1: Achtung Aufnahme!

Um ein Gefühl für den Referatstext zu bekommen, könnt ihr den Text auf Kassette oder MP3- Player aufnehmen. So könnt ihr überprüfen, ob ihr laut genug sprecht und klare Formulierungen verwendet.

Übung 2: Zeitungsmeldung

Sucht euch aus einer Zeitung oder einer Zeitschrift eine kleine Meldung aus. Lest sie sorgfältig durch und deckt sie dann ab. Versucht nun, die Meldung Abschnitt für Abschnitt mit eigenen Worten zusammenzufassen und sie einem Partner vorzutragen.

Übung 3: Perspektivwechsel

Teilt euch in der Klasse in Referenten und Zuhörer auf. Die Redner müssen sitzen, die Zuhörer stehen. Versucht mit eurem Referat trotz ungewohnter Stellung die Aufmerksamkeit der Zuhörer zu halten. Wechselt euch dann ab.

Übung 4: Regisseur

Stellt euch vor, ihr seid der Regisseur eures Vortrags. Durch die Regieanweisung (Einsatz der Medien u. a.) könnt ihr genau kontrollieren, ob ihr an alles gedacht habt.

Vortrag	Regieanweisung
Was ist eigentlich Kinderarbeit?	Pause nach Frage machen ... ...
Nach Schätzung der Internationalen Arbeitsorganisation (ILO) sind weltweit 327 Millionen Kinder erwerbstätig	Betont vorlesen ... ...

Station 7: **Material präsentieren**

Ein Referat muss nicht nur inhaltlich stimmen, es muss auch spannend vorgetragen werden.

So erreicht ihr die Aufmerksamkeit der Zuhörer:

- Zuhörer schreiben ihre Vorab-Fragen / Notizen zu dem Thema auf: Was könnte mich an dem Thema interessieren?
- Handout austeilen, in das während des Referats Informationen eingetragen werden können
- Aufgaben am Ende des Referats stellen, die mit dem Thema etwas zu tun haben.
- Quizfragen stellen
- am Ende des Referats kreative Schreibaufgaben stellen
- Interessante Gegenstände mitbringen oder mitbringen lassen, die etwas mit dem Thema des Referats zu tun haben.

1 Ergänzt weitere Mittel, mit denen ihr die Aufmerksamkeit der Zuhörer erreichen könnt.

Station 8: **Referate diskutieren**

Manchmal sind am Ende eines Referats über das Thema nicht alle einer Meinung. Da bietet sich eine Diskussion an. Bei einer Diskussion gibt es mehrere Gesprächspartner und ein festgesetztes Thema. Damit eine Diskussion gelingt, müsst ihr bestimmte Regeln einhalten:

Die Regeln könnt ihr an die Tafel schreiben oder auf ein Plakat, das ihr an die Tafel hängt. So sind sie für euch immer sichtbar.

Regeln:
1. Zuhören
2. Ausreden lassen
3. Beim Thema bleiben
4. An das vom Vorredner Gesagte anknüpfen

Bevor ihr mit der ganzen Klasse diskutiert, solltet ihr in Kleingruppen üben.

Diskutieren in kleinen Gruppen:

1 **Pro- und Contra**: Wählt als Kleingruppe ein Thema aus diesem Buch heraus. Mithilfe einer Pro- und Contra-Tabelle könnt ihr eure verschiedenen Aussagen ordnen.

Beispiel: Kinderarbeit in armen Ländern

Pro	Contra
Viele Kinder ernähren ihre Familien durch den Lohn ihrer Arbeit	Kinder müssen unter menschenunwürdigen Verhältnissen arbeiten
Die Kinder können sich mit dem Geld etwas zu essen kaufen	Kinder bekommen oft keinen Lohn für ihre Arbeit

Übung 1: Austausch

Jetzt müsst ihr versuchen, eure eigene Meinung zu vertreten und eine andere anzunehmen. Sucht euch eine Aussage aus der Tabelle heraus (Beispiel: Kinder ernähren ihre Familien durch den Lohn ihrer Arbeit) und denkt darüber nach. Teilt eure Meinung zum Thema Kinderarbeit einem Partner mit und erfahrt seine Meinung. Versucht darüber ca. 3 min zu diskutieren. Sucht euch dann einen anderen Partner.

Übung 2: Verabredung
Der Lehrer teilt euch Zettel aus, auf denen verschiedene Uhrzeiten stehen. Ihr geht im Raum herum und verabredet euch mit anderen Mitschülern. Später bittet euch der Lehrer z. B. zu eurer 9-Uhr-Verabredung zu gehen und ein Anliegen zu diskutieren.

TIPPS

Tipp für Kleingruppen: Damit möglichst viele zu Wort kommen, könnt ihr sogenannte Talking Chips verwenden. Jeder bekommt zwei Chips. Ihr könnt nur dann erneut sprechen, wenn erst jeder seinen ersten Chip verbraucht hat. Wenn auch alle zweiten Chips aufgebracht sind, werden sie zurückgenommen und wieder neu ausgeteilt. Jeder hat wieder die Möglichkeit, das Wort zu ergreifen.

Diskutieren in großen Gruppen:

- **Podiumsdiskussion**
  Bei einer Podiumsdiskussion sollen alle „Experten" zu Wort kommen. Zu einem bestimmten Thema z. B. „Erwerbstätigkeit von Jugendlichen" schlüpft ihr in die verschiedenen Rollen, z. B. einer Lehrerin, eines 15-jährigen arbeitenden Schülers, eines Elternteils usw. Die verschiedenen Meinungen werden zuvor in Kleingruppen stichwortartig aufgeschrieben und vorbereitet. Die Experten sitzen an einem Tisch zusammen, mit Blick zum Publikum. Die Zuhörenden haben Beobachtungsaufträge, z. B.: Überzeugungskraft der Teilnehmer, Vorbereitung, Präsentation.

- **Fishbowl**
  Vier bis fünf Personen setzten sich auf Stühlen in die Mitte des Raums, der Rest der Gruppe in einem größeren Kreis drumherum. Die innere Gruppe diskutiert das Thema, während die äußere zuhört. Wer sich bei der Diskussion beteiligen möchte, kommt in den inneren Kreis. Eine Zeit sollte vorher immer festgesetzt werden.

- **Tierische Talkshow**
  Stellt eine Talkshow nach, in der auch Tiere eine Meinung haben. Überlegt euch ein Thema (Tiere im Zoo) und schlüpft wie bei der Podiumsdiskussion in verschiedene Rollen (Zoodirektor, Affen, Tiger, Besucher). Bereitet die einzelnen Aussagen vorher vor.

Egal welche Form der Diskussion ihr wählt – sie muss anschließend reflektiert werden. Das können einfache Fragen sein wie: *Was war gelungen?, Was muss verbessert werden?* – bis hin zu einem detaillierten Fragekatalog.

Material überarbeiten

Methoden zur Überarbeitung eines Textes

Oft müsst ihr euer Referat oder andere Texte inhaltlich und sprachlich überarbeiten. Die folgenden Tipps und Übungen könnt ihr für alle möglichen Texte anwenden. Mit verschiedenen Methoden kann jeder seinen Text selbstständig überarbeiten oder ihr könnt euch gegenseitig helfen.

1 Erstellt mithilfe der folgenden Fragen eine Checkliste für die Überarbeitung eurer Texte.

Fragen zum Inhalt:
- Stimmt dein Text mit deinen Vorüberlegungen überein?
- Hast du den Text in **deinen eigenen** Worten verfasst?
- Hast du alle W-Fragen (Wer? Was? Wann? Wo? Wie?) beantwortet?
- Hast du deinen Text sinnvoll gegliedert (Einleitung, Hauptteil, Schluss)?

Fragen zur Sprache:
- Sind deine Sätze verständlich?
- Hast du verschiedene Satzanfänge gewählt?
- Kannst du lange Sätze kürzen?
- Hast du Fachbegriffe erklärt und richtig benutzt?

Fragen zur Rechtschreibung:
Stimmt die Zeichensetzung (Punkt, Fragezeichen, Komma)?

2 Hier seht ihr einen Ausschnitt aus einem Gruppen-Referat. Die Schüler haben unter anderem den Text „ Kinderarbeit in Zahlen" (S. 39) als Basis für ihr Referat benutzt. Was fällt euch auf?

3 Nehmt eure erstellte Checkliste zu Hilfe, um diesen Text zu überarbeiten.

Ausschnitt aus einem Referat zum Thema „Kinderarbeit"
von Nicole, Serap und Martin

1. Hauptteil: Kinderarbeit
1.1 Kinderarbeit
Nach Schätzung der ILO arbeiten weltweit 327 Millionen Kinder, mehr als 210 Millionen Jungen und Mädchen sind Kinderarbeiter, sie arbeiten regelmäßig mehrere Stunden. Sie sind unter 15 Jahren und schuften Unter gefärlichen und ausbeuterischen Bedingungen. Sie sind wie Sklaven und werden wie eine Ware gehandelt. Kinderarbeit gibt es in allen Ländern. Gäbe es ein funktionierendes Sozial-system würde es Kinderarbeit nicht geben.

- **Schreibkonferenz**
In einer Schreibkonferenz trefft ihr euch mit euren Mitschülern, um eure Texte gemeinsam zu überarbeiten. Vorschläge und Ideen werden gesammelt, mit denen sich die Entwürfe inhaltlich und sprachlich verbessern lassen.

- Bei einem **Schreibkarussel** setzt ihr euch alle an einen großen Tisch und tauscht im Uhrzeigersinn eure Referate aus.
Ihr markiert mit einem farbigen Stift Fehler und schreibt am Rand eure Verbesserungen auf.

- **Schreibdiskussion**
Bei dieser Methode lernt ihr nicht nur die Meinung eures bevorzugten Partners kennen, sondern die der ganzen Klasse. In der „Schreibdiskussion" geht es um Textabschnitte, für die ihr noch Hilfe braucht. Bildet einen inneren und einen äußeren Kreis. Die im inneren Kreis schauen nach außen, jene im äußeren blicken nach innen. Nach einem akustischen Zeichen (Klatschen, Eieruhr) diskutiert ihr über eure Textabschnitte und verbessert inhaltliche und grammatikalische Fehler. Nach einer gewissen Zeit, etwa drei Minuten, rücken alle im Außenkreis einen Sitz weiter. Nun diskutiert ihr mit einem anderen Mitschüler über euren Text.

Kompetenz-Test

1. Lies noch einmal die Geschichte „Vom Umgang mit Erwachsenen“. Welche Gedanken gehen der Mutter des Ich-Erzählers am Ende wohl durch den Kopf? Schreibe sie in der Ich-Form auf.

2. Lies noch einmal die Texte aus dem Kapitel „Kinderarbeit- Kinderrechte“ und verfasse ein Akrostichon (s. auch S. 80) zum Begriff „Kinderarbeit“ und eines zum Begriff „Kinderrechte“. Begründe deine Wortwahl anhand der Informationen, die du in dem Kapitel erhalten hast.

3. a) Beschreibe das Anti-Drogen-Plakat. Wodurch erzielt es seine Wirkung? Verwende bei deiner Antwort auch die Begriffe, die du auf der Seite 81 kennengelernt hast.

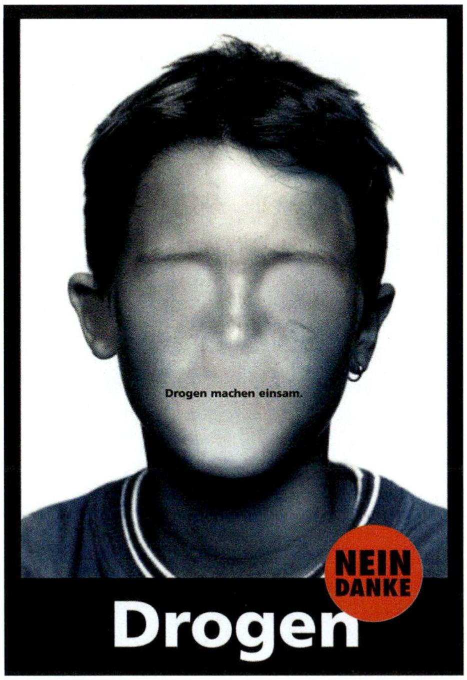

   b) An welcher Figur des Kapitels „Fluchtwege – Suchtwege“ konnte man deiner Meinung am deutlichsten erkennen, dass Drogen einsam machen? Belege deine Einschätzung mithilfe von Textstellen.

4. Wähle eine Kriminalgeschichte aus dem Krimi-Kapitel aus und verfasse einen Bericht zu einem dort geschilderten Verbrechen. Orientiere dich dabei an den Merkmalen des Berichts, die du im Zeitungskapitel kennengelernt hast (S. 200/201). Denke auch daran, eine passende Schlagzeile zu entwerfen.

Literarische Fachbegriffe

Allwissender Erzähler: Der Autor einer Geschichte schlüpft innerhalb einer Erzählung in die Rolle eines Erzählers, der in alle anderen Figuren hineinschauen kann, über sie Bescheid weiß, zu ihnen Kommentare abgibt.

Anapäst: Dreisilbiger Versfuß mit dem Aufbau *unbetonte – unbetonte – betonte* Silbe wie in den Namen *An-na-belle* oder *Os-na-brück* oder dem Wort *A-na-päst* selbst.

Autor: Der Verfasser eines Textes.

Ballade: Gedicht, in dem (meistens auf dramatische Weise) eine Geschichte erzählt wird. Beispiel: *Der Zauberlehrling* von Goethe.

Bildergeschichte: Eine aus Bildern bestehende Geschichte, oft ohne Text. Aber auch ein Text, der nach diesen Bildern erzählt wird.

Daktylus: Dreisilbiger Versfuß mit dem Aufbau *betonte – unbetonte – unbetonte* Silbe wie in den Namen *Jes-si-ca* oder *Düs-sel-dorf* oder dem Wort *Dak-ty-lus* selbst.

Dialog: Gespräch (mündliche Rede) zwischen mindestens zwei Personen. Dramen bestehen aus Dialogen.

Drama: Eine der drei Grundformen der Dichtung neben Lyrik und Prosa. Diese Form besteht im Wesentlichen aus Dialogen, Szenen und Akten. Es ist die Grundform von Theaterstücken.

Epik: Episch nennt man eine Dichtung, die im Gegensatz zu Lyrik in Prosa geschrieben ist. Das Epische ist das Erzählerische eines Textes. Der Begriff *episch* fasst alle Erzählformen zusammen wie Märchen, Geschichten, Erzählungen, Romane usw.

Erzähler: Im Gegensatz zum Autor ist der Erzähler eine Figur, die innerhalb des Textes selbst vorkommt und die Geschichte erzählt, manchmal als Ich-Erzähler, als allwissender Erzähler, als personaler Erzähler in der Er-Form oder in Gedichten als lyrisches Ich.

Erzählung: Eine Geschichte, in der von Ereignissen erzählt wird, die tatsächlich geschehen oder erdacht sind.

Fabel: Eine Kurzform des Erzählens, in der Tiere anstelle von Menschen die Hauptfiguren bilden. Die Tiere verkörpern menschliche Eigenschaften und sprechen im Dialog miteinander. Aus Fabeln sollen Leser eine Lehre ziehen.

Figur: Figuren nennt man die Personen, die in literarischen Texten vorkommen. Man nennt sie deswegen *Figuren*, da es sich bei ihnen um erfundene Personen, oft auch um Tiere (wie in Fabeln) oder um Hexen und Geister (wie in Märchen) handelt.

Gedankenrede: Im Gegensatz zu wörtlichen Reden, in denen die Figuren miteinander sprechen, bringen in Texten die Figuren oft auch ihre Gedanken zum Ausdruck, von denen nur die Leser etwas erfahren: *Sie sagte zu ihm* (wörtliche Rede): *„Du hast mich belogen!"* (Gedankenrede:) *Was sollte er dazu sagen? Er hatte doch die reine Wahrheit gesagt! Nie und nimmer würde er sie belügen! Wie konnte sie nur so etwas von ihm denken?*

Gedicht: Das auffälligste Merkmal von Gedichten ist ihre äußere Form in Versen (Zeilen) und Strophen (Absätzen). Weitere Merkmale: Reim, Metrum, Rhythmus, sprachliche Bilder.

Haiku: Eine japanische Gedichtform ohne Reime. Im Haiku werden die Silben gezählt. Sie sind in drei Versen nach der Regel angeordnet: 5 Silben, 7 Silben, 5 Silben. Das Haiku besteht aus einem lyrischen Bild.

Ich-Erzähler: Der Autor eines Textes schlüpft in die Rolle eines Ich-Erzählers, der alles aus seiner persönlich Sicht erzählt.

Jambus: Zweisilbiger Versfuß mit dem Aufbau *unbetonte – betonte* Silbe wie in den Namen *Pas-cal, Ber-lin* oder einem Wort wie *ver-rückt*.

Kreuzreim: In einer Strophe, die aus vier Versen besteht, reimen sich die Verse 1 und 3 und die Verse 2 und 4 über Kreuz: *Ich bin hier – du bist dort – ich bin leider nicht bei dir – denn du bist weit, weit fort.*

Lautmalerei: Wiederholung gleicher oder ähnlicher Laute auf engstem Raum, vor allem in Gedichten. Dabei erhalten diese Wiederholungen oft eine bestimmte Bedeutung, z. B. die des brausenden Meeres wie in Schillers *Taucher: Und es **wall**et und **s**iedet und **br**auset und zi**sch**t, **w**ie **w**enn **W**asser mit **F**euer sich mengt …*

Leseranrede: Anrede des Erzählers an den Leser, meistens eingefügt in den Erzählzusammenhang: *Alle starrten zu dem Springer nach oben auf den Sprungturm. Ob er springen würde, fragt ihr euch? Er sprang!*

Lied: Das Lied besteht aus regelmäßig gereimten Strophen, weshalb es gut zu vertonen und zu singen ist. Viele Lieder weisen auch einen Refrain auf. Das ist eine sich mehrfach wiederholende gleiche Strophe. Lieder gibt es für alle Anlässe: Trauerlieder, Hochzeitslieder usw. – und natürlich Unterhaltungslieder.

Lügengeschichte: Geschichten, besonders Münchhausen-Geschichten, in denen nicht einfach Lügen erzählt werden, sondern so gelogen wird, dass man die Lüge als Leser an den übertriebenen Wahrheitsbekundungen erkennt.

Lyrik: Eine der drei Grundformen der Dichtung neben Drama und Prosa. Die Form, in der Gedichte stehen. Diese Form besteht im Wesentlichen aus vier Elementen: 1. aus der regelmäßigen Zeilenanordnung wie Versen, Strophen; 2. aus Klängen wie Reim und Lautmalerei, 3. aus regelmäßiger Bewegung wie Metrum und Rhythmus; 4. aus Bildern wie Vergleichen und Metaphern.

Lyrisches Ich: Ich-Sprecher, der in einem Gedicht auftritt, z. B. im *Zauberlehrling: … Seine Wort und Werke / merkt' ich und den Brauch / und mit Geistesstärke / tu ich Wunder auch.*

Märchen: Erfundene Geschichten von wunderbaren Begebenheiten, in denen fantastische Gestalten wie Riesen, Zwerge, Hexen, Feen usw. auftreten und mit Menschen in Beziehung treten. Bestimmte magische Zahlen wie die Drei oder die Sieben spielen in ihnen eine wichtige Rolle: *Schneewittchen und die sieben Zwerge.*

Metapher: Wörter oder Sätze, die man in übertragener oder bildlicher Form verwendet. Statt *umgeknickte Seite* sagt man *Eselsohr,* statt *einer, der viel liest,* sagt man *Bücherwurm.* Durch Metaphern werden Texte besonders bildhaft und anschaulich, z. B. in Heines *Der Wind zieht seine Hosen an.*

Metrum (Takt): Versmaß vor allem von Gedichten, das durch die regelmäßige Abfolge betonter und unbetonter Silben bestimmt ist, im Gegensatz zum Rhythmus. Das Metrum setzt sich aus einer Reihe von Versfüßen zusammen. Es ist messbar und zählbar und vergleichbar dem Takt in der Musik: *Hat der al-te He-xen-meis-ter sich doch ein-mal weg-be-ge-ben.*

Paarreim: In einer Strophe, die aus vier Versen besteht, reimen sich die Verse 1 und 2 und die Verse 3 und 4 paarweise: *Ich bin hier – ich bin leider nicht bei dir – du bist dort – und weit, weit fort.*

Personaler Erzähler: Der Autor einer Geschichte erzählt im Gegensatz zum Ich-Erzähler die Begebenheiten in der Er-Form oder Sie-Form.

Personifikation: Eine Form des lyrischen Bildes, in dem ein Gegenstand oder ein Ereignis wie eine menschliche Person dargestellt wird: *Der Wind zieht seine Hosen an.*

Pointe: Diejenige Stelle in einer spannenden Geschichte, an der die Spannung (zumeist erst ganz am Schluss) aufgelöst wird.

Prosa: Neben Lyrik und Drama eine der drei Grundformen der Dichtung. Prosa (siehe auch Epik) ist erzählende Dichtung, die nicht durch Verse oder Reime gegliedert ist, sondern in fortlaufenden Zeilen geschrieben und in freier Sprechweise gesprochen wird.

Reim: Zwei Wörter reimen sich, wenn sie gleich oder ähnlich klingen. In der Regel ist es der Ausklang oder das Ende (nicht der Anfang!) von betonten Silben, die für den Gleichklang sorgen: *Meister – Geister, Werke – Stärke, Kopf – Topf.* Reime verbinden durch ihren Klang Verse miteinander; sie sorgen dafür, dass man sich einen Text besser merken kann.

Requisiten: Ausstattungsgegenstände wie Glas, Hut, Schirm, die zur Aufführung eines Theaterstückes gehören.

Rhythmus: Die lebendige Bewegung vor allem von Versen, die durch Betonung der Wörter bestimmt ist, im Gegensatz zum Metrum. Beim rhythmischen Sprechen werden in der Regel die durch das Metrum gegliederten Silben betont, jedoch nicht alle – und manchmal auch andere. In den folgenden Wörtern sind die Silben des Metrums unterstrichen, die Betonungen des Rhythmus' fett gedruckt: *Der **Wind** zieht **sei**ne **Hosen** an / die **wei**ßen **Was**serhosen …*

Sage: Kurze Geschichten, die von wunderbaren, merkwürdigen oder schrecklichen Dingen in einer bestimmten Zeit und an einem bestimmten Ort erzählen.

Souffleur („Vorflüsterer"): Jemand, der dem Schauspieler durch leises, deutliches Sprechen etwas „vorflüstert", wenn er eine Textstelle vergessen hat, und ihn so vor dem Steckenbleiben bewahrt.

Spannung: Aufbau einer Geschichte mit verschiedenen Spannungselementen wie Spannung erzeugenden Wörtern, Andeutungen, Vorausdeutungen, Verzögerungen, Rückblenden, emotionalen Ausdrücken usw.

Strophe: Absatz eines Gedichtes. Eine Strophe besteht aus mehreren Versen.

Szene: Teil eines Theaterstückes oder ein selbstständiges Spielstück. Auch den Ort der Handlung bezeichnet man als Szene.

Theater: Ort, an dem ein Stück gespielt wird. Aufführung eines Stückes vor Zuschauern.

Trochäus: Zweisilbiger Versfuß mit dem Aufbau *betonte – unbetonte* Silbe wie in den Namen *Dort-mund*, *Fe-lix* oder Wörtern wie *mor-gen.*

Umarmender Reim: In einer Strophe, die aus vier Versen besteht, reimen sich die Verse 1 und 4, die die Verse 2 und 3 umarmen: *Ich bin hier – du bist dort – du bist weit, weit fort – und ich bin leider nicht bei dir.*

Vers: Zeile eines Gedichtes.

Versfuß: Der Versfuß ist die kleinste Einheit des Metrums. Durch Wiederholung bestimmter Versfüße entsteht der regelmäßige Takt eines Verses. Die wichtigsten Versfüße sind Jambus, Trochäus, Daktylus, Anapäst.

Verzögerung: Stelle in einem spannenden Erzähltext, in der der Erzählfluss durch Rückblenden oder „Umwege" des Erzählens aufgehalten wird.

Vorausdeutung: Eines der wichtigsten Spannungselemente. Der Erzähler deutet etwas ungefähr an, das den Leser in Spannung versetzt, sagt aber noch nicht genauer, worauf es hinauslaufen sollt: *Was dann passierte, ist eine echte Überraschung …*

Autorenbiografien

Hier findest du kurze Biografien wichtiger Autoren aus dem Treffpunkte-Lesebuch:

Roald Dahl * 13. 9. 1916 in Llandaff bei Cardiff, Wales
† 23. 11. 1990 in Great Missenden, Buckinghamshire
Roald Dahl war ein norwegisch-walisischer Schriftsteller. Er verfasste Romane und Kurzgeschichten, die von einem feinen Humor geprägt sind und oft überraschend enden. Bekannt ist er auch für seine Kinderbücher. Als Schüler der Rapton-Schule in Südengland bekam er regelmäßig Schokolade von der Firma Cadbury zum Testen, was für Dahl eine Inspiration für sein zweites Kinderbuch, „Charlie und die Schokoladenfabrik" gewesen sein dürfte. Viele seiner Werke für Erwachsene sind dem Genre schwarzer Humor zuzuordnen.

Robert Gernhardt * 13. 12. 1937 in Reval, Estland † 20. 6. 2006 in Frankfurt am Main
Gernhardt war ein deutscher Schriftsteller, Zeichner und Maler. Er wurde als Sohn eines Richters in Reval (dem heutigen Talinn) geboren. Die Familie Gernhardt gehörte in Estland zur Minderheit der Deutsch-Balten und musste 1939 nach Posen übersiedeln. 1945 fiel der Vater im Krieg. Nach Kriegsende wurde die Familie vertrieben, und die Mutter floh mit den Söhnen Robert, Per und Andreas über Thüringen nach Bissendorf. 1964 kam die Familie nach Göttingen. Nach Abschluss seiner Schulausbildung 1956 studierte Gernhardt Malerei sowie Germanistik. Seit 1946 lebte er als freiberuflicher Maler, Zeichner, Karikaturist und Schriftsteller in Frankfurt am Main.

Johann Wolfgang v. Goethe * 28. 8. 1749 in Frankfurt am Main
† 22. 3. 1832 in Weimar
Goethe ist bis heute der bekannteste und größte deutsche Dichter. Er wurde als Sohn eines reichen Frankfurter Kaufmanns geboren und studierte Jura in Leipzig und Straßburg. Die meiste Zeit seines Lebens verbrachte er aber in Weimar, wo er als Minister wirkte. Bereits früh interessierte Goethe sich für Theater und Literatur und schrieb mit acht Jahren sein erstes Gedicht. Bekannt wurde er mit dem Drama „Götz von Berlichingen" und dem Roman „Die Leiden des jungen Werther". Sein berühmtestes Werk ist das Schauspiel „Faust". Auch seine Gedichte und Balladen, wie „Der Erlkönig" oder „Der Zauberlehrling", werden heute noch viel gelesen.

Albrecht Gralle * 23. 11. 1949 in Stuttgart
Albrecht Gralle ist zugleich baptistischer Geistlicher und Schriftsteller. Nach seinem Examen in Theologie war er ab 1977 Pastor. Er ist verheiratet und Vater von vier Kindern. Bis 1994 waren Gralle und seine Frau als Missionare in Westafrika tätig. Anschließend widmete er sich hauptberuflich der Schriftstellerei, nachdem er bereits seit 1976 neben seinem pastoralen Dienst literarisch tätig geworden war. Abrecht Gralle lebt heute in Northeim bei Göttingen.

Johann Peter Hebel * 10. 5. 1760 in Basel † 22. 9. 1826 in Schwetzingen
Hebel ist ein bedeutender allemannischer Mundartdichter. Bekannt wurde er vor allem durch seine Kalendergeschichten, die er im „Schatzkästlein des rheinischen Hausfreundes" veröffentlichte.

Ernst Jandl * 1.8.1925 in Wien † 9.6.2000 ebenda
Ernst Jandl war ein österreichischer Dichter und Schriftsteller sowie Übersetzer. Er ist durch seine humoristische Sprachkunst und experimentelle Lyrik bekannt geworden. Ernst Jandl kam am Ende des Zweiten Weltkriegs in englische Kriegsgefangenschaft. Nach seiner Freilassung studierte er in Wien und war bis 1979 als Lehrer an Gymnasien tätig. Jandls Kunst bestand nicht nur im Verfassen, sondern auch im Vortrag seiner Gedichte. Seine damaligen Zuhörer und neue Fans können viele von Jandl selbst verkörperte Sprachspiele im Original hören: Es wurden zahlreiche Schallplattenaufnahmen seiner Sprech- und Lautexperimente verlegt, die von ihm selbst interpretiert und häufig von Gesang und Jazzmusik begleitet sind.

Heinrich v. Kleist * 18.10.1777 in Frankfurt/Oder
† 21.11.1811 am Kleinen Wannsee in Berlin
Heinrich v. Kleist ist einer der berühmtesten deutschen Schriftsteller. Kleist war Dramatiker, Erzähler, Lyriker, Publizist und Patriot. Bekannt ist er vor allem für sein „historisches Ritterschauspiel“ „Das Käthchen von Heilbronn“, seine Lustspiele, z. B. „Der zerbrochne Krug“, sowie seine Novellen „Michael Kohlhaas“ und „Die Marquise von O“.

Angelika Mechtel * 26.8.1943 in Dresden † 28.2.2000 in Köln
Die Schriftstellerin Angelika Mechtel war auf fast allen literarischen Gebieten produktiv: Sie schrieb Gedichte, Kurzgeschichten, Romane, Essays, Reportagen, Sach- und Kinderbücher, Radio- und Fernsehscripts. Von 1983 bis 1991 war Mechtel Vizepräsidentin des westdeutschen PEN-Zentrums, eine internationale Schriftstellervereinigung, die sich für verfolgte und unterdrückte Schriftsteller einsetzt. Sie erreichte die Freilassung von Autorinnen und Autoren aus Gefängnissen in der Türkei, in der Sowjetunion und Mexiko.

Inge Meyer-Dietrich * 27.12.1944 in Dahle, jetzt Altena
Inge Meyer-Dietrich ist eine deutsche Kinder- und Jugendbuchautorin. Ihre Kindheit verbrachte Inge Meyer-Dietrich in Bochum. Nach dem Abschluss der Mittleren Reife durchlief sie in Bonn eine Ausbildung als Krankenschwester. Auf dem München-Kolleg holte sie ihr Abitur nach und studierte anschließend Soziologie, Germanistik sowie empirische Kulturwissenschaften. Sie schreibt überwiegend für Kinder und Jugendliche. In ihren Büchern packt sie oft schwierige Themen an. Die „Helden“ sind dabei gar nicht so heldenhaft sondern haben schwierige Probleme. Seit 1986 lebt Inge Meyer-Dietrich als freie Autorin in Gelsenkirchen.

Gerhard Rühm * 1930 in Wien
Gerhard Rühm studierte Klavier und Komposition an der Wiener Musikakademie und beschäftigte sich während eines längeren Aufenthalts im Libanon mit orientalischer Musik. Rühm war in den 1950er und 1960er Jahren überwiegend literarisch tätig und wurde zuerst durch Buchveröffentlichungen experimenteller Poesie bekannt. Von Anfang an entwickelte er Dichtung sowohl zur bildenden Kunst als auch zur Musik weiter. Von 1972–95 lehrte er als Professor an der Hochschule für Bildende Kunst in Hamburg. Rühm, der für sein Schaffen mit zahlreichen Preisen ausgezeichnet wurde, lebt in Köln und Wien.

Antoine de Saint-Exupéry * 1900 in Lyon † 1944 nahe der Île de Rion bei Marseille
Antoine de Saint-Exupéry verlor schon früh seinen Vater. Nach dem Besuch der Jesuitenschule leistete er seinen Militärdienst bei einem Fliegerregiment und fand so seinen Traumberuf. 1926 war er einer der Pioniere des kommerziellen Fluges auf der Linie Toulouse-Saint Louis/Senegal und bei der Luftpost, zwei Jahre später wurde er Direktor der argentinischen Luftpost in Buenes Aires. Danach war er erst Versuchspilot und dann als Aufklärer bei der neuen Air France. Im Spanienkrieg und später in Russland arbeitete er als Journalist. Seine Kriegserfahrungen spiegeln sich in zahlreichen Erzählungen wider und prägen vor allem „Wind, Sand und Sterne" (1939). Nach zweijährigem Einsatz als Aufklärungspilot im Zweiten Weltkrieg (1939–1940) begab er sich ins Exil nach New York, wo er 1943 den „Kleinen Prinzen" schrieb. Später nahm er seinen Dienst in Nordafrika wieder auf. Am 31. Juli 1944 stürzte er mit seinem Flugzeug ins Meer.

Friedrich Schiller * 10.11.1759 in Marbach am Neckar † 9.5.1805 in Weimar
Schiller wurde als Sohn eines Offiziers geboren, wurde auf der von ihm als „Folteranstalt" empfundenen Karlsschule in Stuttgart erzogen und auf Befehl des Herzogs Karl Eugen zum Mediziner ausgebildet. Ihn aber zog es zum Theater. 1782 wurde sein erstes Drama, „Die Räuber", in Mannheim uraufgeführt. Die Reden darin gegen „Fürstenwillkür" und „Tyrannen" brachten ihm eine Arreststrafe und Schreibverbot ein. Schiller entzog sich der fürstlichen Wut durch Flucht nach Leipzig, Dresden und schließlich Weimar. Dort verfasste er weitere Dramen des Sturm und Drang („Kabale und Liebe", „Don Carlos"). 1788 wurde er zum Professor für Geschichte und Philosophie in Jena ernannt. Schiller gilt heute als der bedeutendeste deutsche Dramatiker und war auch als Lyriker sehr erfolgreich.

Eva Strittmatter * 8.2.1930 in Neuruppin
Eva Strittmatter ist eine deutsche Dichterin und Schriftstellerin. 1947 legte sie das Abitur ab und begann in Berlin das Studium der Germanistik, Romanistik und Pädagogik. 1950 heiratete sie. Die Ehe wurde jedoch bald wieder geschieden. Sie lernte den Schriftsteller Erwin Strittmatter kennen, den sie bald darauf heiratete. Seit 1951, nach dem Abschluss ihres Studiums, arbeitete sie freiberuflich beim „Deutschen Schriftstellerverband" der DDR als Lektorin. Seit 1954 ist sie freie Schriftstellerin. Sie veröffentlichte vor allem Gedichte, aber auch Prosa für Kinder und Erwachsene. Von 1960 bis 1972 unternahm sie in ihrer Eigenschaft als Mitglied der Auslandskommission des Schriftstellerverbandes der DDR zahlreiche Reisen in die Sowjetunion und nach Jugoslawien. Eva Strittmatter lebt heute im brandenburgischen Schulzenhof.

James Grover Thurber * 8.12.1894 in Columbus, Ohio † 2.11.1961 in New York
James Grover Thurber war ein US-amerikanischer Schriftsteller und Zeichner, der durch seine Kurzgeschichten und Fabeln bekannt wurde. James Thurber betätigte sich auch erfolgreich als Kinderbuchautor. Mit seinen Erzählungen und Karikaturen in ironischem, liebenswürdigem Ton wurde James Thurber zu einem der populärsten US-amerikanischen Satiriker und Zeichner des 20. Jahrhunderts. Eine sich verschlimmernde Augenkrankheit, die im letzten Jahrzehnt seines Lebens fast zur Erblindung führte, behinderte zunehmend seine Arbeit und war der Grund, warum er seine Arbeit als Karikaturist schließlich aufgeben musste.

Textsortenverzeichnis

Anekdoten

164 *Ung. Verf.*, Schauspieler
165 *Volker Meid*, Galgenhumor
165 *Volker Meid*, Guter Rat
165 *Kurt Tucholsky*, Der Floh
167 *Johann Peter Hebel*, Schlechter Lohn
168 *Herbert Ihering*, Die schlechte Zensur
170 *Heinrich von Kleist*, Mutterliebe
172 *Kurt Kusenberg*, Schnell gelebt
173 *Robert Gernhardt*, Hilferuf und Aufschrei
175 *Johanna und Günther Braun*, Herrn Morphs Konsequenz
176 *Paul Watzlawick*, Die Geschichte mit dem Hammer

Appellative Texte
44 *Ung. Verf.*, „Wir, die Kinderarbeiter der Welt…"
81 *BZgA*, Anti-Drogen-Plakate http://www.drugcom.de www.drugcom.de

Bildergeschichten / Comics
78 *nach: Jürgen Wolsch*, Drogencomic
87 *Albert Uderzo/Rene Goscinny*, Asterix-Comic

Biographische Texte
115 *Adelheid Popp*, Arbeit eines Arbeiterkindes

Dialogische Texte / Spieltexte
87 *Karl Valentin und Liesl Karlstadt*, Fremde Bekannte
93/94 *Ung. Verf.*, Ein Blick in Europas Schulen
182 *Ung. Verf.*, Sich einspielen
183 *Ung. Verf.*, Spiele mit Requisiten – ohne und mit Sprache
184 *Ung. Verf.*, Einen Text szenisch darstellen
186 *Ung. Verf.*, Szenen darstellen
188 *Ung. Verf.*, Vom Improvisationsspiel zum Mitmachtheater
189 *Ung. Verf.*, Ausdrucksspiel mit Musik
191 *Ung. Verf.*, Eine Theaterszene erarbeiten
192 *Ung. Verf.*, Zu Texten spielen

Dramentexte
147 *Friedrich Schiller*, Die Räuber

Erzählende Texte
18 *Renate Anders*, Was ich fühle
27 *J. Modler*, Vom Umgang mit Erwachsenen
36 *R. Siebert*, Singen gegen die Sklaverei
41 *Ung. Verf.*, Zum Beispiel Brasilien
69 *A. de Saint-Exupéry*, Um zu vergessen …
144 *J. W. v. Goethe*, Die Leiden des jungen Werther (Auszug)
184 *James Thurber*, Die Kaninchen, die an allem schuld waren

Erzählgedichte/ Balladen
141 *J. W. v. Goethe*, Willkommen und Abschied

Gedichte
16 *Yasmina Reza*, Wenn ich ich bin…
16 *Elke Bräunling*, Junge, wach auf!
17 *Roswitha Fröhlich*, Worüber ich mich ärgere
114 *Thomas Scherr*, Noch zählte ich …
137 *J. W. v. Goethe*, Vom Vater hab ich die Statur …
137 *ders.*, Mädchenwünsche
152 *Ludwig Fels*, Einrichtung
152 *G. Kunert*, Unterwegs nach Utopia II
153 *M. Kaléko*, Sozusagen grundlos vergnügt
155 *Eva Strittmatter*, Vom Abend des fünften Februar
156 *Robert Gernhardt*, Pfadfinder
157 *Gerhard Rühm*, naturbeschreibung
159 *Ernst Jandl*, ebbe/flut
159 *ders.*, laut und leise
159 *Eugen Gomringer*, schweigen
160 *Arno Holz*, Rote Dächer
161 *ders*, Draußen die Düne
162 *Eugen Roth*, Der Baum

Grafiken/ Schaubilder/ Tabellen/ Karten
40 *Terres des hommes*, Erwerbstätigkeit von Kindern nach Regionen in 2004
41 *Ung. Verf.*, Kinderarbeiter verdienen wenig

70 *Ung. Verf.*, Abhängige in Mio.
91 *Globus Infografik*, Wie viel Taschengeld für Europas Jugend?

Interview
48 *Ung. Verf.*, Oskar, 10 Jahre, Kaffeepflücker
72 *Christoph Möller*, Jugend Sucht
207 *Ung. Verf.*, Kinder und Internet

Jugendbuchauszüge
11/24 *Inge Meyer-Dietrich*, He, Kleiner!
19 *Dagmar Chidolue*, Lady Punk
20 *Albrecht Gralle*, Die Rückseite der Angst
30 *Gina Davidson*, Geheimnisse
66 *Dietrich Seiffert*, Verlier nicht dein Gesicht
75 *Angelika Mechtel*, Cold Turkey
79 *Brigitte Kolloch*, Elisabeth Zöller, Hunger, Hunger
84 *Dagmar Chidolue*, „Excuse me, please ...“
102 *Cili Wethekam*, Tignasse
107 *Maiya Williams*, Die goldene Stunde
109 *Klaus Kordon*, 1848

Informationstexte/ Sachtexte
28 *Joseph von Westphalen*, Nerven
39 *Ung. Verf.*, Kinderarbeit in Zahlen
42 *Ung. Verf.*, Das Rugmark-Siegel
43 *Ung. Verf.*, Die Kinderrechtskonvention
52 *Ung. Verf.*, Bionik – Lernen von der Natur
55 *Ung. Verf.*, Aus der Trickkiste der Natur
58 *Ung. Verf.*, Ursprünge der Bionik
70 *Ung. Verf.*, Sucht – mit und ohne Drogen
83 *Ung. Verf.*, Was bringt die Zukunft Europas?
88 *Ung. Verf.*, Europa – Erfahrungen und Eindrücke
92 *Ung. Verf.*, „Comenius-Programm“ für Schulen
93 *Ung. Verf*, Ein Blick in Europas Schulen
95 *Ung. Verf.*, Sport in Europa
121 *Ung. Verf.*, Krimis
136 *Ung. Verf.*, Kindheit und Jugend
136 *Ung. Verf.*, Goethe – ein cleveres Kind
138 *Ung. Verf.*, Goethe und seine Schulzeit
140 *Ung. Verf.*, Der jugendliche Goethe
146 *Ung. Verf.*, Goethe und Schiller – zwei jugendliche Stürmer und Dränger
149 *Ung. Verf.*, Und so ging es mit Goethe weiter
150 *Ung. Verf.*, Kurzgefasster Lebenslauf Goethes und seine wichtigsten Werke
166 *Ung. Verf.*, Anekdote
195 *Ung. Verf.*, Wo das Theater herkommt
209 *Ung. Verf.*, Geschichte des Zeitungswesens

Kriminalgeschichten
118 *Wolfgang Ecke*, Der Plan des Mister Campell
122 *Roald Dahl*, Die Wirtin

Lexikonartikel
104 *Ung. Verf.*, Französische Revolution

Sagen
61 *Richard Carstensens*, Daidalos und Ikarus
89 *Gustav Schwab*, Europa und der Stier

Schülertexte
26 *Julian Hassler*, Was wollt ihr, ...
26 *Kristiane Stange*, Ich denk`an dich ...

Zeitungs- und Zeitschriftentexte
45 *Ung. Verf.*, Kommentar: Kinderarbeit
46 *Frank-Thomas Wenzel*, Das Brot der frühen Jahre – aber mit Kaviar?
57 *Thomas Richter*, Kommentar
158 *Ung. Verf.*, Die Erde erwärmt sich
169 *Ung. Verf.*, In die Falle geraten
200 *Ung. Verf.*, Lebenshilfe im Fernsehen
202 *Ung. Verf*, Mein Handy und ich
204 *Ung. Verf.*, Frischlufttherapie
205 *Ung. Verf.*, Rap 2.0

Quellenverzeichnis

Anders, Renate
18 Was ich fühle
Aus: Wie man Berge versetzt. Hrsg. von Hans-Joachim Gelberg. Weinheim/ Basel: Beltz&Gelberg 1981.

Braun, Johanna und Günther
175 Herrn Morphs Konsequenz
Aus: J. und G. Braun. Herr A. Morph. 52 Geschichten. Frankfurt a.M.: Insel 1998.

Bräunling, Elke
16 Junge, wach auf!
Aus: Und jetzt erst recht. Hrsg. von Rolf Krenzer. Limburg: Lahn 1992.

Carstensens, Richard
61 Daidalos und Ikarus
Aus: Griechische Sagen. Würzburg: Ensslin im Arena Verlag (2001)

Chidolue, Dagmar
19 Lady Punk
Aus: D. Chidolue. Lady Punk. Weinheim/ Basel: Beltz&Gelberg 1991.
84 „Excuse me, please …"
Aus: D. Chidolue. London, Liebe und all das. Weinheim/ Basel: Beltz&Gelberg 1997.

Dahl, Roald
122 Die Wirtin
Aus: Küsschen, Küsschen. Reinbek bei Hamburg: Rowohlt-Verlag 1962

Davidson, Gina
30 Geheimnisse
Aus: G. Davidson. Du bist unmöglich. Übersetzt von Mirjam Pressler. Frankfurt a. M.: Alibaba 1997. (gekürzt).

Ecke, Wolfgang
118 Der Plan des Mister Campbell
Aus: W. Ecke. Club der Detektive. Ravensburg: Otto Maier 2000.

Fels, Ludwig
152 Einrichtung
Aus: L. Fels. Ernüchterung. München: Verlag Klaus Renner 1975.

Fröhlich, Roswitha
17 Worüber ich mich ärgere
Aus: Und jetzt erst recht. Hrsg. von Rolf Krenzer. Limburg: Lahn 1992

Gernhardt, Robert
156 Pfadfinder
Aus: R. Gernhardt. Lichte Gedichte. Frankfurt a. M.: Fischer 1999, S. 148.
173 Hilferuf und Aufschrei
Aus: R. Gernhardt. Denken wir uns. Frankfurt a. M.: S. Fischer Verlag 2007.

Goethe, Johann Wolfgang von
137 Vom Vater hab' ich …;
137 Mädchenwünsche
141 Willkommen und Abschied
144 Die Leiden des jungen Werther
Aus: Goethes Werke. Hamburger Ausgabe. Hrsg. von Erich Trunz. München: Beck 1989.

Gomringer, Eugen
159 schweigen
Aus: Eugen Gomringer (Hrsg.): Konkrete Poesie. Deutschsprachige Autoren. Reclam: Stuttgart 1986.

Gralle, Albrecht
20 Die Rückseite der Angst
Texte.Medien, Schroedel Verlag 2008.

Hebel, Johann Peter
167 Schlechter Lohn
Aus: J. P.Hebel. Poetische Werke. München: Winkler 1961.

Holz, Arno
160 Rote Dächer
161 Draußen die Düne
Aus: Arno Holz – Phantasus (von 1898). Hrsg. von G. Schulz. Stuttgart: Reclam 1995, S. 21, 49.

Ihering, Herbert
168 Die schlechte Zensur
Aus: Die Schaubude. Deutsche Anekdoten und Kalendergeschichten aus sechs Jahrhunderten. Berlin: Neues Leben 1964.

Jandl, Ernst
159 ebbe/flut; laut und leise
Aus: Eugen Gomringer (Hrsg.): Konkrete Poesie. Deutschsprachige Autoren. Reclam: Stuttgart 1986.

Kaléko, Mascha
153 Sozusagen grundlos vergnügt
Aus: In meinen Träumen läutet es Sturm. dtv: München 1977.

Kleist, Heinrich von
178 Mutterliebe
Aus: H. von Kleist. Sämtliche Werke und Briefe. München:Hanser 1961.

Kolloch, Brigitte und Zöller, Elisabeth
79 Hunger, Hunger
München: Klopp Verlag 2003

Kordon, Klaus
109 1848. Die Geschichte von Jette und Frieder.
Beltz Verlag 2001

Kunert, Günter
152 Unterwegs nach Utopia II
Aus: G. Kunert. Gedichte. München: Hanser 1977.

Kusenberg, Kurt
172 Schnell gelebt
Aus: K. Kusenberg. Die Sonnenblumen. Hamburg: Rowohlt 1951.

Mechtel, Angelika
75 Cold Turkey
Texte.Medien. Braunschweig: Schroedel Verlag 2006. © Anke&Silke Eilers

Meyer-Dietrich, Inge
11 He, Kleiner.
Texte.Medien. Braunschweig: Schroedel Verlag 2007.

Meid, Volker
165 Galgenhumor / Guter Rat
Aus: V. Meid. Hauptfach :Lachen. München: Piper 1990.

Modler, Jutta
27 Vom Umgang mit Erwachsenen
Aus: Mit 13 ist alles ganz anders. Freiburg: Herder. S. 36ff. (gekürzt)

Möller, Christoph
72 Jugend Sucht
Göttingen: Vandenhoeck & Ruprecht 2007.

Popp, Adelheid
115 Arbeit eines Arbeiterkindes
Aus: Geschichtliche Weltkunde Band 2. Quellenlesebuch. Diesterweg: Frankfurt a. M. 1980.

Radecki, Sigismund von
171 Die Geschichte von den sechs Rasiermessern
Aus: S. von Radecki. Das Abc des Lachens. Reinbek bei Hamburg: Rowohlt 1972.

Reza, Yasmina
16 Wenn ich ich bin …
Aus: „Kunst“. Lengwil (CH): Libelle Verlag 1996.

Roth, Eugen
162 Der Baum
Aus: E. Roth. Von Mensch zu Mensch. Klagenfurt: Kaiser o. J.

Rühm, Gerhard
157 naturbeschreibung
© Gerhard Rühm

Saint-Exupéry, Antoine de
69 Um zu vergessen …
Aus: A. de Saint-Exupéry. Der kleine Prinz. Düsseldorf: Karl Rauch 1956.

Schiller, Friedrich
147 Die Räuber (Auszug)
Stuttgart: Reclam Universal-Bibliothek 1986

Schwab, Gustav
147 Europa und der Stier
Aus: Sagen des klassischen Altertums. Frankfurt a. M.: Insel Verlag 2005

Seiffert, Dietrich
66 „Was soll ich denn machen?“
Aus: D. Seiffert. Verlier nicht dein Gesicht. München: dtv 1997.

Siebert, Rüdiger
36 Singen gegen die Sklaverei
Aus: Verkaufte Kindheit. Hrsg. von Hans-Martin Oetringhaus und Peter Strack. Münster: Verlag Westfälisches Dampfboot 1997.

Spangenberg, Eberhard
195 Wo das Theater herkommt.
Aus: So einfach ist Theater. Hrsg. von E. Spangenberg. München: Ellermann 1979.

Stange, Kristiane
26 Ich denk an dich
Aus: Warmer Regen auf meiner Haut. Liebesgedichte aus der NDR2-Sendung „Sweet, soft and lazy“. Hamburg: Hanseatische Edition 1987.

Strittmatter, Eva
155 Vom Abend des fünften Februar
Aus: E. Strittmatter. Zwiegespräche. Berlin: Aufbau 1987.

Thurber, James
184 Die Kaninchen, die an allem schuld waren
Aus: James Thurber. Die letzte Blume. Reinbek bei Hamburg: Rowohlt 1973.

Tucholsky, Kurt
165 Der Floh
Aus: K. Tucholsky. Gesammelte Werke in drei Bänden. Reinbek bei Hamburg: Rowohlt 1960.

Valentin, Karl/ Karlstadt, Liesl
87 Fremde Bekannte
Zitiert nach: Hans-Jürgen Heinrichs. Inmitten der Fremde. Von In- und Ausländern. Reinbek bei Hamburg: Rowohlt 1992. S. 13.

Watzlawick, Paul
176 Die Geschichte mit dem Hammer
Aus: Paul Watzlawick. Anleitung zum Unglücklichsein. München: Piper 1983.

Wenzel, Frank Thomas
46 Das Brot der frühen Jahre – aber mit Kaviar?
Nach: Frankfurter Rundschau vom 28. 7. 1993.

Westphalen, Joseph von
28 Nerven
Aus: J. von Westphalen. Wie man seine Eltern erzieht. München/ Wien: Hanser 1999.

Wethekam, Cili
102 Tignasse
München: dtv 1972.

Williams, Maiya
107 Die goldene Stunde
Bloomsbury 2005.

Texte ohne Verfasserangabe oder Texte unbekannter Verfasser

57 Aus der Trickkiste der Natur – oder: Gibt es in meinem Leben auch Bionik?
Originalbeitrag

191 Berühmte Leute
Originalbeitrag nach einer Idee von Cecily O'Neill.

52 Bionik – Lernen von der Natur
Originalbeitrag

92 Comenius-Programm für Schulen
Originalbeitrag

42 Das Rugmark-Siegel
Aus: Uwe Pollmann. Zum Beispiel Kinderarbeit. Göttingen: Lamuv 1999.

158 Die Erde erwärmt sich
Originalbeitrag

43 Die Kinderrechtskonvention
Auszug aus UN-Kinderkonvention 1989

93 Ein Blick in Europas Schulen
Originalbeitrag

99 Ein Quiz für junge Europäer
Originalbeitrag

88 Europa – Erfahrungen und Eindrücke
Textauszüge aus: Magdalena Köster. Nix wie weg. Anderswo ganz anders leben. München: dtv 1999.

89 Europa und der Stier
Aus: Gustav Schwab: Griechische Sagen. München: dtv 1986.

104 Französische Revolution
Originalbeitrag

204 Frischlufttherapie
Originalbeitrag

209 Geschichte des Zeitungswesens in Deutschland
Originalbeitrag

146 Goethe und Schiller – zwei jugendliche Stürmer und Dränger
Originalbeitrag

151 Kennst du dich mit Goethe aus?
Originalbeitrag

34–49 Kinderarbeit
Informationstexte zur Fotoausstellung „Weltweit für Kinderrechte – Weltweit gegen Kinderarbeit" des Netzwerkes Jugend International. Autor: Hans-Jürgen Dörrich. Jugend Dritte Welt e.V., Bonn.

207 Kinder und Internet
Originalbeitrag

136 Kindheit und Jugend
Originalbeitrag mit Zitaten aus „Dichtung und Wahrheit" von Johann Wolfgang von Goethe

158 Klimakatastrophe
Originalbeitrag

121 Krimis
Originalbeitrag

200 Lebenshilfe im Fernsehen
Aus::http://www.abendblatt.de/daten/2008/02/27/852397.html (gekürzt) 200

202 Mein Handy und ich
Originalbeitrag

48 Oskar, 10 Jahre, Kaffeepflücker
Aus: Uwe Pollmann. Zum Beispiel Kinderarbeit. Göttingen: Lamuv 1999.

205 Rap 2.0
Aus:http://www.focus.de/panorama/reportage

95 Sport in Europa
Originalbeitrag

70 Sucht – mit und ohne Drogen
Originalbeitrag

149 Und so ging es mit Goethe weiter
Originalbeitrag

60 Ursprünge der Bionik
Originalbeitrag

83 Was bringt die Zukunft Europas?
Originalbeitrag

44 „Wir, die Kinderarbeiter der Welt ..."
Erklärung des Ersten Internationalen Treffens von Kinderarbeitern aus Afrika, Asien und Lateinamerika in Kundapur/Indien, im Dezember 1996. Abgedruckt in: Uwe Pollmann. Zum Beispiel Kinderarbeit. Göttingen: Lamuv 1999.

Bildquellenverzeichnis

Seite 3 unten picture-alliance; **Seite 4 oben** Corbis (Flugzeug, Hai), U. Thaler (Himmel); **Mitte** panthermedia; **unten** pcture-alliance; **Seite 5 Mitte** ARD-Foto; **unten** picture-alliance; **Seite 6 oben**, **Mitte rechts** akg-images; **Mitte links** picture-alliance; **unten** Süddeutscher Verlag; **Seite 7 oben** Pütz; **unten** akg-images; **Seite 8:** Cover zu Isabel Abedi: Whisper, Arena Verlag GmbH, Würzburg; Cover zu Kathrin Schrocke: Finding Alex, Thienemann Verlag, Stuttgart; Cover zu Otfried Preußler: Krabat, Verlag Friedrich Oetinger GmbH, Hamburg; **Seite 8, 9, 12, 15, 17, 19, 21, 22, 23, 25, 26, 28, 29, 30, 33, 154, 155, 157, 158, 159, 160, 161** Margit Pawle; **Seite 34** picture-alliance (3); **Seite 35 oben, unten rechts** picture-alliance (3), **unten links** Terres des Hommes, Deutschland; **Seite 40** picture-alliance; **Seite 41, 42** Jugend Dritte Welt e.V.; **Seite 43 rechts** picture-alliance; **Seite 44** Terres des Hommes, Deutschland; **Seite 45** picture-alliance; **Seite 49** picture-alliance; **Seite 50 rechts unten** images.de, Berlin (Matthias Kulka); **Mitte 2.v.o.** jupiter-images; **Mitte o., Mitte unten** Okapia-Bildarchiv, Frankfurt am Main; Panther Media GmbH, München (4); **Seite 51** Panther Media GmbH, München (Flugzeug); **unten links** Astrofoto, Sörth; **Mitte** Deutsches Museum, München; **unten rechts** Voller Ernst, Berlin (Hans S. Dommasch); **oben** akg-images GmbH, Berlin (3); **Seite 52 oben** Corbis, Düsseldorf (Flugzeug, Hai), U.Thaler (Himmel); **Mitte unten** Visum Foto GmbH, Hamburg (Antje Krispin/buchcover.com); **Mitte oben** F1 online, Frankfurt/M. (bilderlounge); **links unten** TopicMedia Service, Ottobrunn (Dietmar Nill); **links oben, rechts** Panther Media GmbH, München Panther Media GmbH, München; **Seite 53:** Panther Media GmbH, München; **Seite 54**: Daimler Chrysler AG Stuttgart; **Seite 55 oben** Avenue Images GmbH, Hamburg; **unten** Okapia-Bildarchiv, Frankfurt am Main; **Seite 58** akg-images GmbH, Berlin (5); **Seite 59** akg-images GmbH, Berlin; **Seite 60** Cinetext Bildarchiv, Frankfurt/M.; **Seite 62** akg-images GmbH, Berlin; **Seite 63** Cover zu Andreas Schlüter: 2049, Deutscher Taschenbuch Verlag, München; Cover zu Was ist Was? Bionik, Tessloff Verlag, Nürnberg; Cover zu Griechische Sagen, Arena Verlag GmbH, Würzburg; **Seite 64** Panther Media GmbH, München (Handy, Roulette); Vario images GmbH & Co. KG, Bonn (Wasserpfeife); Visum Foto GmbH, Hamburg/Tom Hoenig/buchcover.com (Anorexie); A1PIX, Taufkirchen (shoppen); **Seite 65 unten** Panther Media GmbH, München (2); **oben** Joker, Bonn (Walter G. Allgoewer); **2.v.o.** Hapke, Rolf W., Düsseldorf; **Seite 66** Cover zu Dietrich Seiffert: Verlier nicht dein Gesicht, Deutscher Taschenbuch Verlag, München; **Seite 68** Cover zu Elisabeth Zöller und Brigitte Kolloch: Bis ans Limit, Erika Klopp Verlag GmbH, Hamburg; Cover zu Wolfram Hänel: Alk. Außer Kontrolle, Arena Verlag GmbH, Würzburg; **Seite 69** Karl Rauch Verlag im Patmos Verlag, Düsseldorf (Illustration aus: Antoine de Saint-Exupéry, Der kleine Prinz, 1950 und 1998); **Seite 72** Cover zu Christoph Möller: Jugend sucht, Vandenhoek und Ruprecht, Göttingen; **Seite 78** Cover zu Kordon, Klaus: Einbahnstraße, Ravensburger Buchverlag Otto Maier GmbH, Ravensburg; Cover zu Wolsch, Jürgen: Ein Wissenscomic Eichborn Verlag, Frankfurt am Main; **Seite 78, 173, 180, 211, 213, 214, 216, 217, 221, 222** Iris Wolfermann; **Seite 79** Cover zu Zöller, Elisabeth: Hunger, Hunger, Erika Klopp Verlag GmbH, Hamburg; **Seite 80** Cover zu Féher, Christine: Dann bin ich eben weg, Verlagsgruppe Random House, München; **Seite 81:** Bundeszentrale für gesundheitliche Aufklärung/BzgA, Köln; **Seite 82 rechts** Picture-Alliance GmbH, Frankfurt am Main (Millauer); **links** Panther Media GmbH, München; Seite 83 Hintergrund Astrofoto, Sörth; Wyrwa, Christian, Hannover; Seite 84 Mester/CCC, www.c5.net; **Seite 87** Les Èditions Albert René, Paris; **Seite 89, 90, 100, 101, 102, 103, 105, 106, 110, 111, 115, 122, 123, 127, 128, 130** Yaroslaw Schwarzstein; **Seite 90** Europäische Zentralbank, Frankfurt a.M.; **Seite 91** Globus Infografik GmbH, Hamburg; **Seite 93** Das Fotoarchiv, Essen (Toma Babovic); **Seite 94** Klaus G. Kohn, Braunschweig; **Seite 95** sportimages, Hamburg (Presse Sports/Legros); **Seite 96** Südwest Rundfunk, Baden-Baden; **Seite 97 links** Astrofoto, Sörth (Walker); **rechts** Picture-Alliance GmbH, Frankfurt am Main; **Seite 98** Cover zu: Ines Marita Rüge und Jürgen Moysich (Hg.): Leben auf eigene Faust, Umschlaggestaltung Frauke Bahr, Hamburg Brandes & Apsel Verlag, Frankfurt/M.; Cover zu: Jaques Le Goff erzählt die Geschichte Europas, Umschlaggestaltung Atelier Warminski, Büdingen, Campus Verlag, Frankfurt a.M; **Seite 107** Cover zu Maiya Williams: Die Goldene Stunde, Berlin Verlag GmbH, Berlin; **Seite 109** Cover zu Klaus Kordon: Die Geschichte von Jette und Frieder, Verlagsgruppe Beltz, Weinheim; **Seite 112 rechts** Architekten- und Ingenieurverein Hamburg e.V., Hamburg; **Seite 114** Bridgeman Art Library, Berlin; **Seite 116** ARD-Foto, Hamburg (3); links unten Cinetext Bildarchiv, Frankfurt/M.; **Seite 117** Cinetext Bildarchiv, Frankfurt/M.; **Seite 120** Lappan Verlag, Oldenburg (Manfred Schmidt: Nick Knatterton, 1999); **Seite 131** Gorey, Edward, 1972; **Seite 132** Cover zu Boris Koch: Feuer im Blut, Verlagsgruppe Beltz, Weinheim; Cover zu Jürgen Banscherus: novemberschnee, Arena Verlag GmbH, Würzburg; **Seite 133** Cover zu Uschi Flake: Nebel über Kloster Thron, Carlsen Verlag GmbH, München; Cover zu K.P.Wolf: sklaven und herren, arsedition München; **Seite 134 oben** Picture-Alliance GmbH, Frankfurt am Main (3); **unten rechts** ullstein bild, Berlin; **unten links** Specht, Heiko, Köln; **Seite 135 Mitte rechts** Bildarchiv Preußischer Kulturbesitz, **Berlin; unten** ullstein bild, Berlin; **oben** akg-images, berlin; **Seite 136 links** F1 online, Frankfurt/M. (Norbert Guthier); **rechts** ullsteinbild; **Seite 137** Fabian, Michael J., Hannover; **Seite 138** akg-images GmbH, Berlin; **Seite 140** Kirsch, Christoph; **Seite 143** Kirsch, Christoph; **oben** akg-images GmbH, Berlin; **Seite 146 oben** Otto, Werner (Reisefotografie, Bildarchiv), Oberhausen; **Seite 147 unten** Picture-Alliance GmbH, Frankfurt am Main (akg-images); **Seite 149** picture-alliance; **Seite 152** Hermann Waldenburg: Ausblick – Einblick 1983/VG-Bild Kunst, Bonn; **Seite 156** creativ collection verlag; **Seite 164 unten** Süddeutscher Verlag GmbH , München; **oben, Mitte rechts** akg-images GmbH, Berlin; **Mitte links** Picture-Alliance GmbH, Frankfurt am Main (akg-images); **Seite 165 oben** Pütz; **unten** akg-images GmbH, Berlin; **Seite 180–Seite 193** Fabian, Michael J., Hannover; **Seite 195** Bildarchiv Preußischer Kulturbesitz, Berlin; **Seite 196 links** akg-images GmbH, Berlin; **rechts** Cinetext Bildarchiv, Frankfurt/M.; **Seite 197** Picture-Alliance GmbH, Frankfurt am Main; **Seite 198** Fabian, Michael J., Hannover; **Seite 199 links** Korthues, Barbara, Köln (3); **Mitte rechts** Kohn, Klaus G., Braunschweig; **oben rechts** Picture-Alliance GmbH, Frankfurt am Main; **unten rechts** Bildarchiv Preußischer Kulturbesitz, Berlin; **Seite 210** Bildarchiv Preußischer Kulturbesitz, Berlin (D. Katz); **Seite 214–215** Fabian, Michael J., Hannover; Seite **223** Fabian, Michael J., Hannover; **Seite 227** Schweizerische Kriminalprävention, Bern; **Seite 231** Bildarchiv Preußischer Kulturbesitz, Berlin (Goethe); Picture-Alliance GmbH, Frankfurt am Main (Dahl);akg-images GmbH, Berlin (Gernhardt, Hebel); Bajazzo Verlag (Gralle); **Seite 232** Peter Peitsch, Hamburg (Jandl, Mechtel, Rühm); PhotoArt/Susanne Lindner und Nicole Watzke (Meyer-Dietrich); akg-images GmbH, Berlin (Kleist); **Seite 233** akg-images GmbH, Berlin (3); Kuhlemann, Professor, Freiburg (Schiller).